"工学结合、校企合作"课程改革成果系列教材

汽车电路识读与电气检修

主　编　毕见武
副主编　薛寒松
参　编　纪慧芸　隋大海　张　娜

机械工业出版社

本书是根据一体化课程的要求编写而成的，即根据国家职业标准，以综合职业能力为培养目标，通过典型工作任务分析构建课程体系，并以具体工作任务为学习载体，按照工作过程和学习者自主学习的要求设计和安排教学活动。本书主要内容包括：照明系统电路识读及故障诊断、信号系统电路识读及故障诊断、仪表系统电路识读及故障诊断、电动车窗电路识读及故障诊断、电动座椅电路识读及故障诊断、电动门锁电路识读及故障诊断、电动后视镜电路识读及故障诊断、安全气囊电路识读及故障诊断、汽车空调系统电路识读及故障诊断、发电机拆装检修、起动机电路识读及故障诊断共十一个典型项目。

本书可作为职业院校汽车类相关专业教材，也可供汽车维修企业岗位培训使用。

图书在版编目（CIP）数据

汽车电路识读与电气检修/毕见武主编．—北京：机械工业出版社，2016.7（2024.8重印）

“工学结合、校企合作”课程改革成果系列教材

ISBN 978-7-111-54246-9

Ⅰ.①汽…　Ⅱ.①毕…　Ⅲ.①汽车-电气设备-电路图-识别-中等专业学校-教材②汽车-电气设备-车辆修理-中等专业学校-教材　Ⅳ.①U463.620.2②U472.41

中国版本图书馆CIP数据核字（2016）第156909号

机械工业出版社（北京市百万庄大街22号　邮政编码100037）
策划编辑：曹新宇　责任编辑：曹新宇　张利萍　责任校对：潘　蕊
封面设计：张　静　责任印制：单爱军
北京虎彩文化传播有限公司印刷
2024年8月第1版第6次印刷
184mm×260mm · 11.5印张 · 279千字
标准书号：ISBN 978-7-111-54246-9
定价：36.00元

电话服务	网络服务
客服电话：010-88361066	机　工　官　网：www.cmpbook.com
010-88379833	机　工　官　博：weibo.com/cmp1952
010-68326294	金　　书　　网：www.golden-book.com
封底无防伪标均为盗版	机工教育服务网：www.cmpedu.com

Preface 前言

一体化课程是按照经济社会发展需要和技能人才培养规律，根据国家职业标准，以综合职业能力为培养目标，通过典型工作任务分析构建课程体系，并以具体工作任务为学习载体，按照工作过程和学习者自主学习的要求设计和安排教学活动的课程。本书就是根据一体化课程的要求进行编写的。

本书紧紧围绕中等职业学校汽车专业中级汽车修理工的培养要求，体现知识够用、突出技能培养、理实一体的思想，培养学生思考问题、解决问题、团结合作的能力。

本书根据“五合一”的人才培养模式，即“理论与实践合一、学校与企业合一、教师与师傅合一，学生与学徒合一、教室与车间合一”以及“任务驱动为引导、项目教学为主体、基于工作过程”的教学模式，并结合编者多年教学经验及教研成果，在充分学习、研究与借鉴相关专业人士研究成果的基础上编写而成。本书主要内容包括：照明系统电路识读及故障诊断、信号系统电路识读及故障诊断、仪表系统电路识读及故障诊断、电动车窗电路识读及故障诊断、电动座椅电路识读及故障诊断、电动门锁电路识读及故障诊断、电动后视镜电路识读及故障诊断、安全气囊电路识读及故障诊断、汽车空调系统电路识读及故障诊断、发电机拆装检修、起动机电路识读及故障诊断共十一个典型项目。

本书由烟台船舶工业学校毕见武担任主编，薛寒松担任副主编，参加编写的还有纪慧芸、隋大海、张娜。在本书编写过程中，得到了一汽丰田等品牌4S店的大力支持，在此表示感谢。

因为编者水平有限，书中错误之处在所难免，恳请专家及广大教师批评指正。

编　者

Contents

目 录

01

项目一

照明系统电路识读及故障诊断

项目描述

汽车照明系统是汽车安全行驶的必备系统之一。它主要包括外部照明灯具、内部照明灯具、外部信号灯具、内部信号灯具等。本项目将带领你学习汽车照明系统的相关知识，并掌握前照灯和雾灯故障的诊断与解决方法。

学习目标

知识目标

1. 知道照明系统的分类。
2. 掌握汽车灯具的种类。
3. 理解前照灯电路图以及雾灯电路图。
4. 掌握汽车照明系统工作电路原理。

技能目标

1. 能诊断与排除前照灯故障。
2. 能诊断与排除两侧雾灯均不亮故障。
3. 能诊断与排除雾灯一侧亮一侧暗或不亮故障。
4. 培养良好的安全文明操作习惯。

项目要求

1. 时间要求：建议6学时。

2. 质量要求：在满足厂家的生产规范及质量要求的前提下，能够熟练快速地诊断与排除故障。

3. 安全要求：严格按照安全操作规程进行项目作业。
4. 文明要求：自觉按照文明生产规则进行项目作业。
5. 环保要求：努力按照环境保护要求进行项目作业。

知识准备

一、汽车照明系统基础知识

1. 汽车照明系统分类

汽车上照明系统的照明装置有多种，一般中高档车辆都装有 20 只左右的外部照明灯和 40 只左右的内部照明灯，如图 1-1、图 1-2 所示。按照明灯的安装位置，可以分为外部照明灯和内部照明灯；外部照明灯又分为前部照明灯和后部照明灯。

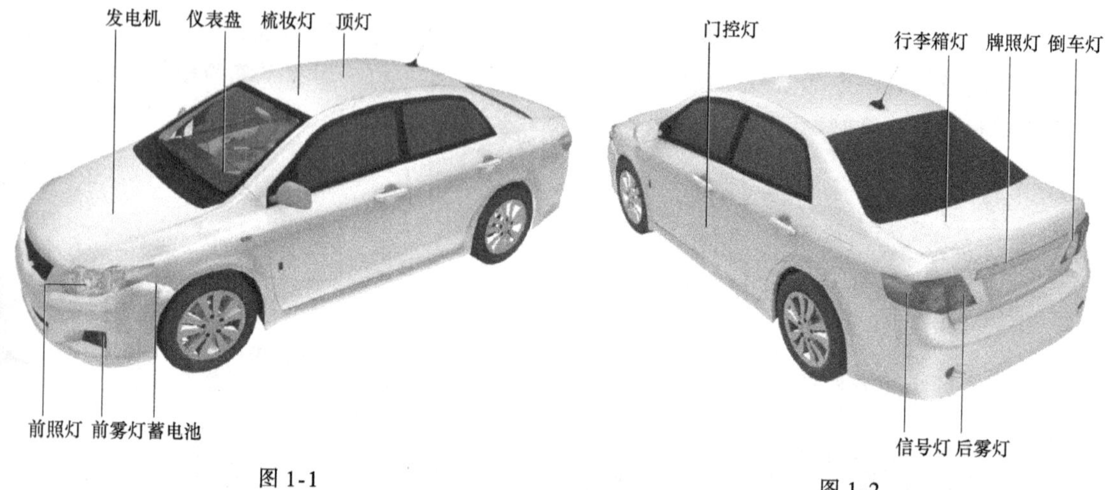

图 1-1　　图 1-2

外部照明灯主要有前照灯、雾灯、牌照灯、倒车灯，目前汽车普遍采用组合式外部照明灯，如图 1-3 所示；内部照明灯包括仪表灯、顶灯等，如图 1-4 所示。

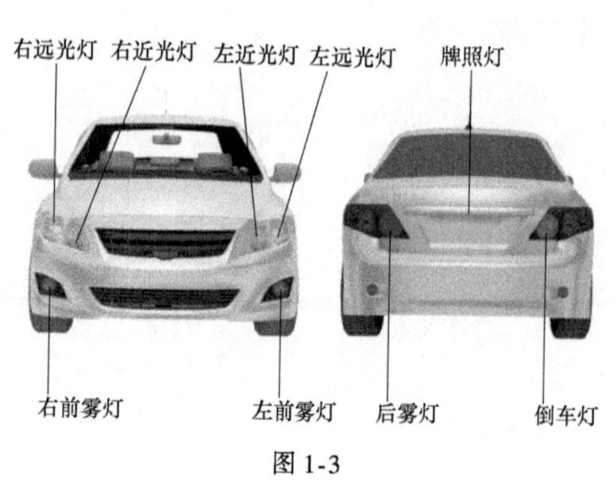

图 1-3

图 1-4

2. 汽车主要灯具的种类

(1) 前照灯

1) 位置：前照灯（俗称前大灯）装于汽车头部两侧，如图 1-5 所示；用于夜间或黑暗环境中行车道路的照明，使驾驶人能够看清前方路面情况，其照明距离一般为 200～250m，如图 1-6 所示。

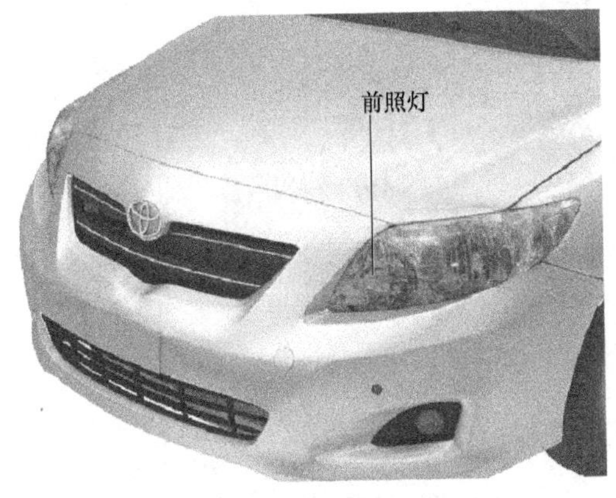

图 1-5

图 1-6

2) 结构：按照灯泡数量可分为两灯制和四灯制，一侧前照灯里只有一个灯泡的是两灯制，有两个灯泡的则是四灯制；前照灯灯泡功率一般为 40～60W。其光学系统由灯泡、反射镜和配光镜三部分组成，如图 1-7 所示；灯泡普遍使用卤钨灯泡，是照明系统的光源；反射镜的作用是将光线反射后形成平行光束射向远方；配光镜是为了使照明范围内光照亮度均匀。

3) 防眩措施：会车时，在照亮自己路面的同时，为了不给对方驾驶人造成眩目，前照灯都必须采取相应的防眩目措施。防眩目前照灯采用双丝灯泡的方式，远光灯丝安装在反射镜焦点上，近光灯丝安装在焦点上方。另外，在近光灯丝下装配光屏遮住近光灯丝射向反射镜下半部的光线，减少反射后射向道路上方引起眩目的光线，以免夜间两车迎面相遇时，使对方驾驶人眩目而造成交通事故，如图 1-8 所示。

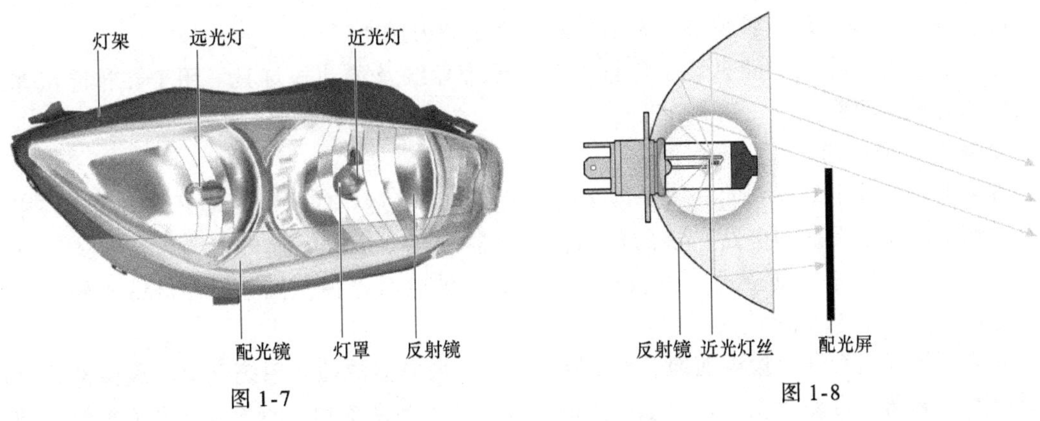

图 1-7

图 1-8

(2) 雾灯　雾灯有前雾灯和后雾灯两种。前雾灯装于汽车前部比前照灯稍低的位置，用于在雨雾天气行车时道路的照明；后雾灯主要是为了使后方车辆或行人能看清本车的位置。雾灯的光色规定为光波较长的黄色、橙色或红色。前雾灯和后雾灯在仪表盘的指示灯符号也不一样，如图 1-9 所示。

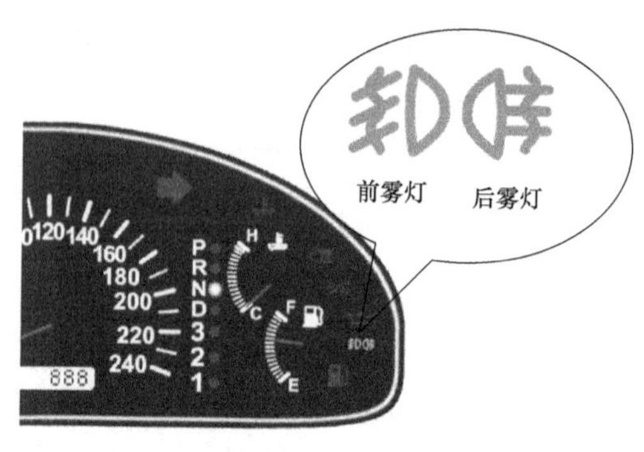

图 1-9

（3）牌照灯　牌照灯装于汽车尾部的牌照上方，用于夜间照亮汽车牌照，如图 1-10 所示。

（4）仪表灯　仪表灯装于汽车仪表板上，用于仪表照明，以便于驾驶人获取行车信息和进行正确操作，其数量根据仪表设计布置而定，如图 1-11 所示。

图 1-10

图 1-11

（5）顶灯　顶灯装于驾驶室或车厢顶部，用于车内照明。

（6）工作灯　车上一般只装工作灯插座，配带导线及移动式灯具，用于在排除汽车故障或检修时提供照明。

3. 前照灯继电器

继电器是一种电磁控制元件，是以小电流控制大电流运作的一种自动开关，在电路中起着自动调节、安全保护和电路转换的作用；继电器按接点形式大致可以分为常开式（动合式）继电器、常闭式（动分式）继电器以及混合式继电器三种，汽车前照灯继电器是常开式继电器，如图 1-12 所示。

其原理是当组合开关拨至前照灯 ON 档，前照灯继电器的控制系统（磁场线圈部分）就会通电产生磁场，带动衔铁，合金触点立即闭合，被控制系统的电流导通，从而控制了前照灯的开启。当组合开关拨至前照灯 OFF 档断开电源时，磁场消失使控制合金触点立即分离，被控制系统的电流截止，前照灯关闭。继电器的功用如图 1-13 所示。

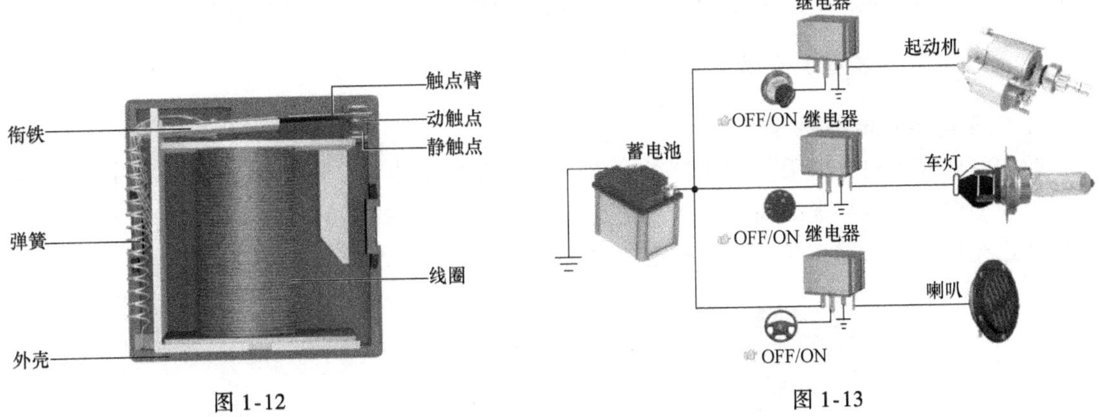

图 1-12　　图 1-13

4. 熔丝（熔断器）

熔丝，也可以叫熔断器，串联在电路中，当电路中的电流超过熔丝的额定电流时，熔丝因自身过热而熔断，从而切断电路，以保护电路中的电气元件，如图 1-14 所示。熔丝按照外形可以分为插片式（见图 1-15a）和玻璃管状（见图 1-15b）两种。

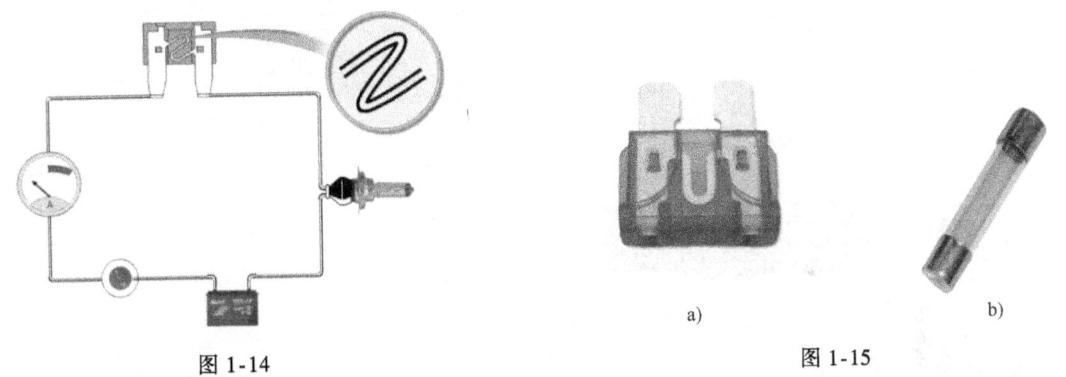

图 1-14　　图 1-15

5. 组合开关

组合开关是用来控制照明与灯光信号装置以及其他附件的多功能组合式开关，兼有灯光开关、转向开关和变光开关，如图 1-16 所示；顺时针方向，可以依次接通近光灯和前照灯，将开关向下压可以由近光灯变成远光灯，向上扳就可由远光灯变成近光灯，如图 1-17 所示；

图 1-16

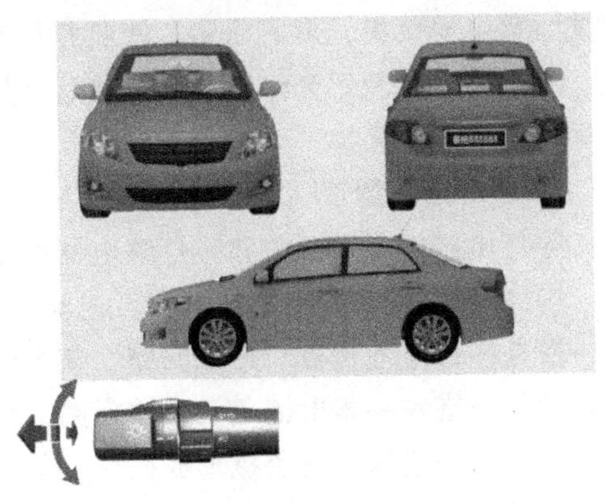

图 1-17

组合开关通常为手柄式，安装在转向盘下方的转向柱上，以方便驾驶人操作。

二、汽车（卡罗拉）灯光电路图

1. 汽车前照灯电路图

前照灯电路由灯光开关、变光开关和灯光继电器控制组成，电路图如图 1-18 所示。灯光开关控制继电器的导通或断开，以决定是否为远光和近光灯供电。近光灯正常，则说明远光灯和近光灯公共线路正常，即蓄电池、总熔丝、灯光开关正常。

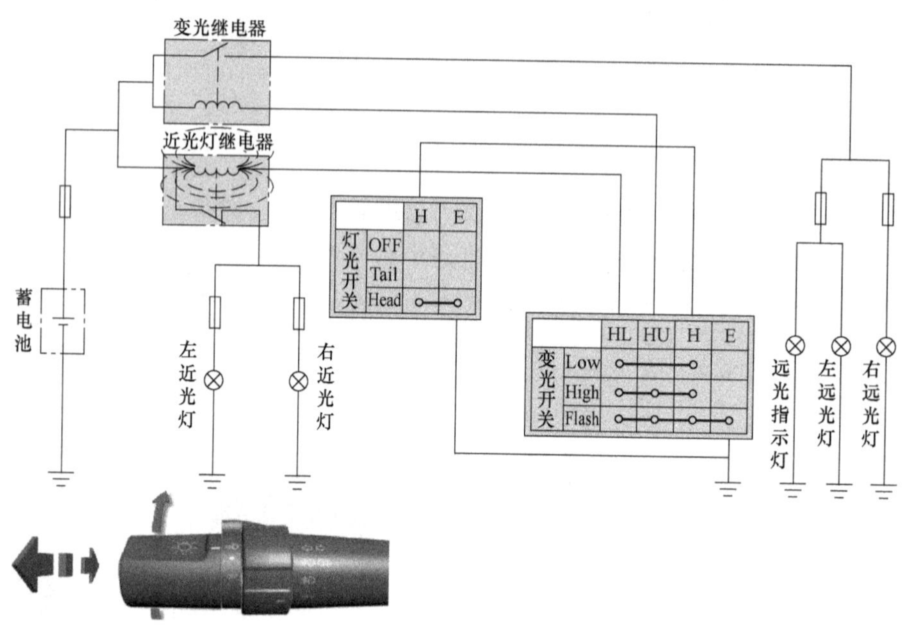

图 1-18

前照灯灯光开关打开：

1）打开近光变光开关后，电流经由蓄电池正极→前照灯近光灯继电器线圈→变光开关总成→搭铁→蓄电池负极，形成回路，使前照灯近光继电器触点闭合。电流分别经左、右熔丝到达左右近光灯，最后经搭铁回到蓄电池负极，形成回路，左右近光灯点亮。

2）打开远光变光开关后，电流经由蓄电池正极→前照灯变光继电器→变光开关总成→搭铁→蓄电池负极，形成回路，使前照灯变光继电器开关闭合，电流分别经左、右熔丝到达左、右远光灯以及远光灯指示灯，最后经搭铁回到蓄电池负极，形成回路，左、右远光灯以及远光指示灯点亮。

2. 雾灯电路原理

雾灯电路由雾灯开关和雾灯继电器控制，雾灯包括前雾灯和后雾灯。

1）前雾灯：打开前雾灯开关，电流经由蓄电池正极→主熔丝→主继电器→ECU 接地端子→搭铁→蓄电池负极，形成回路，使主继电器触点闭合；然后电流分别经前雾灯继电器→雾灯开关→搭铁→蓄电池负极形成回路，使前雾灯继电器触点闭合，电流到达前雾灯及其指示灯，最后经搭铁回到负极形成回路，前雾灯及其指示灯点亮。

2）后雾灯：打开后雾灯开关，电流经由蓄电池正极→主熔丝→主继电器→ECU 接地端

子→搭铁→蓄电池负极，形成回路，使主继电器触点闭合；然后电流分别经后雾灯继电器→雾灯开关→搭铁→蓄电池负极形成回路，使后雾灯继电器触点闭合，电流到达后雾灯及其指示灯，最后经搭铁回到负极形成回路，后雾灯及其指示灯点亮。

3. 组合开关的电路原理

组合开关的电路原理图如图 1-19 所示。

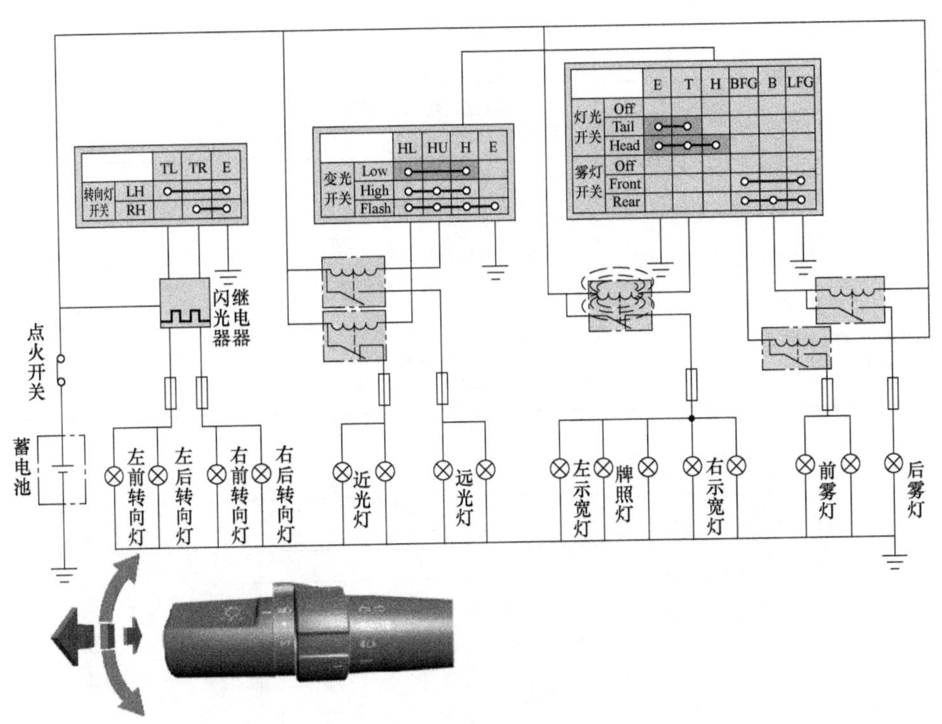

图 1-19

顺时针方向，可以依次接通尾灯和前照灯，将开关向下扳可以由近光灯换成远光灯，向上扳则由远光灯换成近光灯，左右扳动，可以切换左右转向灯。

故障分析

一、前照灯故障分析

前照灯常见故障现象及可能的原因见表 1-1。导致前照灯故障的原因可能是：灯泡损坏；熔丝烧断；继电器故障；连接线路短路或断路；组合开关故障。

在故障检测的过程中，首先通过检查喇叭是否有声音，近光灯是否亮起，判断汽车电源系统是否正常供电，如果正常，分析远近光灯电路，进一步查找故障位置。

图 1-20 为前照灯电路图，灯光开关控制继电器的导通或断开，以决定是否为远光和近光灯供电。若近光灯正常，可判断远光灯和近光灯公共线路正常，即蓄电池、总熔丝、灯光开关正常。

表 1-1

故障现象	故障原因
前照灯都不亮	1. 电源熔断器熔断 2. 蓄电池搭铁不良 3. 变光开关损坏 4. 继电器损坏 5. 灯泡损坏
远光灯不亮或近光灯不亮	1. 变光开关损坏 2. 闪光继电器不良 3. 导线搭铁不良 4. 导线断路、熔断器熔断 5. 灯丝烧坏
前照灯灯光暗淡	1. 熔断器松动 2. 线路松动或接触不良 3. 搭铁不良 4. 发电机输出电压过低 5. 用电设备漏电负荷增大
一侧前照灯正常;一侧前照灯暗淡 灯泡经常烧坏	1. 暗的一侧搭铁不良 2. 导线插接器接触不良 3. 发电机输出电压过高

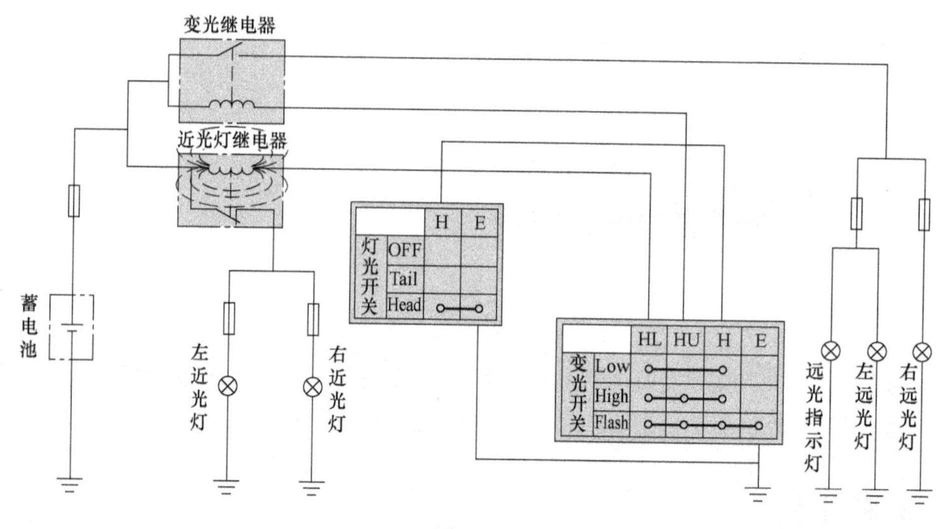

图 1-20

二、雾灯故障分析

雾灯的常见故障有两种：

1）两侧雾灯均不亮：两侧雾灯均不亮故障可能由灯光开关、雾灯继电器、雾灯开关或线路引起。

2）一侧亮一侧暗或不亮：雾灯一侧亮一侧暗或不亮故障是由雾灯搭铁不良或雾灯本身故障引起的。检查时，可用导线将暗或不亮雾灯搭铁的一端直接搭铁，若雾灯正常点亮，说明雾灯暗或不亮的原因由搭铁不良引起；若仍不亮，则雾灯不亮的原因是雾灯灯泡损坏造成的，应予以更换。

项目路径

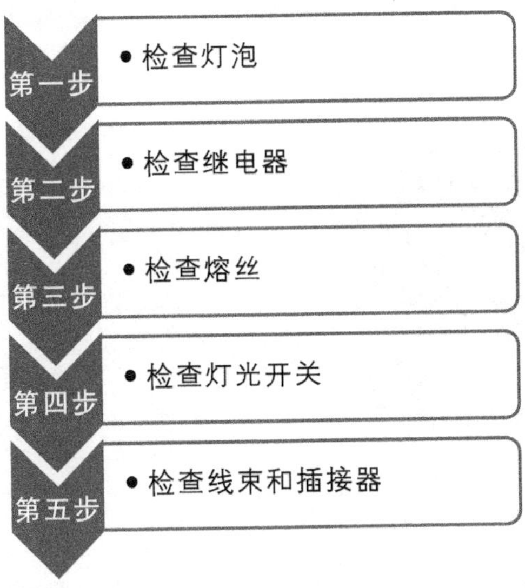

项目实施

活动一　前照灯（远光灯）电路故障诊断

将从灯泡检查开始，逐一排除故障原因，解决前照灯不亮的故障。

第一步　检查灯泡

1. 拆卸远光灯灯泡

1）拆下6个卡子和散热器上的空气导流板，如图1-21所示。

2）断开蓄电池负极端子上的电缆。

3）拆下2个散热器格栅防护罩，如图1-22所示。

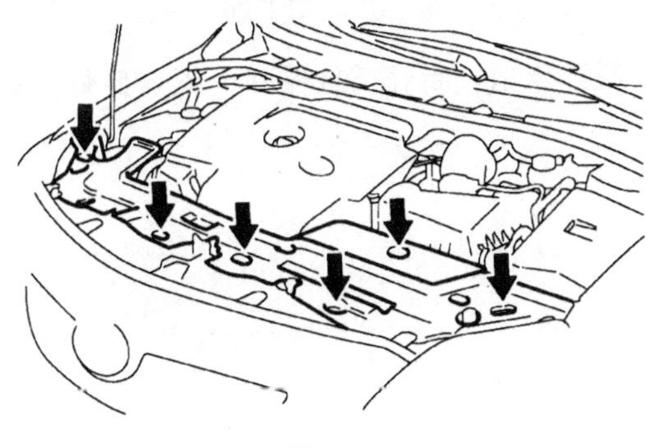

图1-21

图1-22

4）拆卸前保险杠总成：使用螺钉旋具，将销转动 90°并拆下左右侧销固定卡子，如图 1-23所示。沿前保险杠总成四周粘贴保护性胶带。拆下 6 个螺钉、2 个螺栓和 3 个卡子，如图 1-24 所示；脱开 6 个卡爪并拆下前保险杠总成，断开插接器（带雾灯或侦测声纳系统），如图 1-25 所示。

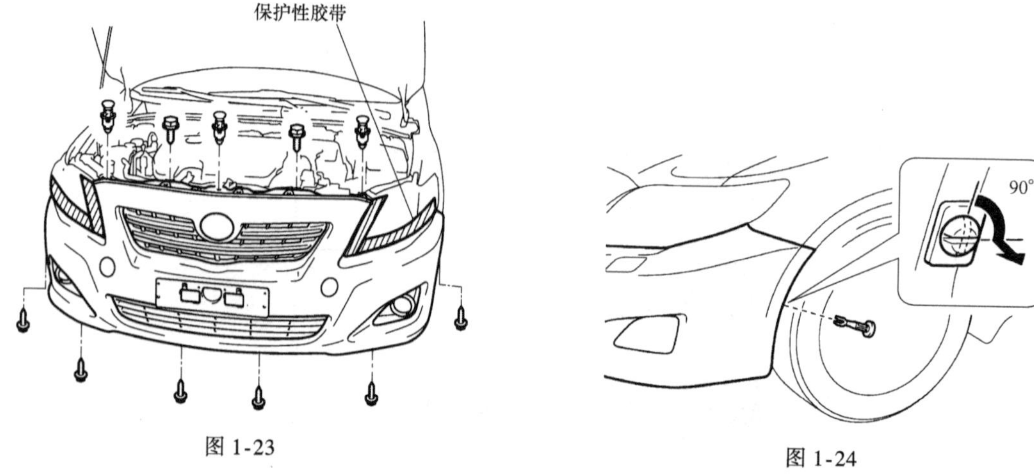

图 1-23　　图 1-24

5）排空清洗液（带前照灯清洗器系统），从前照灯清洗器电动机和泵总成上断开清洗器软管，并排放清洗液，如图 1-26 所示。

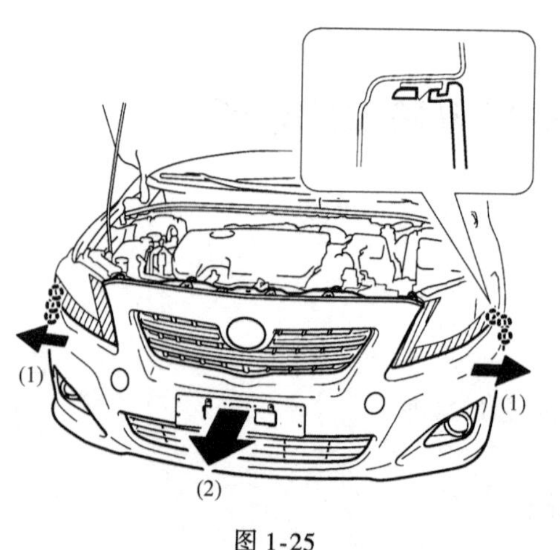

图 1-25

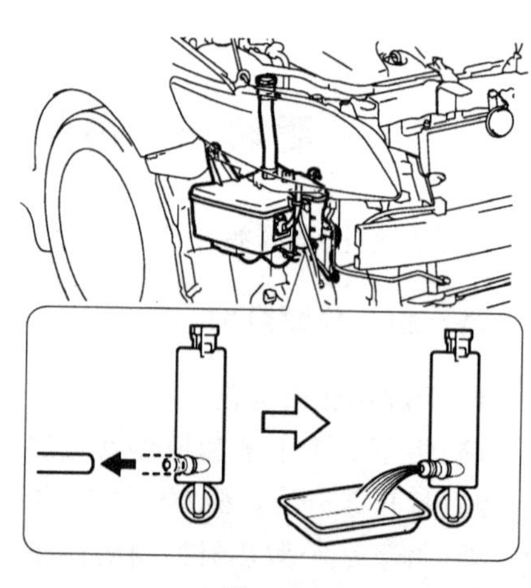

图 1-26

6）拆卸前照灯总成：拆下 2 个螺栓和螺钉；脱开卡爪；断开插接器并拆下前照灯总成，如图 1-27 所示。

7）拆卸远光灯灯泡，如图 1-28 所示。

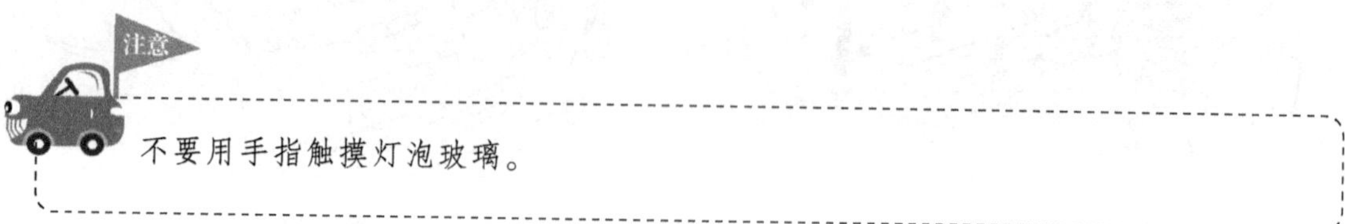

不要用手指触摸灯泡玻璃。

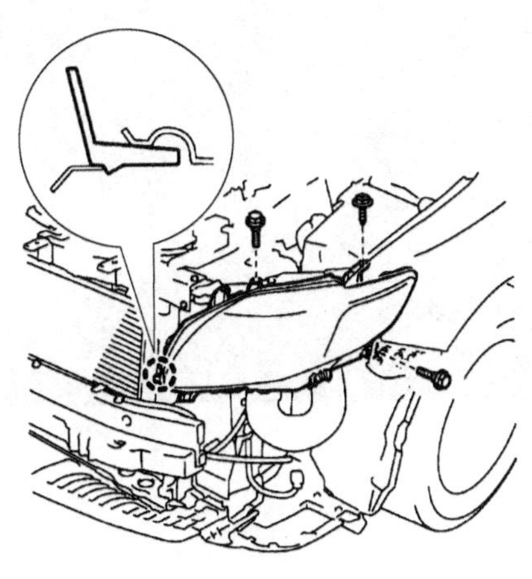

图 1-27

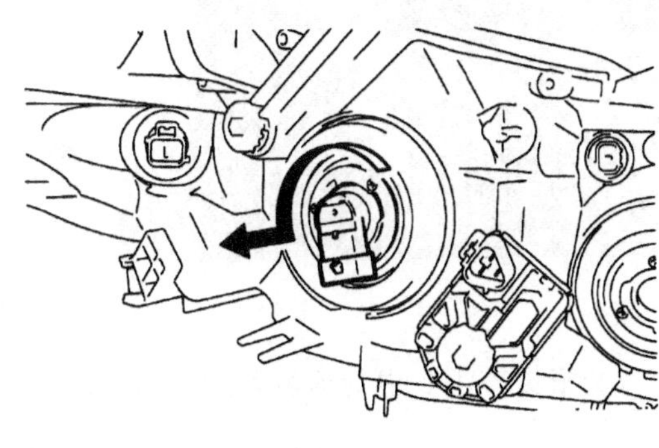

图 1-28

2. 检查远光灯灯泡

检查右远光灯灯泡，检查灯丝是否破损，若灯丝烧断和灯泡损坏，则更换新灯泡。若无法目测，比如卤素灯（见图 1-29）、氙气灯（见图 1-30），则可采用试灯法检查其是否良好，若不正常则需更换新灯泡。

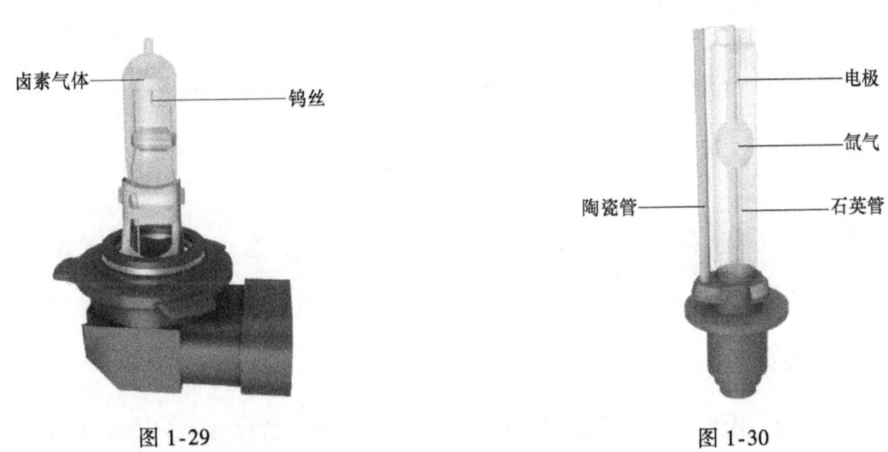

图 1-29　　图 1-30

第二步　检查前照灯变光继电器

1）进入驾驶室，拉下发动机舱盖释放杆，打开发动机舱盖。

2）从继电器盒中拆下变光继电器，如图 1-31 所示。

注意

变光继电器位置见继电器盒盖背面；并且检查集成继电器各插座是否有烧灼、损坏现象。

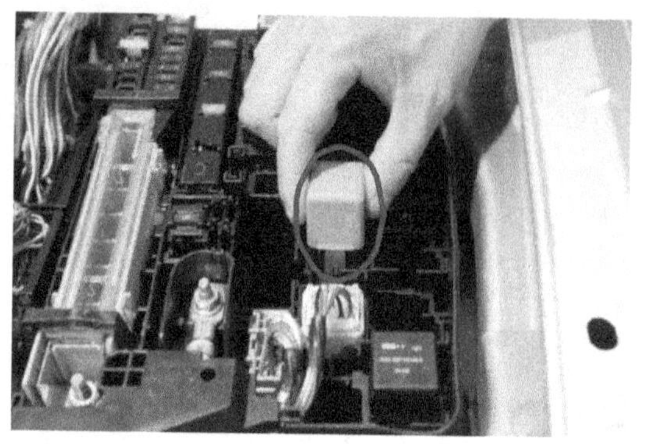

图 1-31

3）根据表 1-2 中的值测量继电器电阻。

表 1-2

检测仪连接		条件	规定状态
	3-5	在端子 1 和 2 之间未施加电压	10kΩ 或更大
	3-5	在端子 1 和 2 之间施加电压	小于 1Ω

如果检测结果不符合上述标准，则说明继电器损坏，应该更换新继电器。

第三步　检查熔丝

1）进入驾驶室，用缠有保护性胶带的一字螺钉旋具撬开熔丝盒，如图 1-32 所示。

图 1-32

2）在熔丝盒中找到远光灯熔丝，使用熔丝夹将该熔丝取下。

远光灯熔丝位置见继电器盒盖背面。

3）目测熔丝是否烧断，完整熔丝如图 1-33 所示，烧毁熔丝如图 1-34 所示。

图 1-33

图 1-34

4）测量各熔丝加载槽与车身搭铁之间的电压，参照表 1-3。

表 1-3

检测仪连接	开关状态	规定状态
H-LP LH HI 熔丝端子 - 车身搭铁	灯控开关置于 HEAD 位置	11 ~ 14V
H-LP RH HI 熔丝端子 - 车身搭铁	灯控开关置于 HEAD 位置	11 ~ 14V

5）如目测无法判断熔丝是否烧坏，则可选用万用表测熔丝电阻，若阻值为∞，说明熔丝已坏，需更换熔丝，如图 1-35 所示。

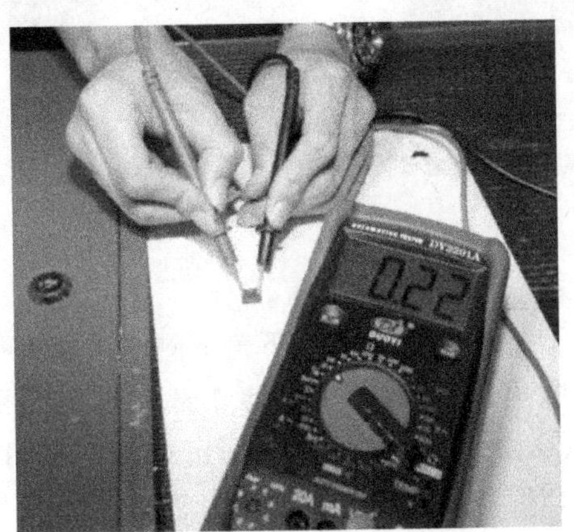

图 1-35

6）更换新熔丝：

① 确认熔丝载流量，按照对应颜色和规格选用熔丝，如图 1-36 所示。

② 观察熔丝外部和端子处是否有烧灼现象。

③ 用数字万用表电阻档检测熔丝两端子之间的电阻，正常情况下应小于 1Ω，如图 1-37 所示。

第四步　检查前照灯组合开关

1）关闭点火开关。

2）正确使用工具断开蓄电池负极端子电缆，如图 1-38 所示。

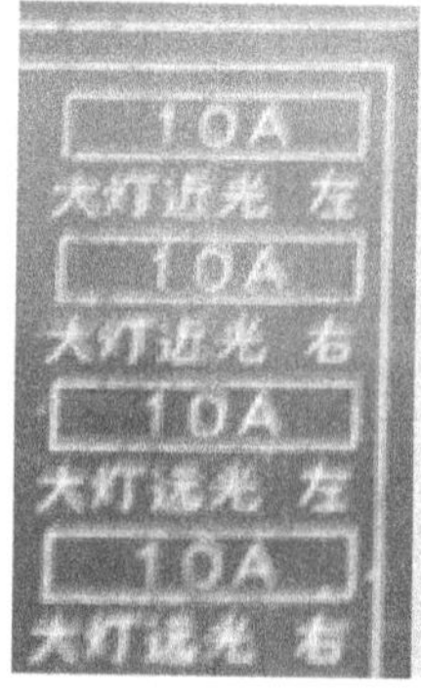

图 1-36

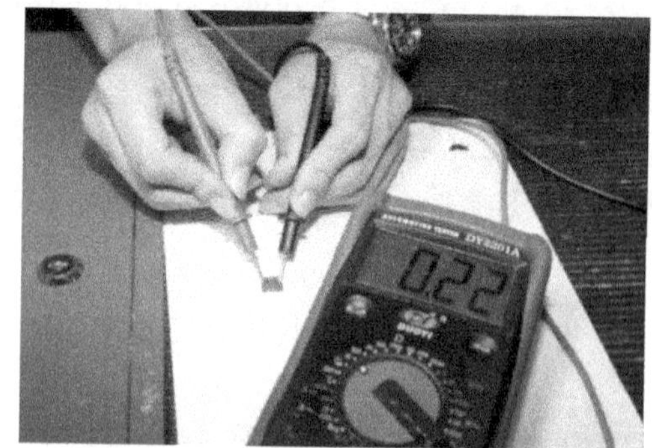

图 1-37

注意

按照先拆负极、后拆正极电缆的要求，否则容易引起正极电缆搭铁，导致电控单元因瞬时高电压而损坏；断开蓄电池电缆后至少要等待 90s，以防不正当操作引爆安全气囊。

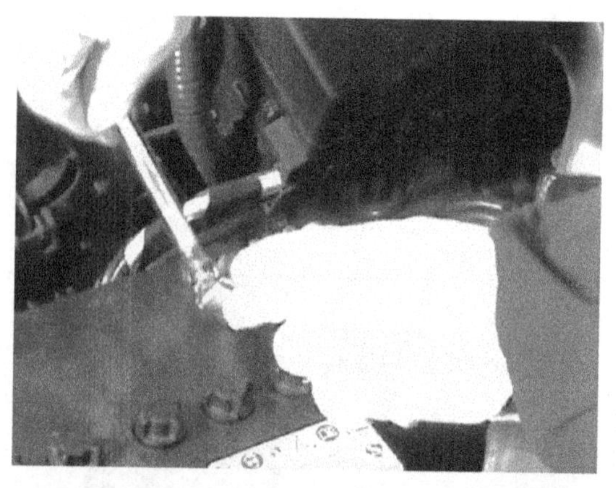

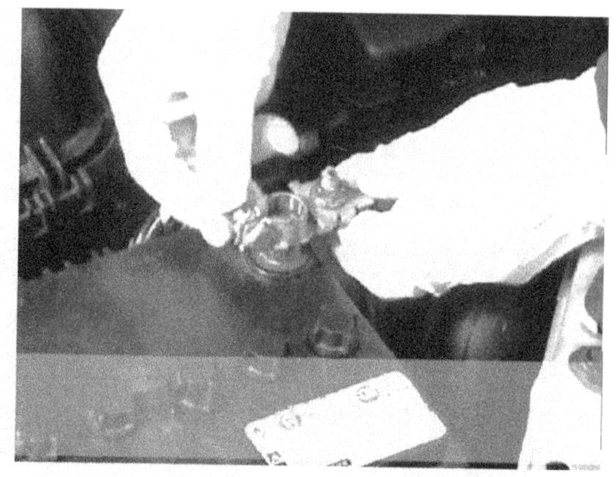

图 1-38

3）拆卸转向盘下盖。

① 扶住转向盘 3 号下盖下侧，用缠有保护性胶带的一字螺钉旋具沿 3 号下盖上侧接缝中部撬开卡爪，取下转向盘 3 号下盖。用相同的方法拆卸转向盘 2 号下盖。

② 松开转向盘装饰盖固定螺钉：选用“TORX”T30 梅花套筒松开转向盘装饰盖 2 个“TORX”梅花螺钉，直至螺钉边沿的凹槽与螺钉座齐平。从转向盘总成中拉出转向盘装饰盖，并用一只手支撑转向盘装饰盖，如图 1-39 所示。

③ 断开转向盘装饰盖上线束插接器：使用头部缠有保护性胶带的螺钉旋具，松开安全气囊插接器的锁扣，断开线束插接器。在转向盘装饰盖上断开喇叭插接器，取下转向盘装饰盖，如图 1-40 所示。

4）拆卸转向盘总成。

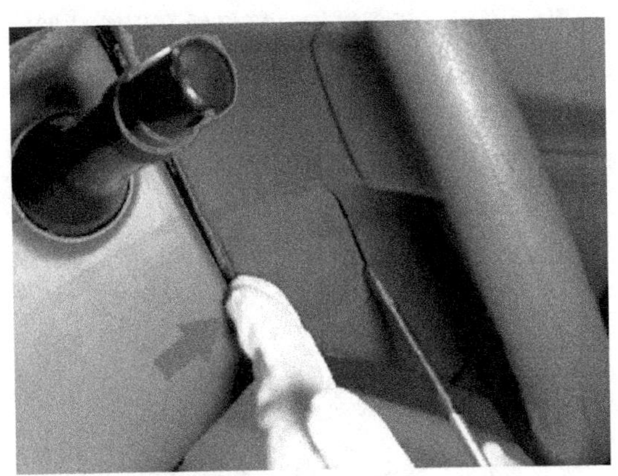

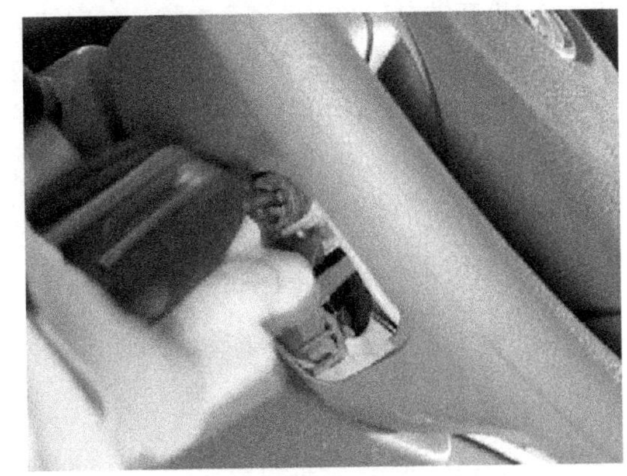

图 1-39

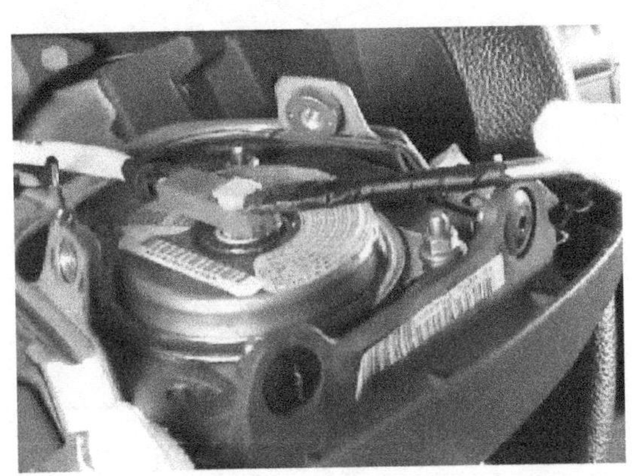

图 1-40

① 握紧转向盘，选用 19mm 套筒、接杆、指针式扭力扳手松开转向盘总成固定螺母，如图 1-41 所示。

② 在转向盘总成和转向主轴上做装配标记。

③ 按照维修手册规定，选用 SST（转向盘拆卸专用拉器）拆卸转向盘总成。

5）拆下转向柱护罩。

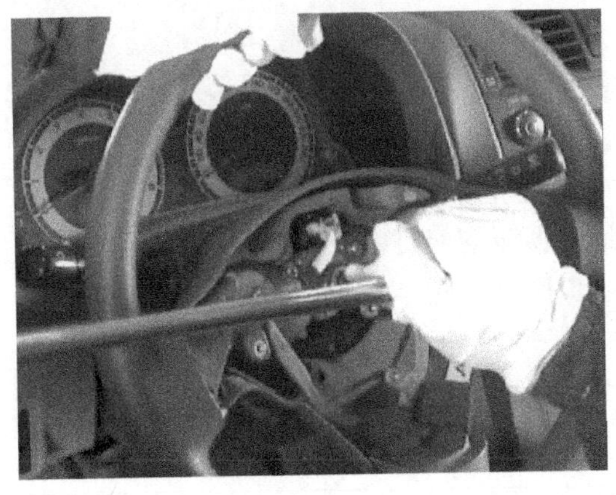

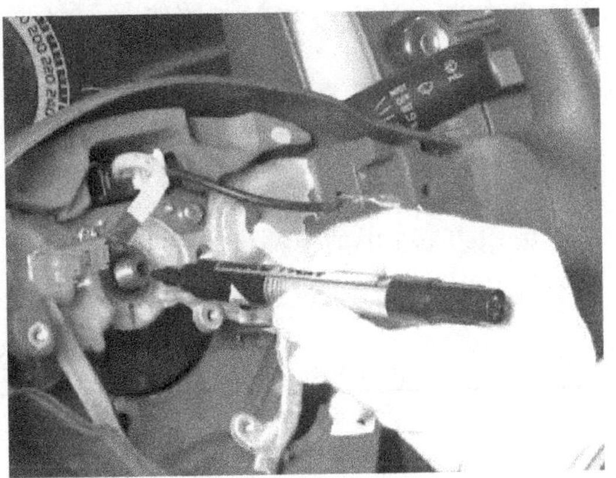

图 1-41

① 松开转向柱护罩的锁止机构，转向柱两边有小孔，可用一字螺钉旋具轻轻撬开保险装置。

② 用小的一字螺钉旋具深入锁止机构内部轻微撬动，直到分离机构脱钩。

6）断开组合开关总成插接器，进行组合开关插接器端子侧的线路检查。

插接器如图 1-42 所示，插接器端子位置如图 1-43 所示；用万用表检测变光插接器原件一侧的连接端子的电阻值，检测的电阻值参照表 1-4 规定的数值。

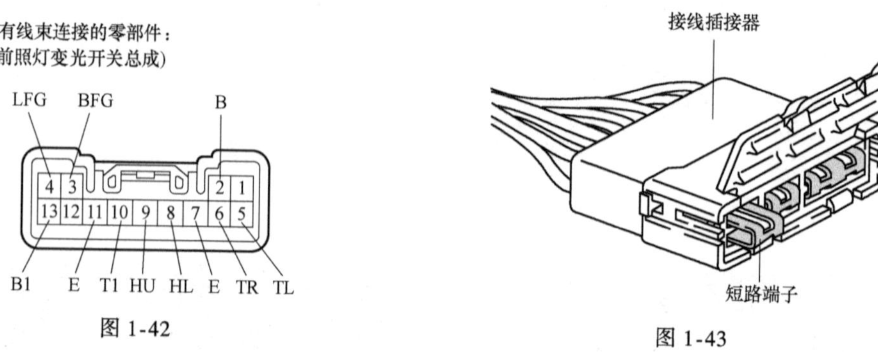

图 1-42　　图 1-43

表 1-4

端子号	开关状态	规定状态	端子号	开关状态	规定状态
10-13	OFF	无穷大	11-8	近光 LOW	小于 1Ω
11-13	TAIL	小于 1Ω	11-9	远光 HIGH	小于 1Ω
10-13	HEAD	小于 1Ω	7-11,9-11	闪光 FLASH	小于 1Ω

7）用万用表检查组合开关孔端的搭铁回路的电阻值是否符合规定值，标准值小于 1Ω。用万用表红表笔搭组合开关插接器 11 号端子，黑表笔搭驾驶室的搭铁点，测两者之间的电阻值，标准电阻应小于 1Ω。

8）检测驾驶室的搭铁电阻。拆除塑料护板，在不带电的情况下测量搭铁电阻，若存在电阻或电阻偏大，则说明搭铁不良，需修复搭铁，再试车检查故障是否排除。

9）检测继电器插槽 2 号端子到组合开关插接器孔端的 13 号端子之间的电阻值，标准值小于 1Ω，若检测不正常，则需更换组合开关总成。

第五步　检查线束和插接器

检查线路连接情况：用手振动或晃动连接远光灯到灯光开关的线路，检查线路连接处是否松动，导线是否从端子中脱开，如果有，则需紧固；必要时更换新的配线。

1. 检查线束和插接器（前照灯继电器——前照灯变光继电器）

根据表 1-5 中的值测量，用万用表测前照灯继电器至前照灯变光继电器间线路的电压，如有异常需更换线束或插接器；如正常则进行下一步检查。

表 1-5

检测仪连接	条件	规定状态
前照灯变光继电器端子 2-车身搭铁	灯控开关 OFF→HEAD	低于 1V→11～14V
前照灯变光继电器端子 3-车身搭铁	灯控开关 OFF→HEAD	低于 1V→11～14V

2. 检查线束和插接器（前照灯变光继电器——熔丝）

根据表1-6中的值，测量前照灯变光继电器至熔丝之间线束的电阻值，若有异常，则需维修或更换线束和插接器；如果阻值正常则继续下一步检测。

表1-6

检测仪连接	条件	规定状态
前照灯变光继电器端子5-H-LP LH HI熔丝端子	始终	小于1Ω
前照灯变光继电器端子5-H-LP RH HI熔丝端子	始终	小于1Ω

3. 检查线束和插接器（前照灯变光继电器-主车身ECU）

断开主车身ECU插接器E51，根据表1-7中的值测量电阻，如异常，则需要维修或更换线束或插接器，若电阻值正常，则继续下一步检测。

表1-7

检测仪连接	条件	规定状态
前照灯变光继电器端子1-E51_3(DIM)	始终	小于1Ω
E51_3(DIM)-车身搭铁	始终	10kΩ或更大

注意

1）如果只有一侧远光前照灯不亮，则检查熔丝、灯泡或与灯泡相关的线束。

2）如果近光前照灯亮起且变光开关置于HIGH位置时，左右两侧的远光前照灯都没有亮起，则执行远光前照灯继电器主动测试，并读取数据表中变光开关HIGH信号值，以确定故障存在于开关侧还是继电器侧。

3）执行远光前照灯控制系统故障排除前，检查并确认近光前照灯工作正常。

4. 安装组合开关

按照拆卸相反顺序安装组合开关。

5. 故障复查

点火开关置于ON位置，打开组合开关，检查前照灯是否亮起。

活动二　雾灯电路故障诊断

1. 两侧雾灯均不亮

两侧雾灯均不亮故障可能由灯光开关、雾灯继电器、雾灯开关或线路引起。故障诊断流程如图1-44所示。

1）将点火开关打到“ON”档，检查继电器盒接线柱处是否有蓄电池电压。若有电压，雾灯不亮的故障原因是雾灯电路断路或雾灯损坏，应检查线路或雾灯灯泡；若无电压，进行下一步检查。

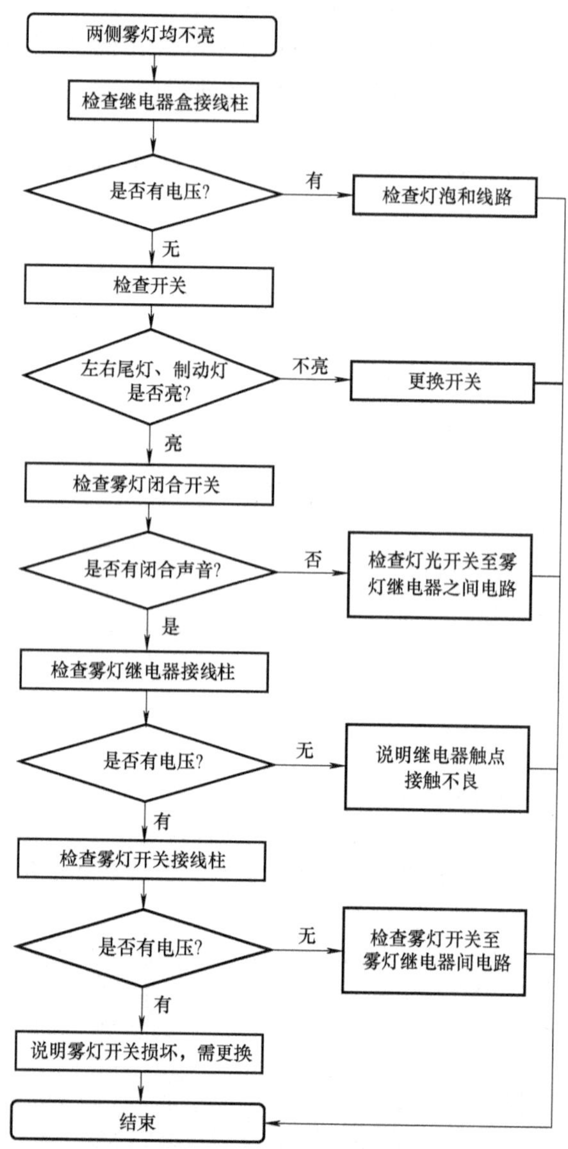

图 1-44

2）接通灯光开关，观察左、右前制动灯，左、右尾灯是否点亮。若不亮，说明灯光开关损坏，应予以更换；若亮，进行下一步检查，如图 1-45 所示。

图 1-45

3）在接通灯光开关时检查雾灯继电器是否有触点闭合的声音。若无闭合声音，说明灯光开关至雾灯继电器之间的电路断路；若有闭合声音，检查雾灯继电器接线柱是否有蓄电池电压，若无电压，说明继电器触点接触不良；若有电压，进行下一步检查。

4）检查雾灯开关接线柱是否有蓄电池电压。若有电压，则雾灯不亮是由雾灯开关损坏引起的；若无电压，则雾灯不亮是由雾灯继电器至雾灯开关电路断路引起的。

2. 一侧亮一侧暗或不亮

雾灯一侧亮一侧暗或不亮故障是由雾灯搭铁不良或雾灯本身故障引起的。检查时，可用导线将暗或不亮雾灯搭铁的一端直接搭铁，若雾灯正常点亮，说明故障由搭铁不良引起；若仍不亮，则故障是雾灯灯泡损坏造成的，应予以更换。

项目评价

考评项目		自我评价	小组互评	教师评价
素质考评 20	劳动纪律(4分)			
	安全意识(4分)			
	环保意识(4分)			
	团队精神(4分)			
	协作能力(4分)			
技能考评 80	工具量使用(10分)			
	任务方案(15分)			
	实施过程(30分)			
	完成结果(15分)			
	工单填写(10分)			
合计(100分)				
综合评价(100分)				

注意

发生重大事故（人身和设备安全事故）、严重违反维修原则和情节严重的粗暴操作行为等，采取一票否决制。

项目二

信号系统电路识读及故障诊断

项目描述

信号系统的主要设备由示宽灯、转向灯、危险警告灯、倒车灯、尾灯、制动灯等构成；其作用是向外界提供行车信息，以提高行车安全，减少交通事故的发生，通过本项目的学习，我们将了解到这些信号灯的结构及其电路原理，并学会故障诊断和维修的相关方法。

学习目标

知识目标

1. 掌握信号系统（示宽灯、转向灯、危险警告灯、倒车灯、尾灯、制动灯）的基本结构与功用。
2. 学会如何读懂转向灯、制动灯电路图。

技能目标

1. 掌握转向灯的故障诊断与排除。
2. 培养良好的安全文明操作习惯。

项目要求

1. 时间要求：建议6学时。
2. 质量要求：在满足厂家的生产规范及质量要求的前提下，能够熟练快速地诊断与排除故障。
3. 安全要求：严格按照安全操作规程进行项目作业。
4. 文明要求：自觉按照文明生产规则进行项目作业。
5. 环保要求：努力按照环境保护要求进行项目作业。

知识准备

一、信号系统基础知识

信号系统的作用是向外界通知行车信息，以提高行车安全，其主要设备见表2-1。

表2-1

种类	外部信号灯					内部信号灯	
	转向灯	示宽灯	警告灯	制动灯	倒车灯	转向指示灯	其他指示灯
工作特点	琥珀色 交替闪亮	白色或黄色常亮	琥珀色 交替闪亮	红色 常亮	白色 常亮	白色 闪亮	白色 常亮
用途	告知路人或其他车辆即将转弯	标志汽车宽度轮廓	与转向灯共用，提醒其他车辆	表示已经减速或即将停车	告知路人或其他车辆即将倒车	提示驾驶人车辆的行驶方向	指示驾驶人车辆的状态

1. 转向灯和危险警告灯

转向和危险警告灯系统的主要部件有开关、转向灯、转向指示灯和闪光继电器；其中闪光继电器是最主要的部件之一；转向灯安装在汽车前、后或侧面，如图2-1所示；其功率一般为20W，用于在汽车转弯时发出明暗交替的闪光信号，使前后车辆、行人、交警知其行驶方向。

图2-1

危险警告灯与转向信号灯共用。当车辆出现故障停在路面上时，按下危险警告开关，转向灯全部同时闪亮，以提醒后方行人、车辆避让。

转向灯开关如图2-2所示，警告灯开关外形如图2-3所示；上下扳动转向灯开关即可接通右、左转向灯；按下带有红色“△”符号的按钮（危险警告灯），则左、右转向灯同时闪亮。

2. 示宽灯

示宽灯（前小灯）装于汽车前后两侧边缘，白色，用于标示汽车夜间行驶或停车时的宽度轮廓，如图2-4所示。

3. 制动灯

制动灯装于汽车后面，用于当汽车制动减速停车时，向车后发出灯光信号，以警示随后

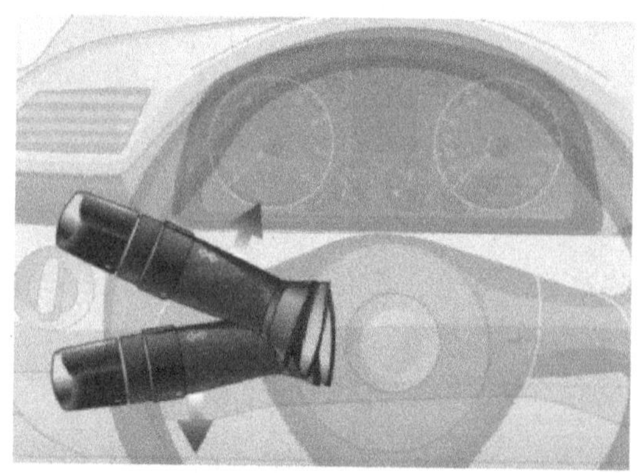

图 2-2

图 2-3

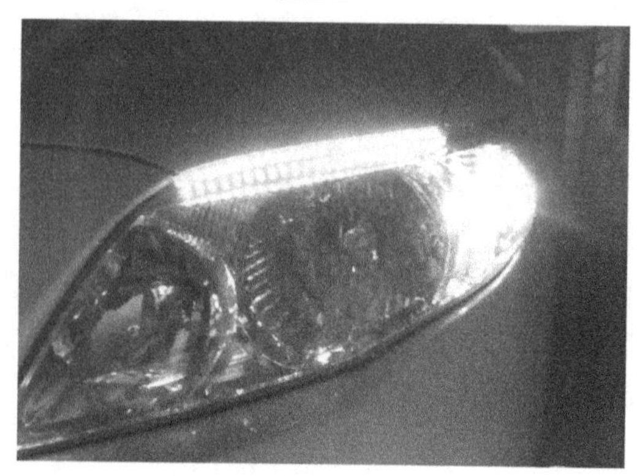

图 2-4

车辆及行人。多采用组合式灯具，一般与尾灯共用灯泡（双丝灯），但制动灯功率较大，约为 20W，如图 2-5 所示。

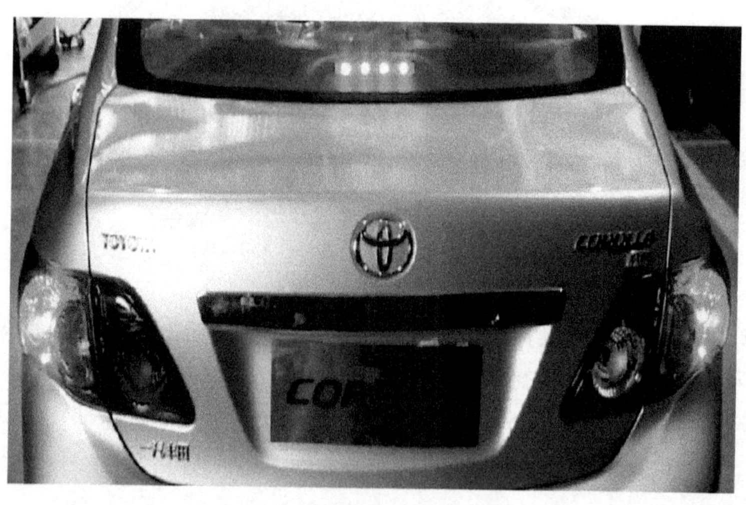

图 2-5

4. 尾灯

尾灯装于汽车尾部，左右各一只，红色。用于在夜间行驶时向后面的车辆或行人提供位置信息，如图 2-6 所示。

5. 倒车灯

倒车灯装于汽车尾部，左右各一只，白色。用于照亮车后路面，并警告车后的车辆和行人，表示该车正在倒车，如图 2-7 所示。

图 2-6

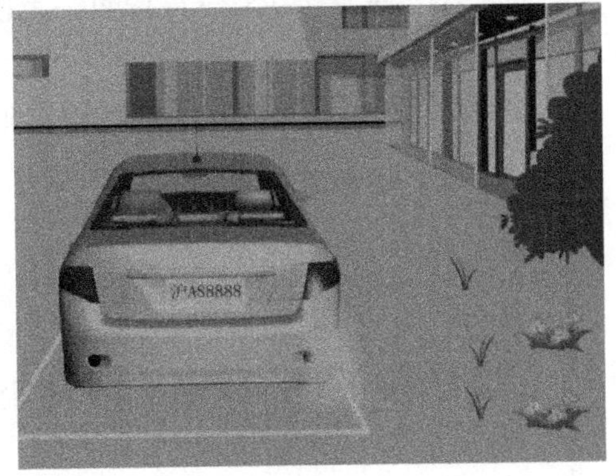

图 2-7

二、信号系统电路识读

1. 转向灯电路识读

转向灯电路如图 2-8 所示。

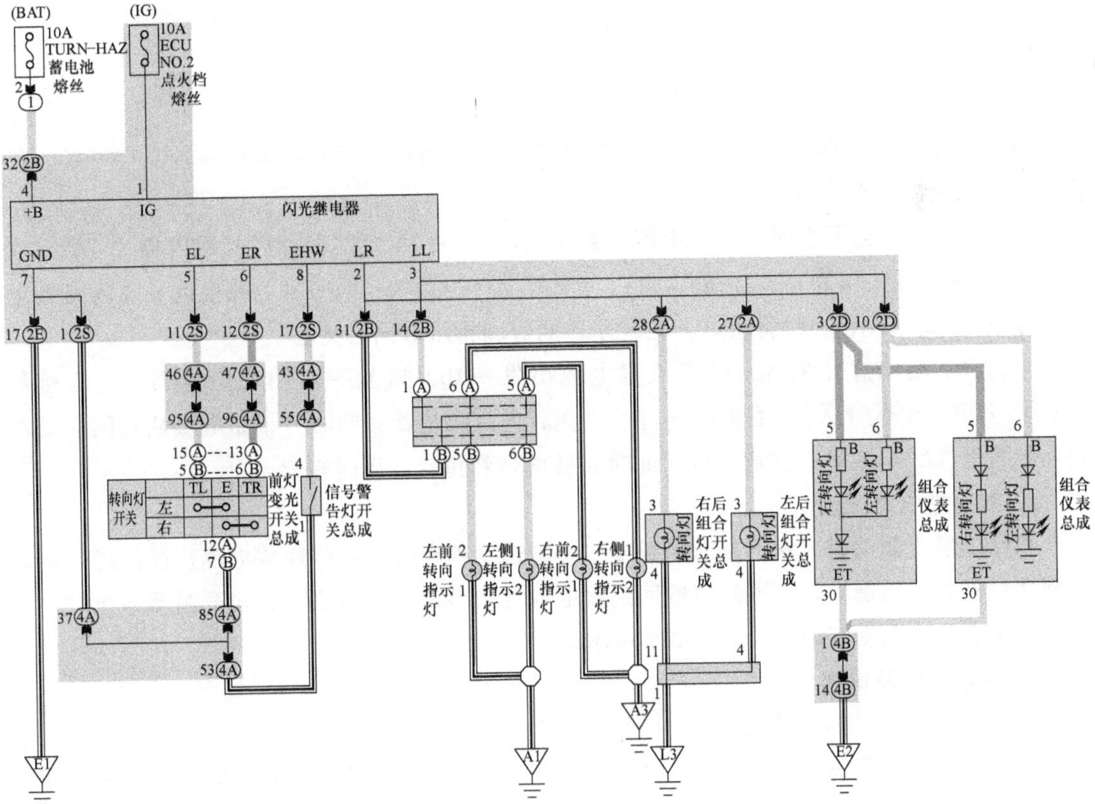

图 2-8

图 2-8 所示的电路图图注如下所示：

1）①：表示继电器盒。用无阴影表示且仅显示继电器盒号以区别接线盒。

2）74④A 3④E：表示接线盒（圈内数字为接线盒号，旁边为插接器代码）。

接线盒用阴影标出，以便将它和其他零件区别开来。

3）E1：指示搭铁点。

4）2 1：表示插接器引脚数。

阴插接器和阳插接器的编号系统互不相同。

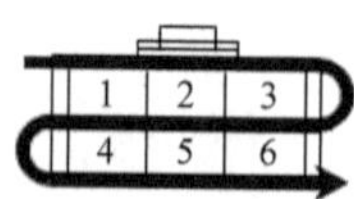

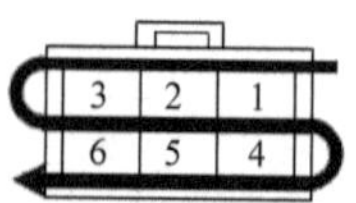

5）JM1：表示线束和线束插接器。带阳端子的线束以箭头（≫）表示，外侧数字为引脚数。

6）Ⓐ：出现在下页中的相同代码显示线束连续。

7）：指示熔丝通电时点火钥匙的位置。

当点火开关置于 ON 状态后，电流从蓄电池正极→熔丝→闪光继电器→转向灯开关→搭铁→蓄电池负极，形成回路。

当打开左转向灯开关时，一路电流从蓄电池出发→10A 熔丝→左闪光继电器 3→插接器（14 ②B→1Ⓐ→5Ⓑ、6Ⓑ）→左前转向灯、左侧转向灯→搭铁；同时另一路电流从左闪光继电器插接器 10 ②D→左转向灯指示灯，此时左转向灯和指示灯同时亮起。

当打开右转向灯开关时，电流从蓄电池出发→10A 熔丝→右闪光继电器 2→插接器（31 ②B→1Ⓑ→5Ⓐ、6Ⓐ）→右前转向灯、右侧转向灯→搭铁；同时另一路电流从右闪光继电器→插接器 3 ②D→右转向灯指示灯，此时右转向灯和指示灯同时亮起。

2. 制动灯电路识读

当车辆需要制动时，踩下制动踏板使汽车减速至停车时，电流经蓄电池正极，经过熔丝至制动灯开关，至制动灯，再经搭铁回到蓄电池负极形成一个回路；当松开制动踏板时，制动灯开关断开，制动灯熄灭，如图 2-9 所示。

3. 倒车灯电路识读

倒车灯电路如图 2-10 所示。

倒车灯受点火开关控制，只有点火开关处于运行状态，才能接通倒车灯电路。并且倒车灯开关和倒档相连。

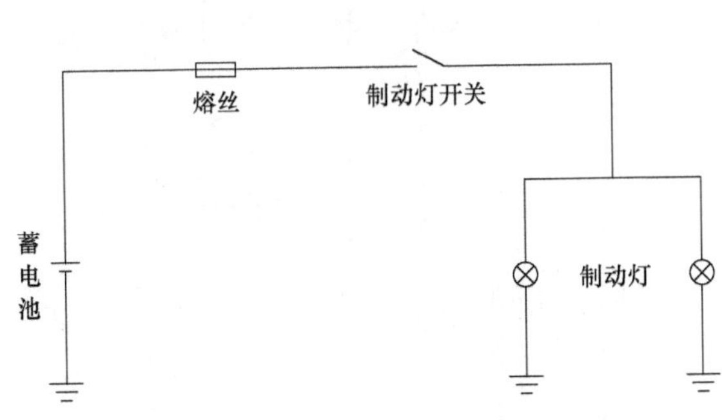

图 2-9

点火开关运行后，电流经 10A 熔丝到达倒车位置开关总成（2、1），经驻车档/空档位置开关总成（2、1），到达右后灯总成，灯亮、经插接器，到达搭铁，最后回到蓄电池负极，形成回路。

4. 尾灯电路识读

尾灯电路如图 2-11 所示。

当打开近光灯开关后，电流从蓄电池出发，经蓄电池熔丝→尾灯继电器熔丝→灯光开关总成→搭铁→蓄电池负极，形成回路；尾灯继电器电流产生磁场，尾灯继电器开关闭合，电流经 10A ALT 熔丝→中央插接器→后灯总成→中间接插器→搭铁→蓄电池负极，形成回路，尾灯点亮。

5. 示宽灯电路识读

示宽灯电路如图 2-12 所示。

图 2-10

当点火开关处于“ON”状态时，电流经过点火开关熔丝，再经过组合仪表总成，到达搭铁，回到负极，形成回路，组合仪表盘处于通电状态。

打开灯光控制开关，电流从蓄电池正极出发，经蓄电池熔丝、尾灯继电器、灯光开关总成、搭铁，回到负极形成回路；同时尾灯继电器熔丝电流产生磁场，使尾灯继电器开关闭合，电流经 ALT 熔丝，到达尾灯并同时到达仪表中尾灯指示灯，再到搭铁，回到负极形成回路。

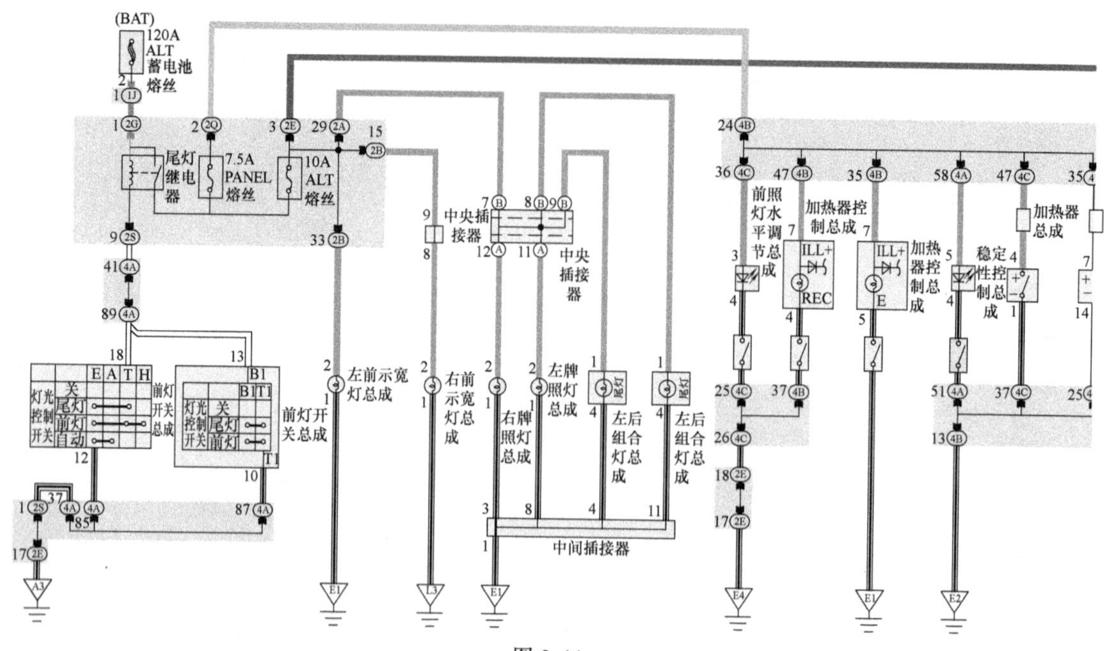

图 2-11

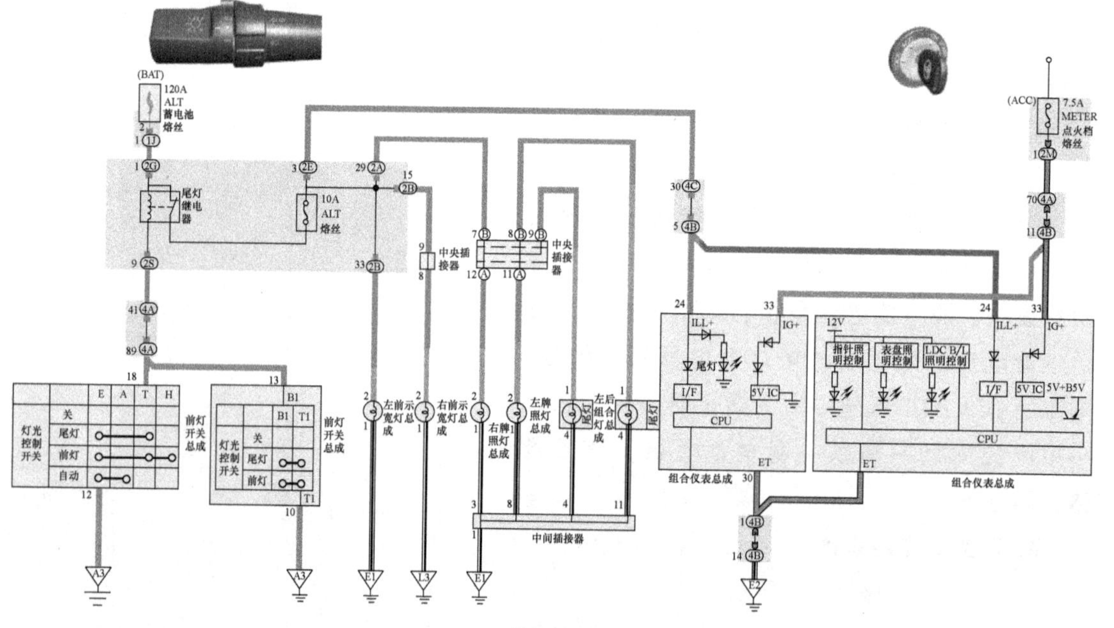

图 2-12

故障分析

一、转向灯故障分析

转向灯故障现象包括两种：

1. 转向灯闪光频率不正常

它是指转向灯工作时，左右转向灯的闪光频率不一致或闪光频率一样，但都不正常；其原因有三个方面：转向灯线路接触不良，一般为紧固线路松脱所致；左右转向灯功率不同，或者一边灯泡烧坏；闪光继电器调整不当。

2. 转向灯不工作

其原因有三个方面：熔丝熔断；闪光器工作不良；转向灯开关损坏。

二、倒车灯故障分析

倒车灯电路由倒车灯、倒车灯开关、线路及熔丝等组成。当变速器挂上倒档后退时，倒车灯全不亮或只有一只不亮，如图2-13所示；或者变速器没挂上倒档时，倒车灯却亮了；原因可能在于：

1）灯泡烧毁。

2）电路连接松脱、开路。

3）倒车灯开关超出调整范围。

4）倒车灯开关老化或者损坏。

5）熔丝烧断。

图 2-13

三、制动灯故障分析

制动信号装置主要有制动信号灯、制动开关盒、制动安全报警装置，当制动灯灯泡或电路有故障时，制动灯会亮起以提示后面驾驶人，如图 2-14 所示；故障现象如下：

1）踏下制动踏板，左右制动灯均不亮。

2）踏下制动踏板，左右制动灯只有一只亮。

3）不踏下制动踏板，左右制动灯长亮或时亮时不亮。

本文以转向灯故障为例，讲解具体的检查和维修步骤。

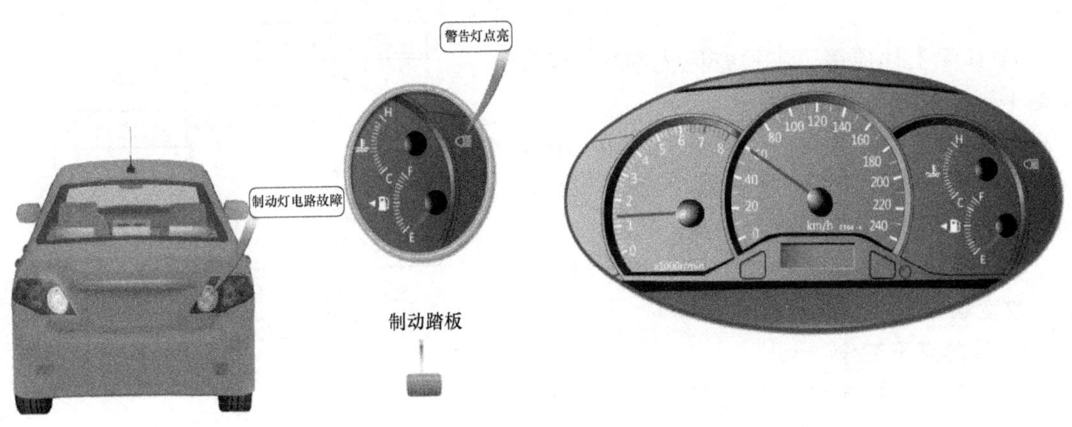

图 2-14

项目路径

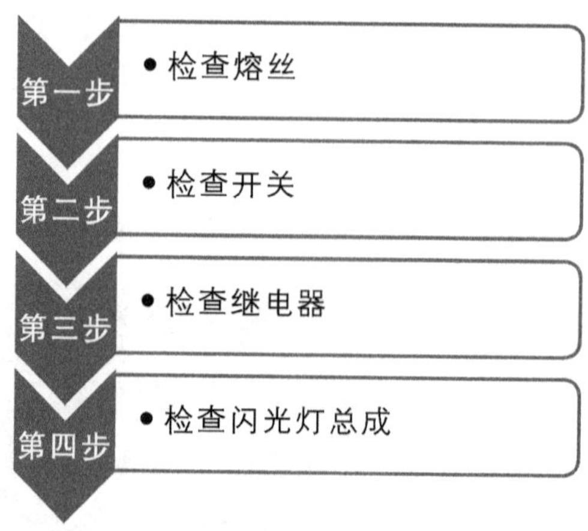

项目实施

活动　转向灯故障诊断

1. 转向灯闪光频率不正常

检查流程如图 2-15 所示。

1）检查闪光继电器、转向灯开关及转向灯的搭铁端子，如有松脱处，进行紧固，如图 2-16 所示。

2）检查转向灯泡，灯泡是否烧毁或损坏；功率是否符合要求，否则进行更换，如图 2-17 所示。

3）如无上述原因，则检查闪光继电器是否调整不当，如图 2-18 所示。

① 接通转向灯开关，记录一分钟内转向灯闪光次数，转向灯闪烁频率一般为 65 ~ 120 次/min 为宜，否则应调整闪光继电器。

② 打开闪光继电器外壳，用尖嘴钳拨动调节片改变触点间隙进行调整。

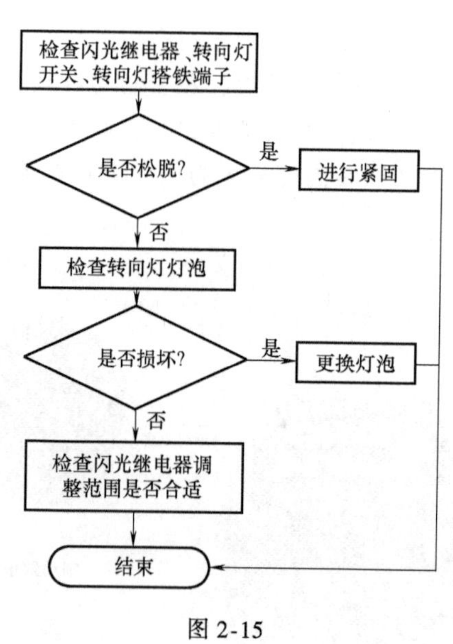

图 2-15

2. 转向灯不工作

本次活动以转向灯、警告灯都不工作为前提，检查转向灯流程如图 2-19 所示。

图 2-16

图 2-17

图 2-18

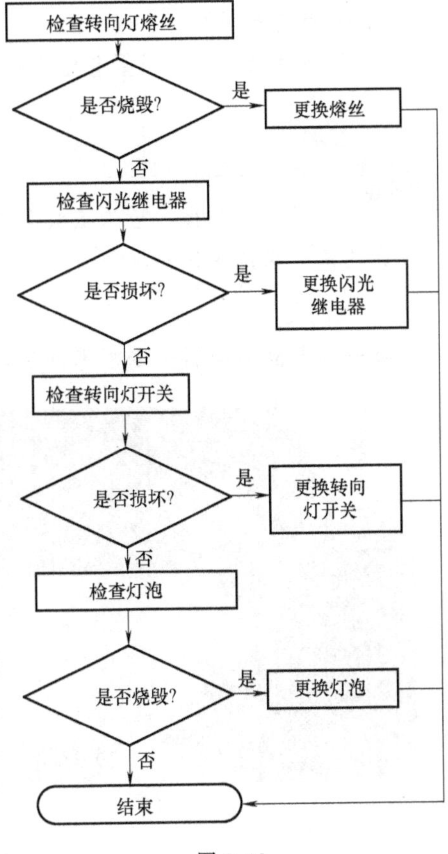

图 2-19

第一步　检查熔丝

检查盒里的 TRN-HAZ 熔丝和 ECU-IG2 熔丝是否烧毁，如有烧毁则更换熔丝，如图2-20所示。

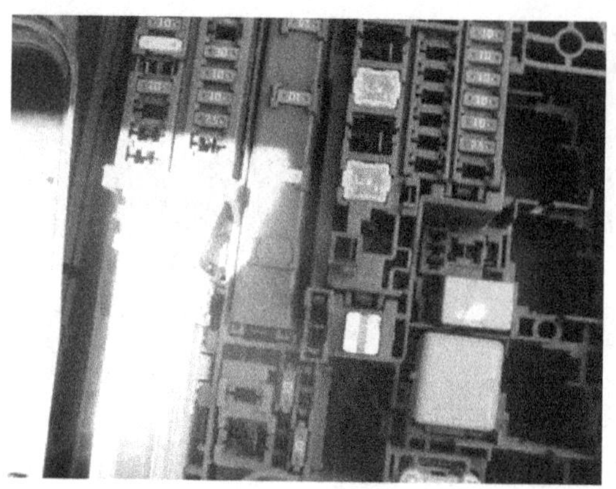
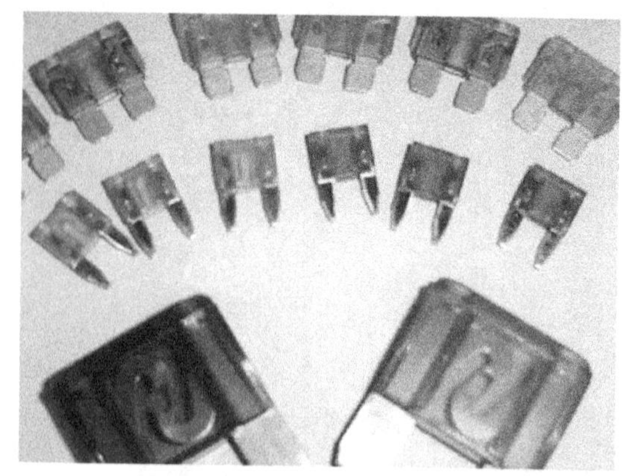

图 2-20

第二步　检查转向灯开关

1）关闭点火开关。

2）正确使用工具断开蓄电池负极端子电缆，如图 2-21 所示。

注意

按照先拆负极、后拆正极电缆的要求，否则容易引起正极电缆搭铁，导致电控单元因瞬时高电压而损坏。

断开蓄电池电缆后至少要等待 90s，以防不正当操作引爆安全气囊。

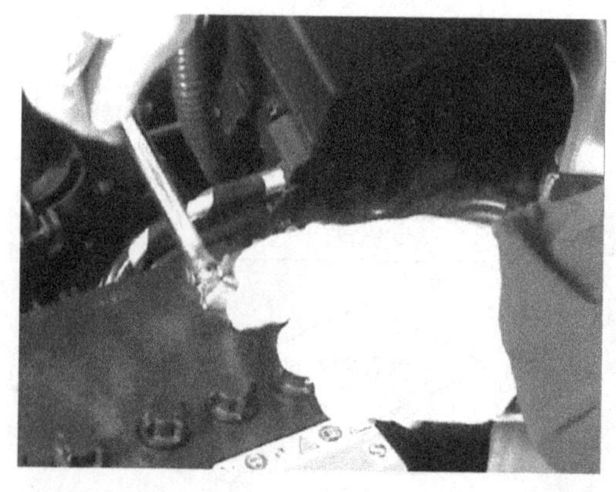
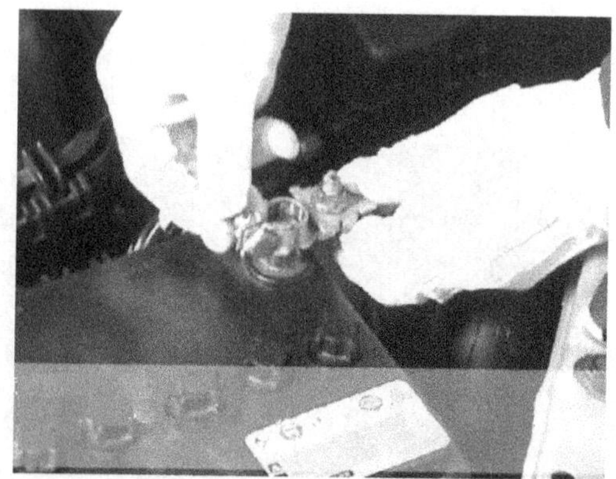

图 2-21

3）拆卸转向盘下盖。

① 扶住转向盘 3 号下盖下侧，用缠有保护性胶带的一字螺钉旋具沿 3 号下盖上侧接缝中部撬开卡爪，取下转向盘 3 号下盖。用相同的方法拆卸转向盘 2 号下盖。

② 松开转向盘装饰盖固定螺钉：选用“TORX” T30 梅花套筒松开转向盘装饰盖 2 个“TORX”梅花螺钉，直至螺钉边沿的凹槽与螺钉座齐平。从转向盘总成中拉出转向盘装饰

盖，并且用一只手支撑转向盘装饰盖，如图 2-22 所示。

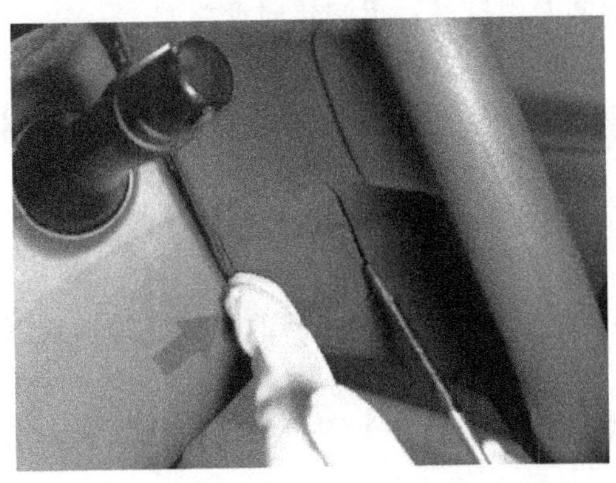
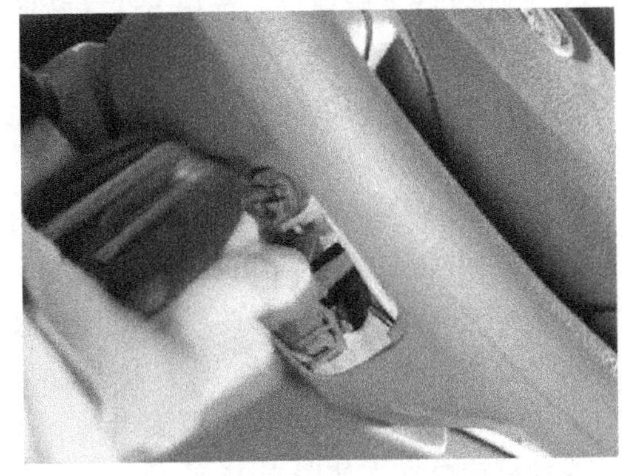

图 2-22

③ 断开转向盘装饰盖上的线束插接器：使用头部缠有保护性胶带的螺钉旋具，松开安全气囊插接器的锁扣，断开线束插接器。在转向盘装饰盖上断开喇叭插接器，取下转向盘装饰盖，如图 2-23 所示。

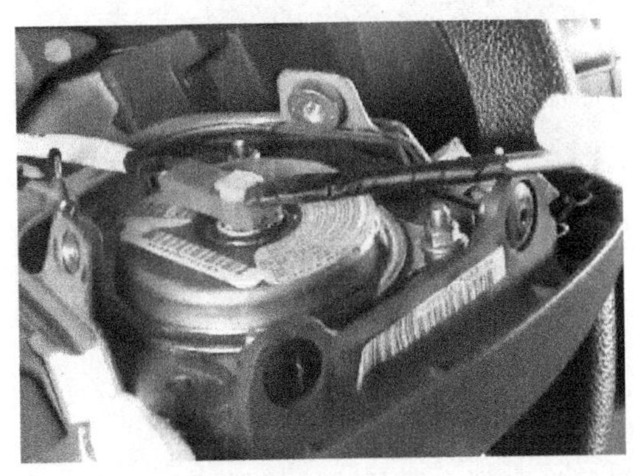

图 2-23

4）拆卸转向盘总成。

① 握紧转向盘，选用 19mm 套筒、接杆、指针式扭力扳手松开转向盘总成固定螺母，如图 2-24 所示。

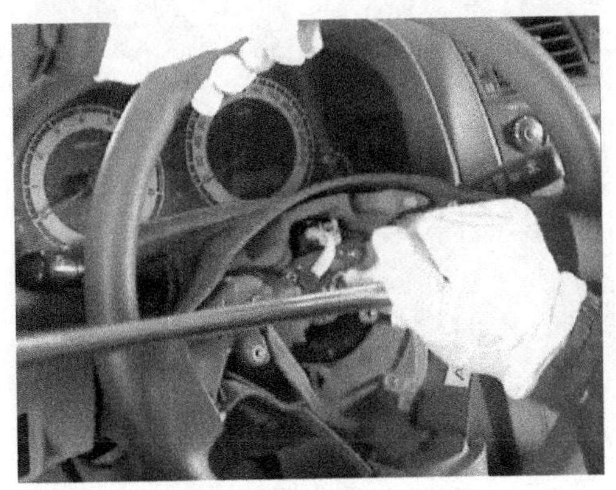
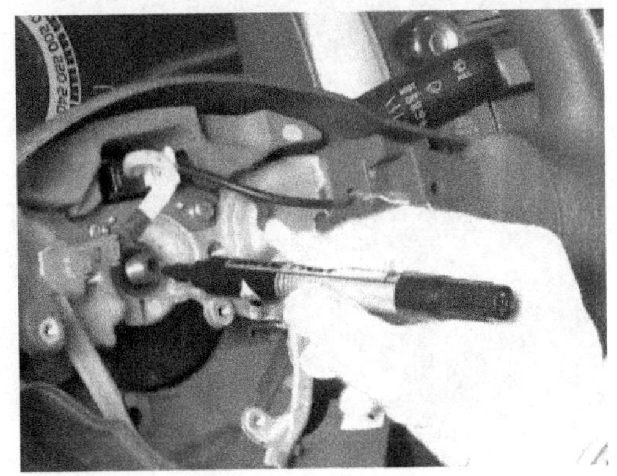

图 2-24

② 在转向盘总成和转向主轴上做装配标记。

③ 按照维修手册规定，选用 SST（转向盘拆卸专用拉器）拆卸转向盘总成。

5）拆下转向柱护罩。

① 松开转向柱护罩的锁止机构，转向柱两边有小孔，可用一字螺钉旋具轻轻撬开保险装置。

② 用小的一字螺钉旋具深入锁止机构内部轻微撬动，直到分离机构脱钩。

6）拆卸带转向角传感器的螺旋电缆。

① 断开带转向角传感器的螺旋电缆插接器；按下带转向角传感器的螺旋电缆插接器锁扣，依次分离两个插接器，如图 2-25 所示。

② 拆卸带转向角传感器的螺旋电缆；依次脱开螺旋电缆 3 个固定卡爪，拆下带转向角传感器的螺旋电缆，如图 2-26 所示。

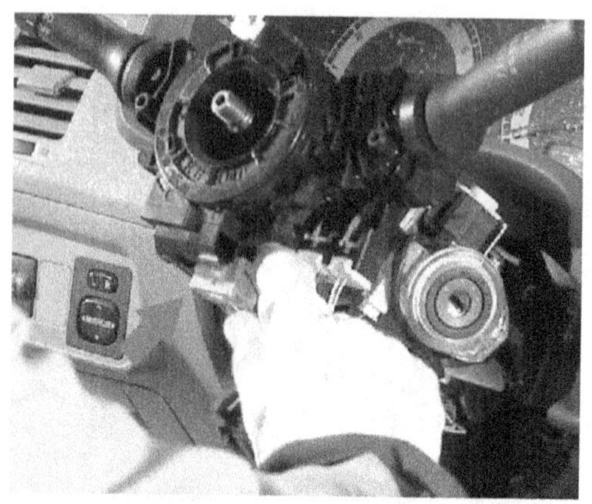

图 2-25

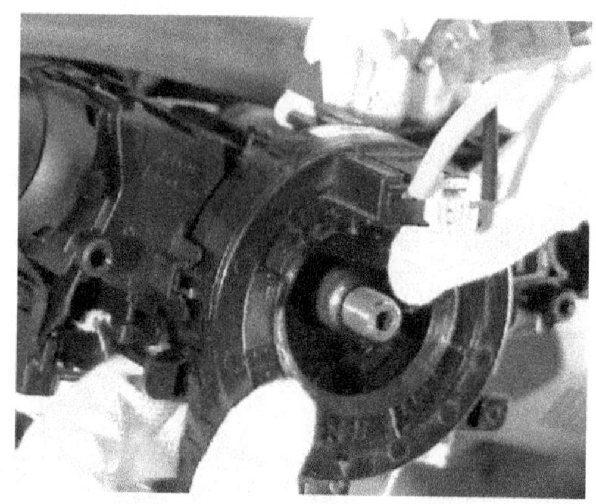

图 2-26

7）拆卸风窗玻璃刮水器开关。

① 断开风窗玻璃刮水器开关插接器；按下风窗玻璃刮水器开关插接器锁扣，依次分离两个插接器，如图 2-27 所示。

② 拆卸风窗玻璃刮水器开关；选用头部缠有保护性胶带的螺钉旋具，按下风窗玻璃刮水器开关固定锁扣，分离并拆下风窗玻璃刮水器开关，如图 2-28 所示。

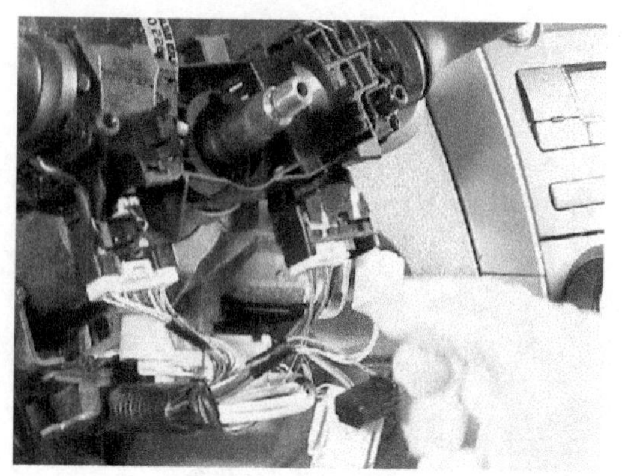

图 2-27

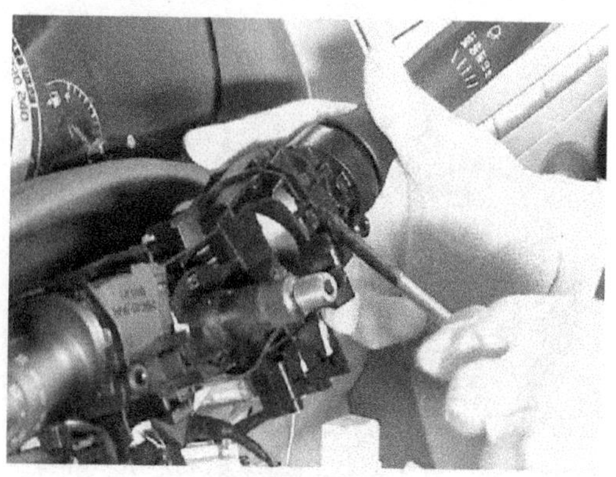

图 2-28

8）拆卸转向灯组合开关：断开转向灯组合开关插接器；按下转向灯组合开关插接器锁扣。

9）根据表2-2（带自动灯控系统）、表2-3（不带自动灯控系统）中的值测量前照灯变光开关总成端子（见图2-29）间的电阻，若有异常，则更换转向灯开关。

表 2-2

检测仪连接	条件	规定状态
12(E)-13(TR)	OFF	10kΩ 或更大
12(E)-15(TL)		
12(E)-13(TR)	RH	小于 1Ω
12(E)-13(TL)	LH	小于 1Ω

表 2-3

检测仪连接	条件	规定状态
6(TR)-7(E)	OFF	10kΩ 或更大
5(TL)-7(E)		
6(TR)-7(E)	RH	小于 1Ω
5(TL)-7(E)	LH	小于 1Ω

10）按照拆卸相反顺序安装转向灯开关。

第三步　检查闪光继电器

1）拔下闪光继电器，检查是否损坏，如有损坏，则更换新的闪光继电器。

2）若无法观察闪光继电器是否损坏，用跨接线连接电源与闪光器插座“L”端子，如果转向灯在打转向灯开关的两个位置都亮，则闪光继电器失效，应予以更换，如图2-30所示。

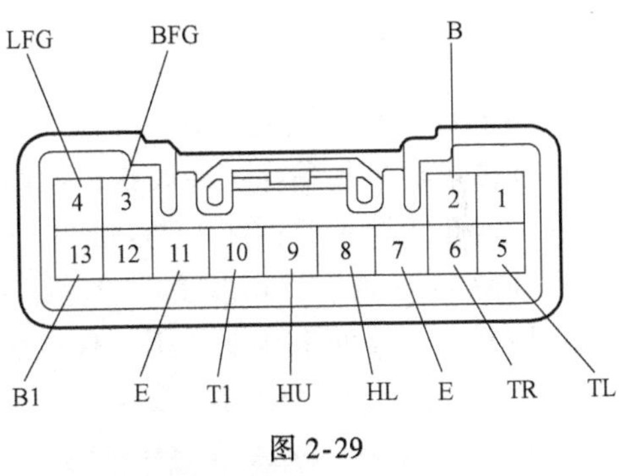

图 2-29

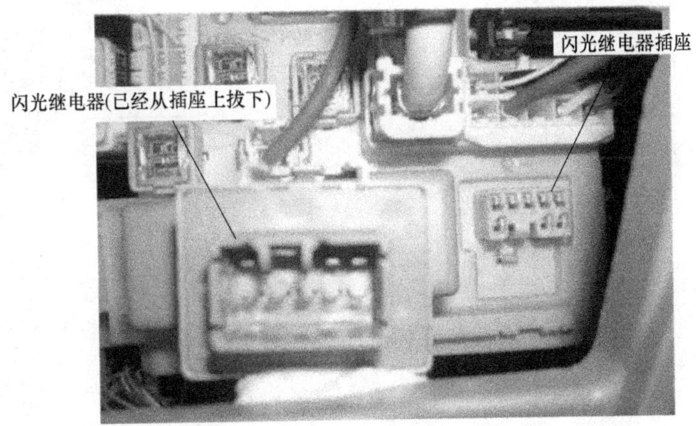

图 2-30

第四步　检查闪光灯总成

1）从蓄电池负极端子断开电缆。

2）拆卸仪表板左下装饰板：拆卸下3个卡爪和卡子，并拆卸下仪表板左下装饰板，如图2-31所示。

3）拆卸仪表板右下装饰板：拆卸下3个卡爪和卡子，并拆卸下仪表板右下装饰板，如图2-32所示。

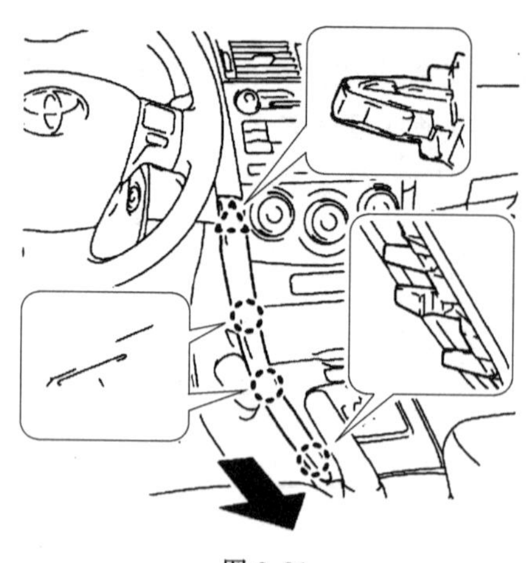
图 2-31

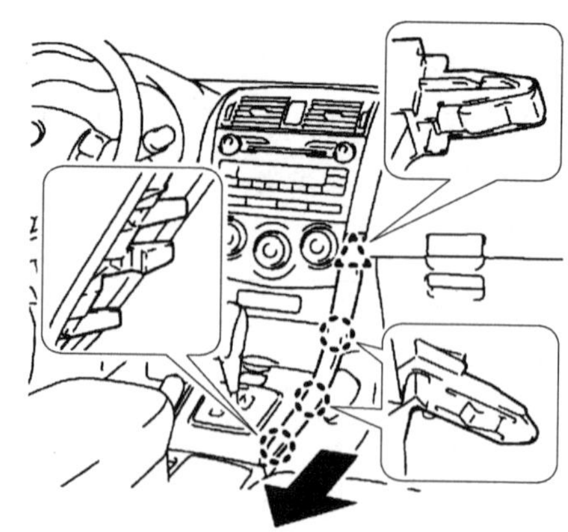
图 2-32

4）拆卸仪表板左端装饰板。

① 在图示位置粘贴保护性胶带，如图 2-33 所示。

② 插入车顶防护条拆卸工具并向卡子滑动拆卸工具。

③ 如图 2-34 所示，用双手拉动拆卸工具以将卡子脱开。

④ 脱开 2 个卡爪和卡子，拆下仪表板左端装饰板。

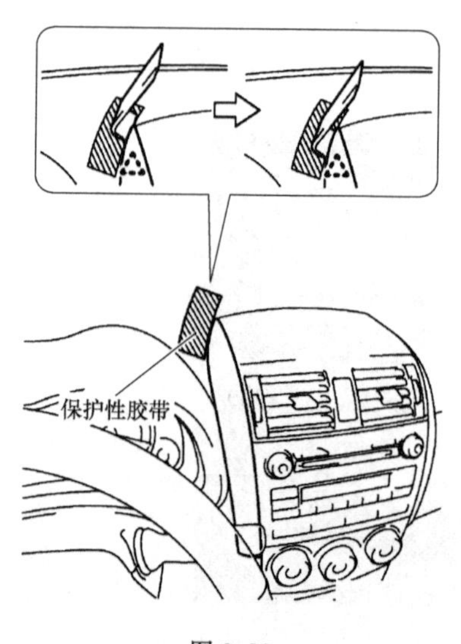

图 2-33

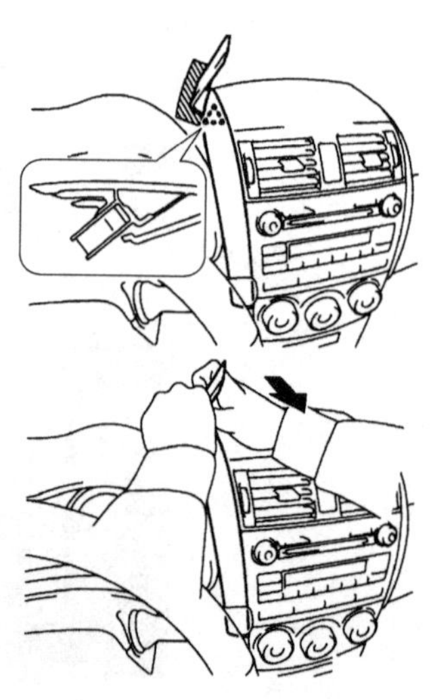
图 2-34

5）拆卸仪表板右端装饰板。

① 在图示位置粘贴保护性胶带，如图 2-35 所示。

② 插入车顶防护条拆卸工具并向卡子滑动拆卸工具，如图 2-36 所示。

③ 脱开 2 个卡爪和卡子，拆下仪表板右端装饰板。

6）拆卸中央仪表板调风器总成。

① 脱开 2 个卡爪、4 个卡子和 2 个导销，如图 2-37 所示。

② 断开插接器，拆下中央仪表板调风器总成。

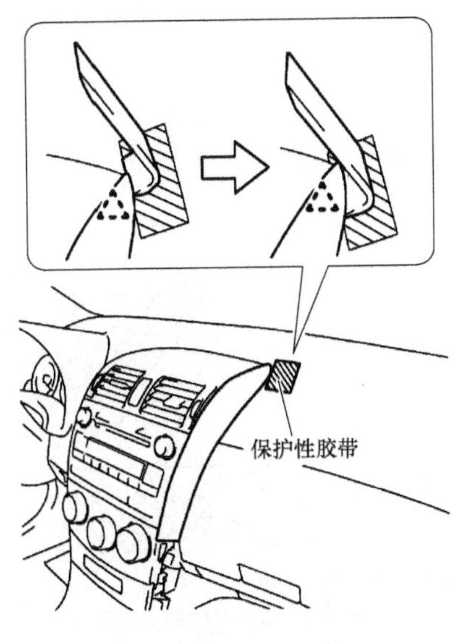

图 2-35

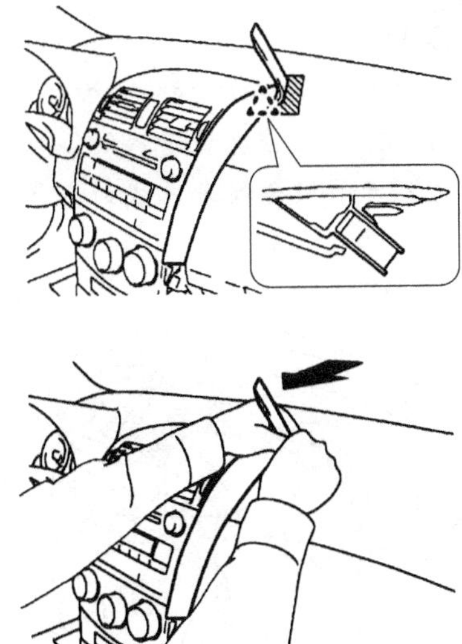

图 2-36

7）拆卸仪表组装饰板总成。

① 操作倾斜度调节杆以降下转向盘总成。

② 在图示位置粘贴保护性胶带，如图 2-38所示。

③ 脱开导销、卡爪和 3 个卡子如图 2-39 所示，并拆下仪表组装饰板总成。

8）拆卸组合仪表总成。

① 拆下 2 个螺钉，脱开 2 个导销，如图 2-40 所示。

② 拉出组合仪表总成，断开插接器，并拆下组合仪表总成，如图 2-41 所示。

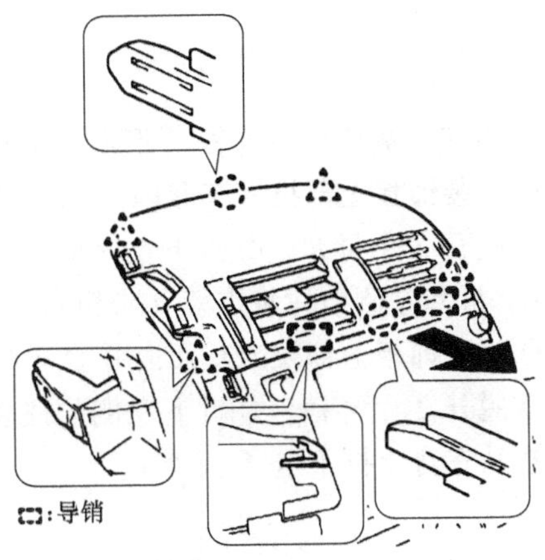

图 2-37

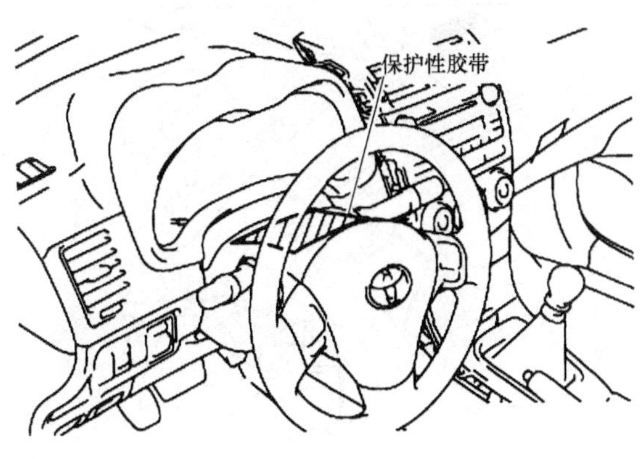

图 2-38

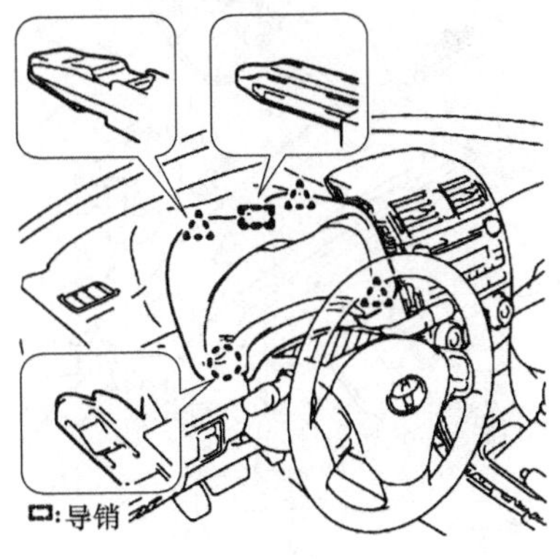

图 2-39

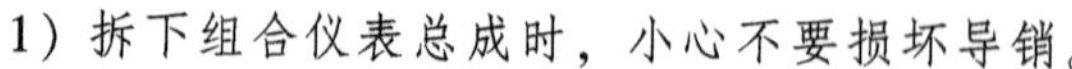

注意

1）拆下组合仪表总成时，小心不要损坏导销。

2）拆下组合仪表总成时，不要损坏上仪表板分总成或组合仪表总成。

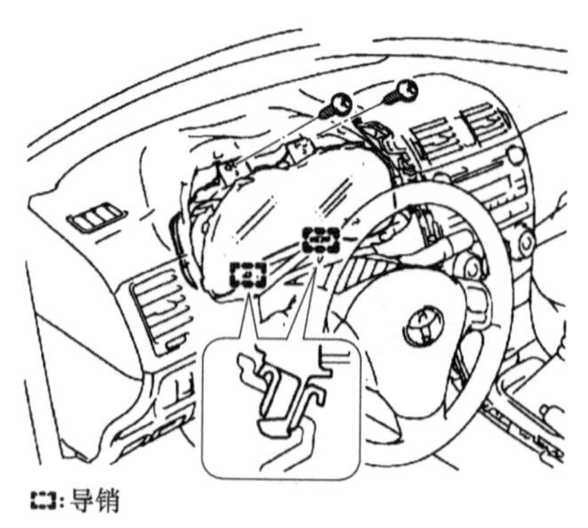

图 2-40

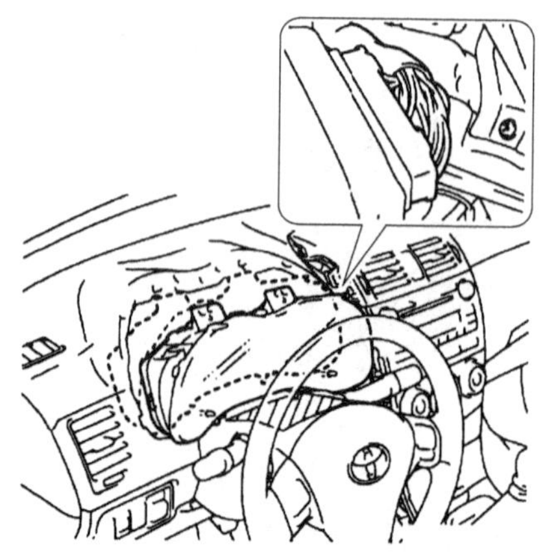

图 2-41

9）拆卸左侧前柱装饰板（不带窗帘式安全气囊）。

① 将装饰板上部拉入车厢内并脱开 2 个卡子，如图 2-42 所示。

② 脱开 2 个导销，并拆下左侧前柱装饰板。

10）拆卸左侧前柱装饰板（带窗帘式安全气囊）。

① 将装饰板上部拉入车厢内并脱开 2 个卡子；切断卡子 < A >。

② 脱开 2 个导销，并拆下左侧前柱装饰板，如图 2-43 所示。

③ 从车身上拆下卡子 < A >。

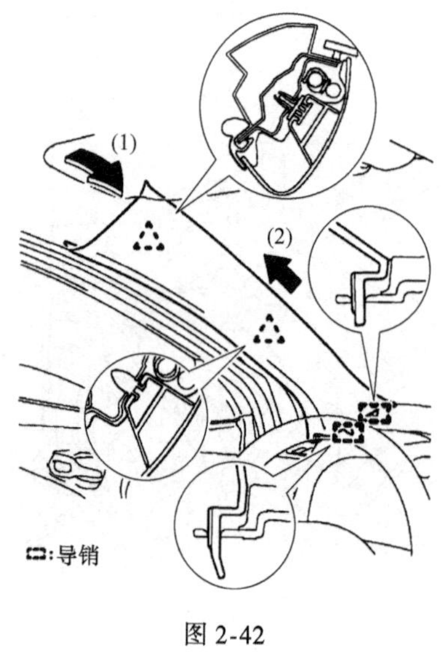

图 2-42

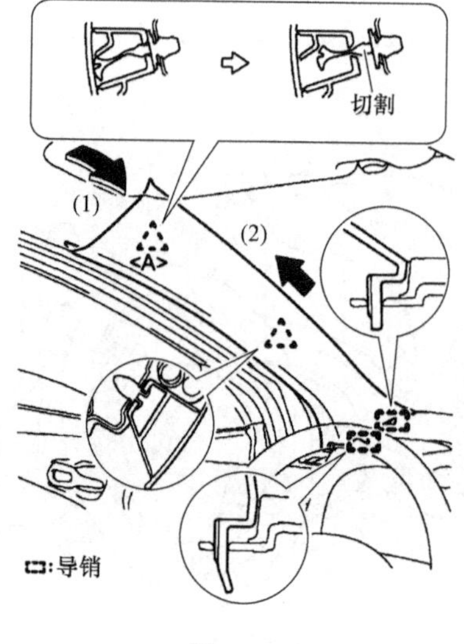

图 2-43

11）拆卸仪表板下装饰板总成：脱开 6 个卡爪和 3 个卡子，如图 2-44 所示；断开每个插接器，拆下仪表板下装饰板总成。

12）拆卸转向信号闪光灯总成：从接线盒上拆下转向信号闪光灯总成，如图 2-45 所示。

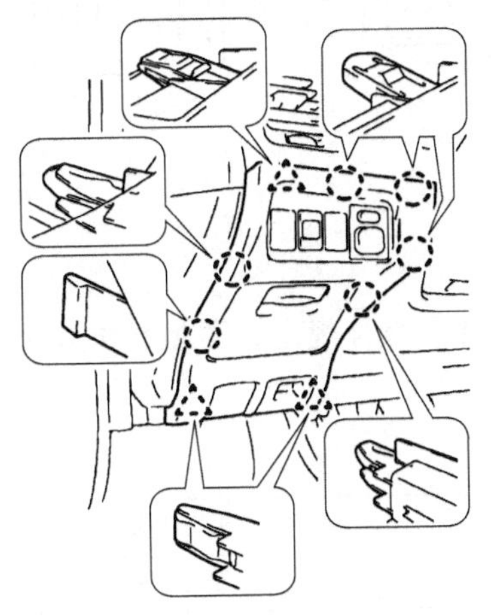

图 2-44

图 2-45

13）检查转向信号闪光灯总成。

① 从仪表板接线盒上拆下转向信号闪光灯总成。其端子如图 2-46 所示。

② 根据表 2-4 中的标准电压值测量电压。如果结果不符合规定，则线束侧有故障；需要更换线束。

③ 根据表 2-5 中的值测量电阻；如果结果不符合规定，则线束侧有故障；需要更换线束。

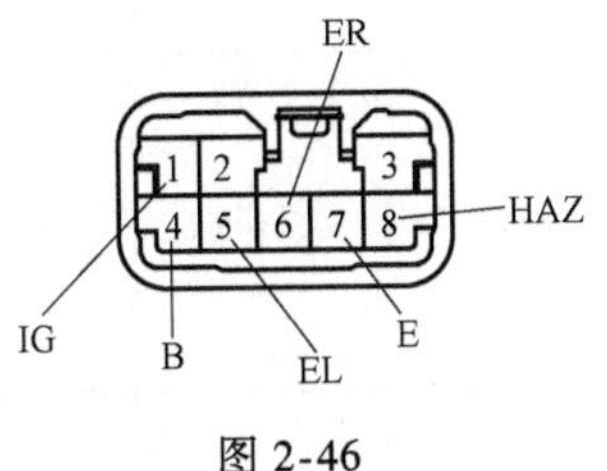

图 2-46

表 2-4

检测仪连接	条　件	规定状态
4(B)-车身搭铁	始终	11～14V
1(IG)-车身搭铁	点火开关置于 OFF 位置	低于 1V
	点火开关置于 ON(IG)位置	11～14V

表 2-5

检测仪连接	条　件	规定状态
5(EL)-车身搭铁	转向信号开关置于 OFF 位置	10kΩ 或更大
	转向信号开关置于 LH 位置	小于 1Ω
6(ER)-车身搭铁	转向信号开关置于 OFF 位置	10kΩ 或更大
	转向信号开关置于 RH 位置	小于 1Ω
7(E)-车身搭铁	始终	小于 1Ω
8(HAZ)-车身搭铁	危险警告开关置于 OFF 位置	10kΩ 或更大
	危险警告开关置于 ON 位置	小于 1Ω

④ 将转向信号闪光灯总成安装到仪表板接线盒上，如图 2-47 所示。

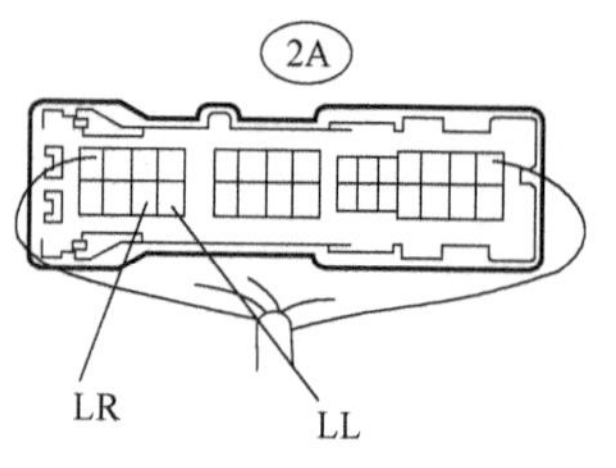

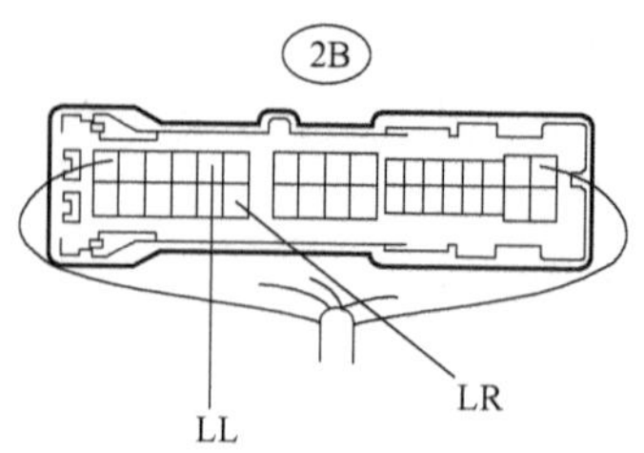

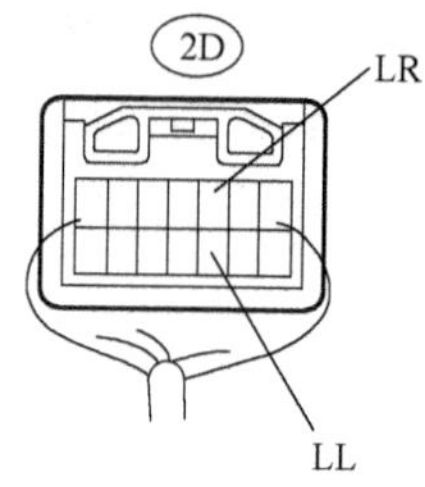

图 2-47

⑤ 根据表 2-6 中的标准电压值测量电压。如果结果不符合规定，更换转向信号闪光灯总成。

表 2-6

检测仪连接	开关状态	规定状态
2A-27(LL)-车身搭铁	转向信号开关置于 OFF 位置	低于 1V
	转向信号开关置于 LH 位置	11～14V(每分钟 60～120 次)
	危险警告开关置于 OFF 位置	低于 1V
	危险警告开关置于 ON 位置	11～14V(每分钟 60～120 次)
2A-28(LR)-车身搭铁	转向信号开关置于 OFF 位置	低于 1V
	转向信号开关置于 RH 位置	11～14V(每分钟 60～120 次)
	危险警告开关置于 OFF 位置	低于 1V
	危险警告开关置于 ON 位置	11～14V(每分钟 60～120 次)
2B-14(LL)-车身搭铁	转向信号开关置于 OFF 位置	低于 1V
	转向信号开关置于 LH 位置	11～14V(每分钟 60～120 次)
	危险警告开关置于 OFF 位置	低于 1V
	危险警告开关置于 ON 位置	11～14V(每分钟 60～120 次)
2B-31(LR)-车身搭铁	转向信号开关置于 OFF 位置	低于 1V
	转向信号开关置于 RH 位置	11～14V(每分钟 60～120 次)
	危险警告开关置于 OFF 位置	低于 1V
	危险警告开关置于 ON 位置	11～14V(每分钟 60～120 次)
2D-10(LL)-车身搭铁	转向信号开关置于 OFF 位置	低于 1V
	转向信号开关置于 LH 位置	11～14V(每分钟 60～120 次)
	危险警告开关置于 OFF 位置	低于 1V
	危险警告开关置于 ON 位置	11～14V(每分钟 60～120 次)
2D-3(LR)-车身搭铁	转向信号开关置于 OFF 位置	低于 1V
	转向信号开关置于 RH 位置	11～14V(每分钟 60～120 次)
	危险警告开关置于 OFF 位置	低于 1V
	危险警告开关置于 ON 位置	11～14V(每分钟 60～120 次)

14）安装转向信号闪光灯总成：将转向信号闪光灯总成按照拆卸相反顺序安装到接线盒上。

15）安装仪表板下装饰板总成。

16）故障复查：点火开关置于 ON 位置，打开转向灯组合开关，检查转向灯及其指示灯是否亮起。

项目评价

考评项目		自我评价	小组互评	教师评价
素质考评 20	劳动纪律(4 分)			
	安全意识(4 分)			
	环保意识(4 分)			
	团队精神(4 分)			
	协作能力(4 分)			
技能考评 80	工具量使用(10 分)			
	任务方案(15 分)			
	实施过程(30 分)			
	完成结果(15 分)			
	工单填写(10 分)			
合计(100 分)				
综合评价(100 分)				

注意

发生重大事故（人身和设备安全事故）、严重违反维修原则和情节严重的粗暴操作行为等，采取一票否决制。

项目三 03

仪表系统电路识读及故障诊断

项目描述

张先生开车去上班，路上发现燃油指示灯突然亮起，并且燃油表指针在不停地跳动，指示不稳。昨天刚加的油，今天怎么出现这种情况呢？请根据故障现象帮张先生来分析并解决这一问题。

学习目标

知识目标

1. 了解仪表系统的组成及功用。
2. 了解仪表系统各组成的工作原理。
3. 掌握电磁式燃油表的组成及工作原理。

技能目标

1. 学会燃油表指针指示不灵的故障诊断与排除方法。
2. 培养良好的安全文明操作习惯。

项目要求

1. 时间要求：建议6学时。
2. 质量要求：在满足质量要求的前提下，能够熟练快速地诊断与排除故障。
3. 安全要求：严格按照安全操作规程进行项目作业。
4. 文明要求：自觉按照文明生产规则进行项目作业。
5. 环保要求：努力按照环境保护要求进行项目作业。

知识准备

一、汽车仪表系统基础知识

1. 汽车仪表系统的组成及功用

汽车仪表系统由各种仪表、指示器，特别是驾驶人用警告灯报警器等组成，不同汽车的仪表板的仪表不尽相同，但是一般汽车上的常规仪表有车速表、里程表、发动机转速表、冷却液温度表、档位指示灯、燃油表等，如图 3-1 所示。

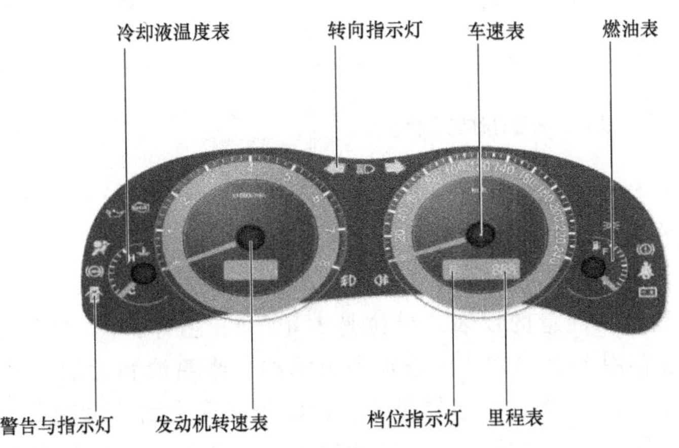

图 3-1

汽车仪表的功用就是将获取的信息采用合适的方式显示出来，方便驾驶人更好地了解汽车运行参数信息。按工作原理不同，汽车仪表大致可分为三代。第一代汽车仪表是机械机芯表；第二代汽车仪表称为电气式仪表；第三代为全数字汽车仪表，它是一种网络化、智能化的仪表，其功能更加强大，显示内容更加丰富，线束连接更加简单。目前大部分汽车仪表均采用第三代全数字汽车仪表。

2. 仪表系统常见组成的功用及工作原理

（1）仪表系统常见组成的功用　仪表系统常见组成的功用见表 3-1。

表 3-1

名称	图形	功　用	名称	图形	功　用
燃油表		显示燃油的储备量及消耗量	制动盘指示灯		指示行车制动器的磨损情况
冷却液温度表		指示发动机冷却液温度	充电警告灯		显示蓄电池工作状态指示灯
车速里程表		显示车速、行驶总里程及短程行驶距离	制动液不足警告灯		指示驻车制动杆拉起或制动液不足

（续）

名称	图形	功　用	名称	图形	功　用
发动机转速表		指示发动机转速	燃油不足警告灯		指示燃油不足
转向指示灯		指示转向信号灯工作状态	SRS 警告灯		指示安全气囊工作状态
雾灯指示灯		指示雾灯信号灯工作状态	安全带未系警告灯		指示安全带状态
远光指示灯		指示远光信号灯工作状态	发动机故障警告灯		指示发动机工作状态

（2）仪表系统常见组成的工作原理

1）燃油表。

燃油表是显示油箱内油量的仪表，单位是 L（升），指针指向“F”，表示满油，指向“E”，表示无油；也有用 1/1、1/2、0 分别表示满油、半箱油和无油。燃油表内有两个线圈，分别在“F”与“E”一侧，传感器是一个由浮子高度控制的可变电阻，阻值变化决定两个线圈的磁力线强弱，也就决定了指针的偏转方向，燃油表一般分为电热式燃油表（见图 3-2a）和电磁式燃油表（见图 3-2b）。卡罗拉轿车采用的是电磁式燃油表，其工作原理如图 3-3 所示。

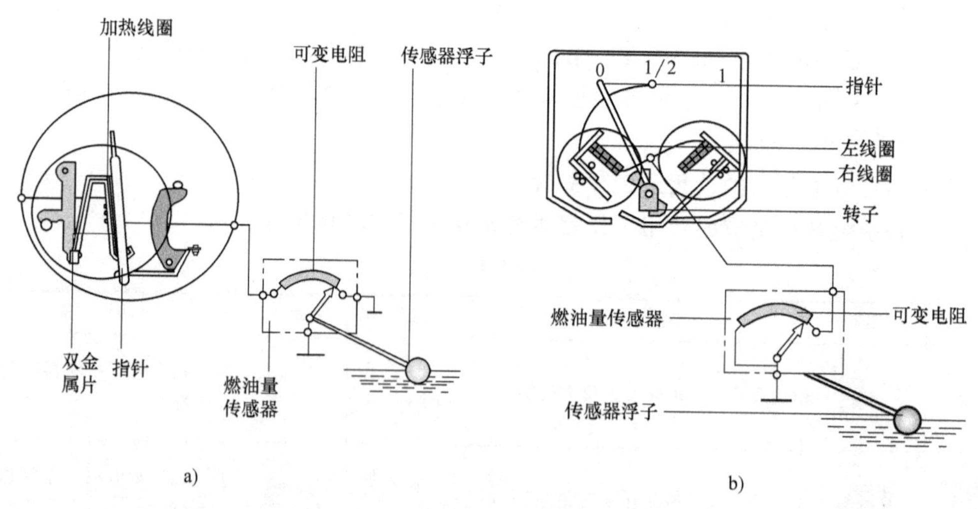

图 3-2

2）冷却液温度表。

冷却液温度表，也称水温表，是显示冷却液温度的仪表，单位是℃（摄氏度）。它的传

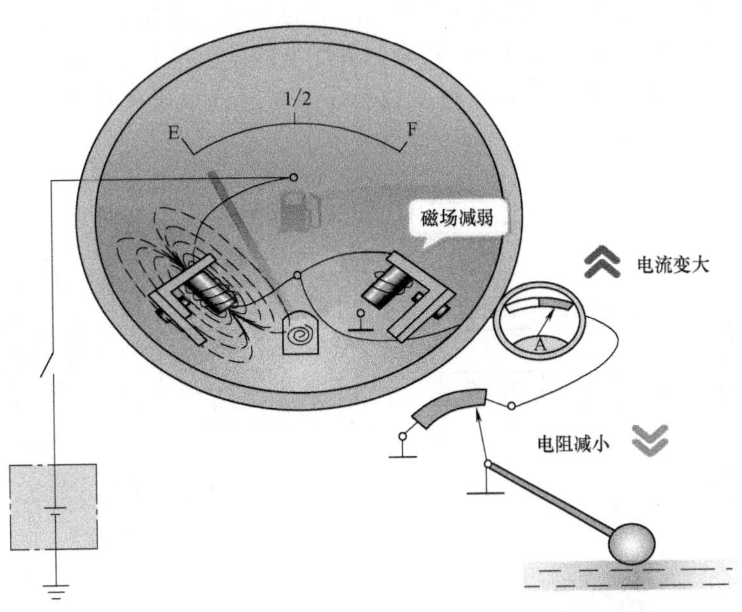

图 3-3

感器是一种热敏电阻式传感器，用螺纹固定在发动机冷却液道上。热敏电阻决定了流经冷却液温度表线圈的电流大小，从而驱动表头指针摆动。电磁式冷却液温度表的工作原理如图3-4所示。

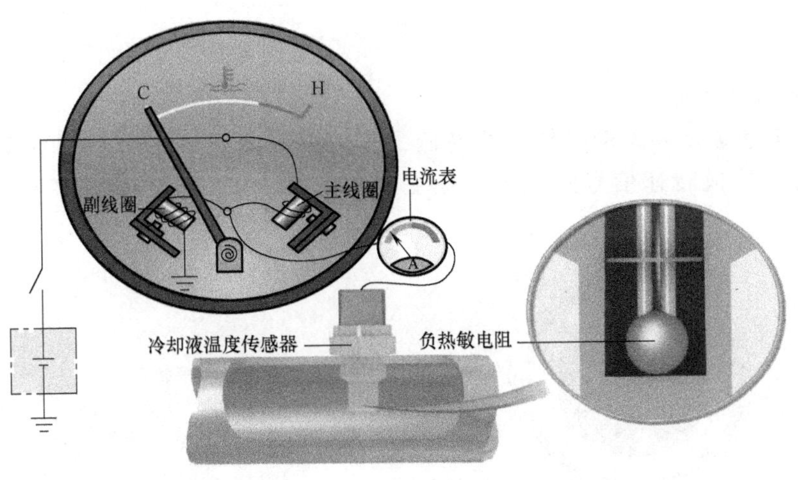

图 3-4

3）车速里程表。

车速里程表是由指示汽车行驶速度的车速表和记录汽车所行驶过距离的里程计组成的，二者装在共同的壳体中，并由同一根轴驱动。

车速表是利用磁电互感作用，使表盘上指针的摆角与汽车行驶速度成正比。在表壳上装有刻度的表盘。

里程计是由若干个计数转鼓及其转动装置组成的。为了使用方便，有的车速里程表同时设有总里程计和单程里程计，总里程计用来记录汽车累计行驶里程，单程里程计用来记录汽车单程行驶里程。单程里程计可以随时复位至零。电子式车速里程表的工作原理如图 3-5 所示。

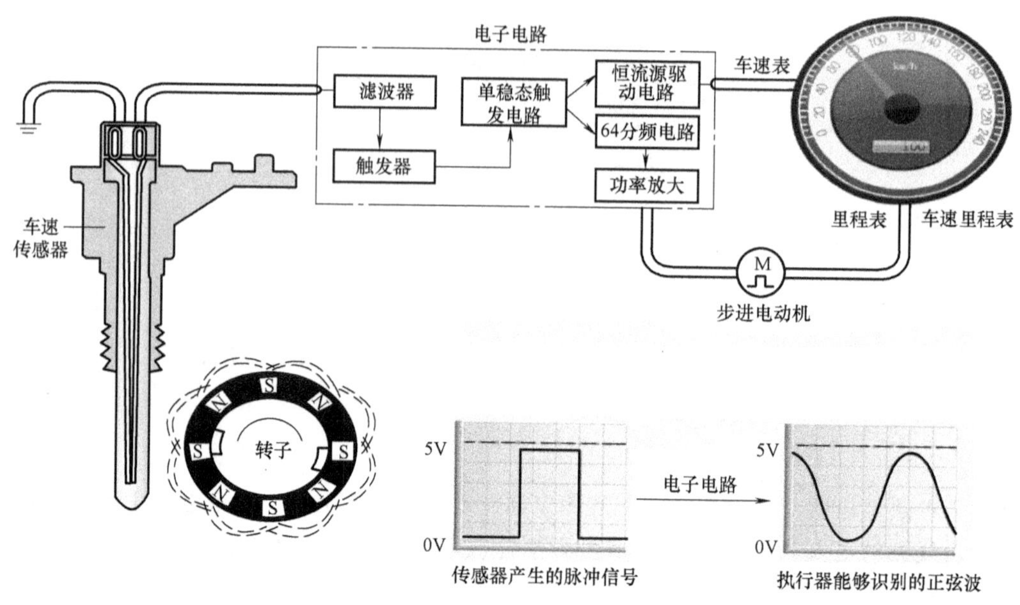

图 3-5

4）发动机转速表。

发动机转速表反映发动机转速的高低，其工作原理是 ECU 将曲轴位置传感器输送来的电信号转换成转速信号并在仪表板上显示出来。发动机转速表工作原理如图 3-6 所示。

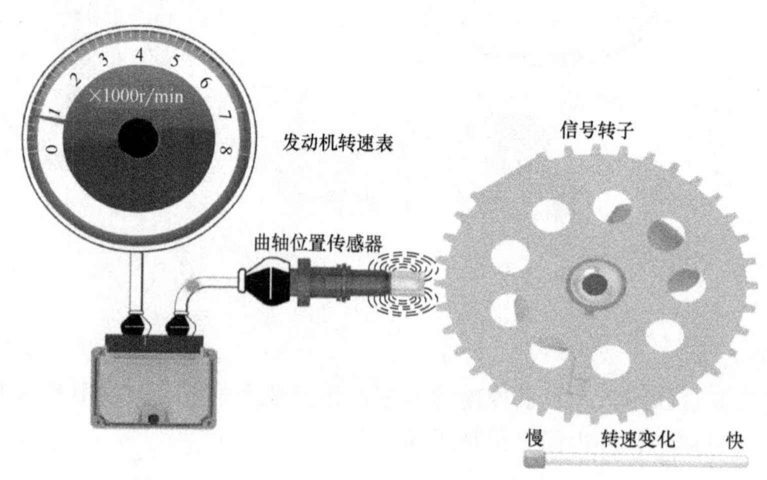

图 3-6

二、汽车仪表系统电路识读

1. 组合仪表的电源电路识读

组合仪表的电源电路如图 3-7 所示。

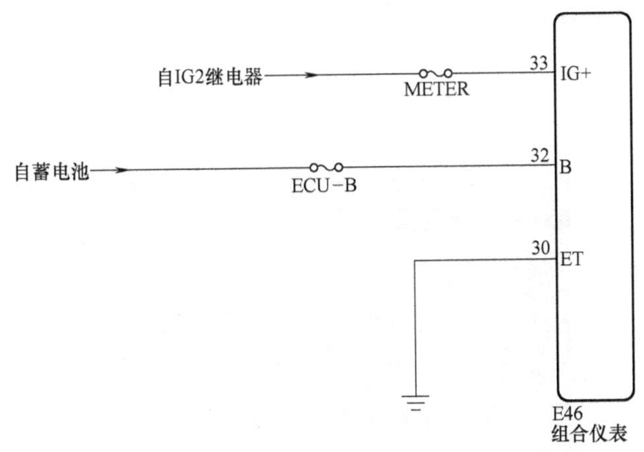

图 3-7

该电路是仪表的电源电路，它提供两种类型的电源：一种是稳压电源；另一种是用于信号传输的 IG 电源。稳压电源主要用作仪表 CPU 的备用电源，但它也可以用于 CAN 通信。当点火开关置于 ON（IG）时，如果 12V 的电压未施加于端子 IG +，指示灯将不工作。

2. 燃油表工作电路识读

燃油表工作电路如图 3-8 所示。

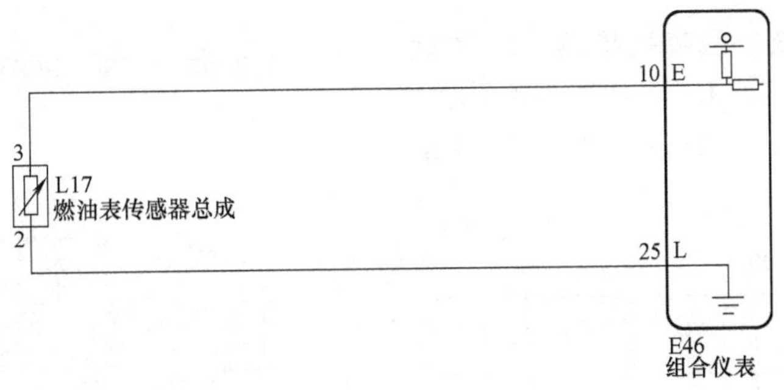

图 3-8

故障分析

汽车组合仪表指示异常，通常是传感器与组合仪表间的导线存在断路故障，传感器搭铁不良或损坏，或者组合仪表总成损坏或其电源线断路等。

本项目中，燃油表指示异常，可依据上述原因进行分析。根据故障现象，首先，检查燃

油表传感器和组合仪表之间的线束和插接器，如果线束断路或者插接器损坏，均会导致燃油表指示异常，此时需要更换相应的线束或插接器；否则，应接下来检查燃油表传感器总成，看其是否损坏或者搭铁不良，若是则更换燃油表传感器总成或者清洁紧固搭铁；如果故障还未得到解决，那么最后检查组合仪表总成，可检测其线路是否断路或短路，如有则更换线束，否则更换组合仪表总成。

项目路径

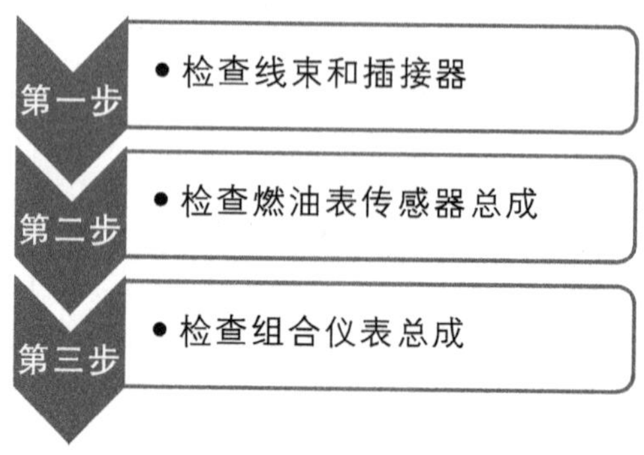

项目实施

在进行故障诊断之前，首先用智能检测仪进行主动测试并读取相应的燃油信号值，如果进行主动测试时，指针指示正常或燃油信号值与指针指示几乎相同，则直接更换组合仪表总成，否则进行下面的操作。

第一步 检查线束和插接器

1）断开组合仪表线束插接器 E46 和燃油表传感器总成插接器 L17，如图 3-9 所示。

2）根据表 3-2 中的标准电阻值测量电阻。

表 3-2

检测仪连接	条件	规定状态
E46-10(E)-L17-3(FE)	始终	小于 1Ω
E46-25(L)-L17-2(FS)	始终	小于 1Ω
L17-2(FS)-车身搭铁	始终	10kΩ 或更大
E46-25(L)-车身搭接	始终	10kΩ 或更大

如果正常则进行下一步检查，异常则更换线束或插接器。

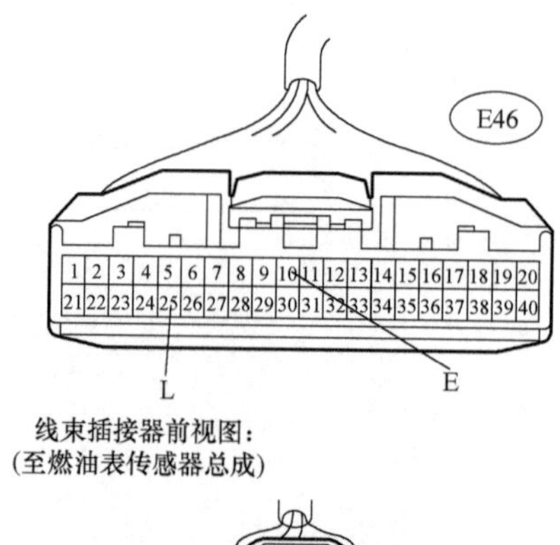

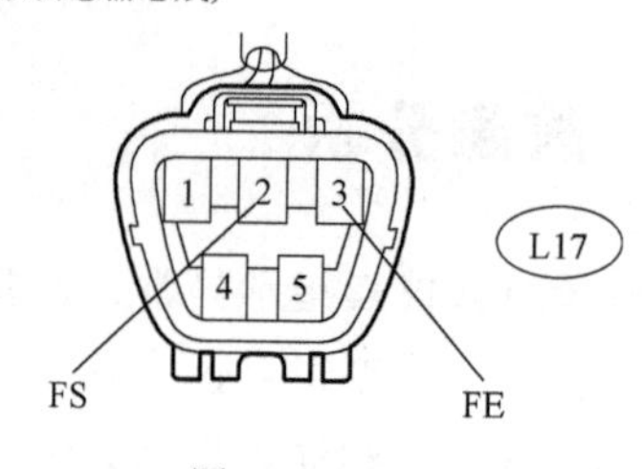

图 3-9

第二步 检查燃油表传感器总成

1）断开燃油表传感器总成插接器，如图3-10所示。

2）根据表3-3中的标准电阻值测量插接器端子2和3之间的电阻。

表3-3

浮子室液位高度	电阻/Ω
F	13.5～16.5
在E和F之间	13.5～414.5（渐变）
E	405.5～414.5

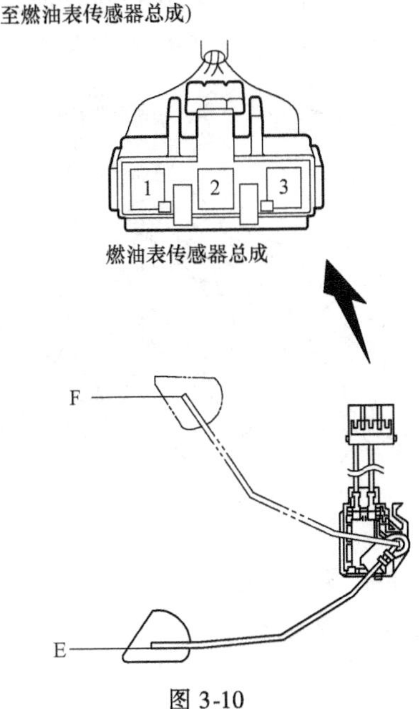

图3-10

3）拆下燃油表传感器总成。

4）检查并确定浮子在E和F之间平滑移动。

5）如果臂变形，则检查燃油表传感器。

如果异常，则更换燃油表传感器总成；如果正常，则进行下一步。

第三步 检查组合仪表总成

1）断开组合仪表线束插接器E46，如图3-11所示。

2）根据表3-4中的标准电阻值测量电阻。

表3-4

检测仪连接	条件	规定状态
E46-30（ET）-车身搭铁	始终	小于1Ω

3）根据表3-5中的标准电压值测量电压。

表3-5

检测仪连接	条件	规定状态
E46-32（B）-车身搭铁	始终	11～14V
E46-33（IG+）-车身搭铁	点火开关置于ON（IG）位置	11～14V

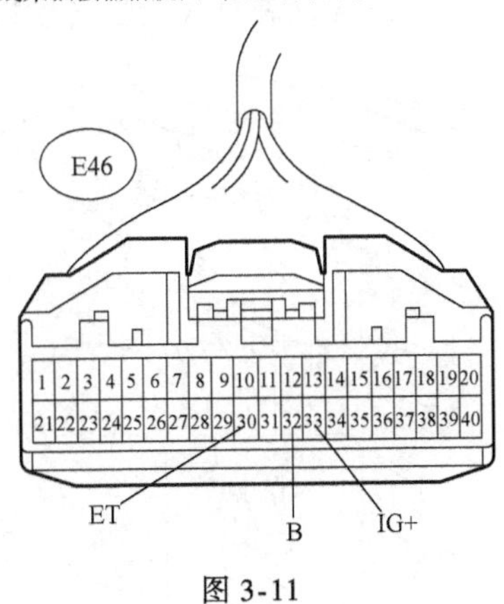

图3-11

如果所测的数据异常，则需要更换线束或插接器；如果正常，则更换组合仪表总成。

4）更换组合仪表总成。

① 拆卸：

a. 拆卸仪表板左下装饰板。

b. 拆卸仪表板左端装饰板。

c. 拆卸仪表组装饰板总成。

a）操作倾斜度调节杆以降下转向盘总成。

b）在图示位置粘贴保护性胶带，如图 3-12 所示。

c）脱开导销、卡爪和 3 个卡子，并拆下仪表组装饰板总成，如图 3-13 所示。

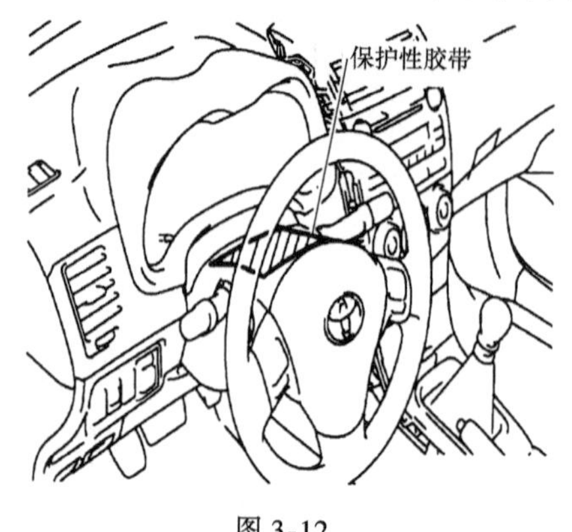

图 3-12

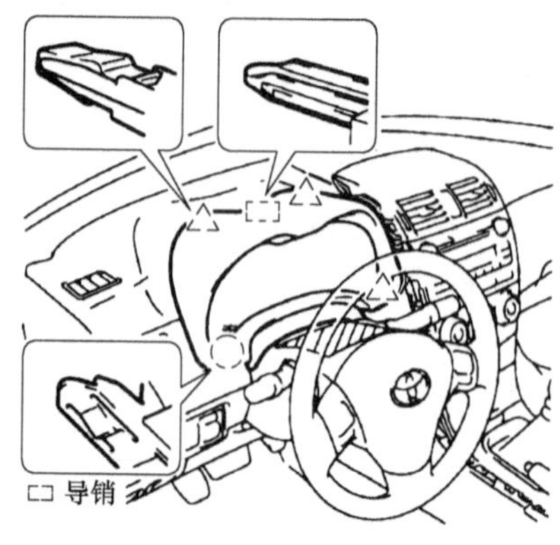

图 3-13

d. 拆卸组合仪表总成。

a）拆下 2 个螺钉。

b）脱开 2 个导销，如图 3-14 所示。

拆下组合仪表时，不要损坏导销。

c）拉出组合仪表总成，断开插接器，并拆下组合仪表总成，如图 3-15 所示。

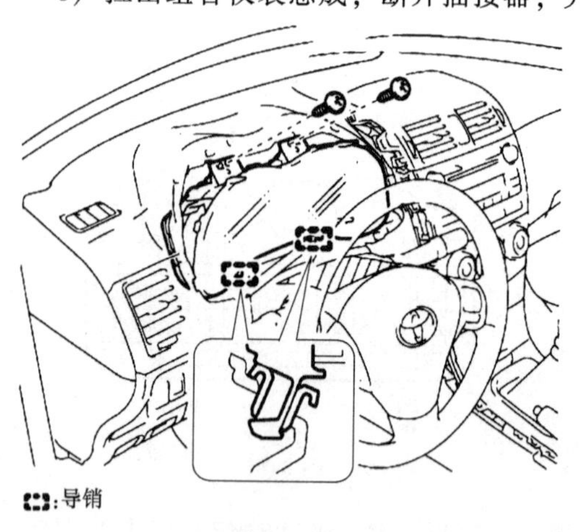

图 3-14

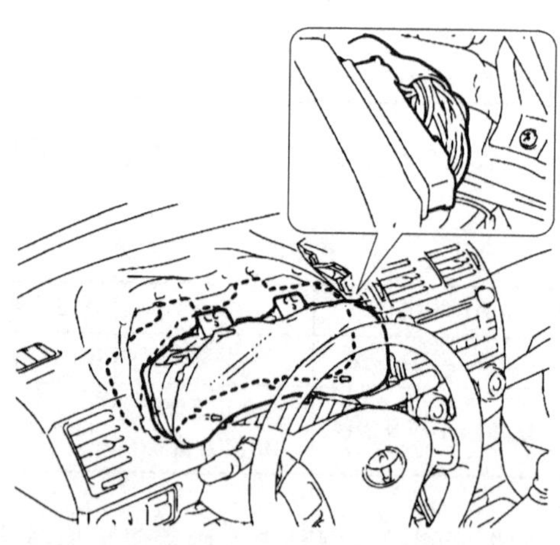

图 3-15

拆下组合仪表总成时，不要损坏上仪表板分总成和组合仪表总成。

② 安装：

a. 安装组合仪表总成。

a）连接插接器，并暂时安装组合仪表总成，如图 3-16 所示。

b）接合 2 个导销。

注意

> 安装仪表板总成时，不要损坏导销。
> 安装组合仪表总成时，将导销牢固地插入上仪表板分总成的孔内。

c）用 2 个螺钉安装组合仪表总成，如图 3-17 所示。

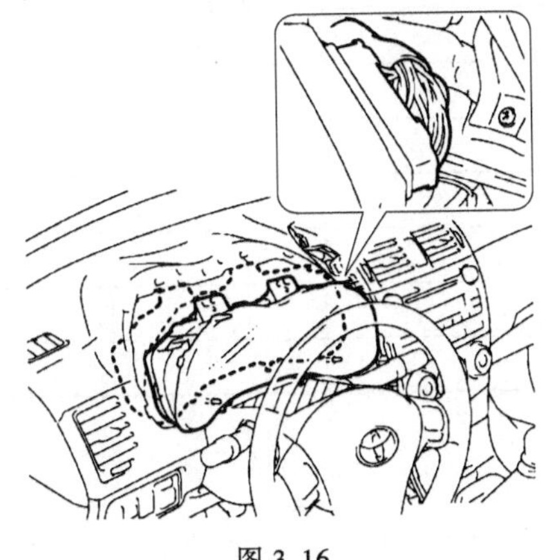

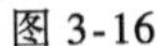

图 3-16

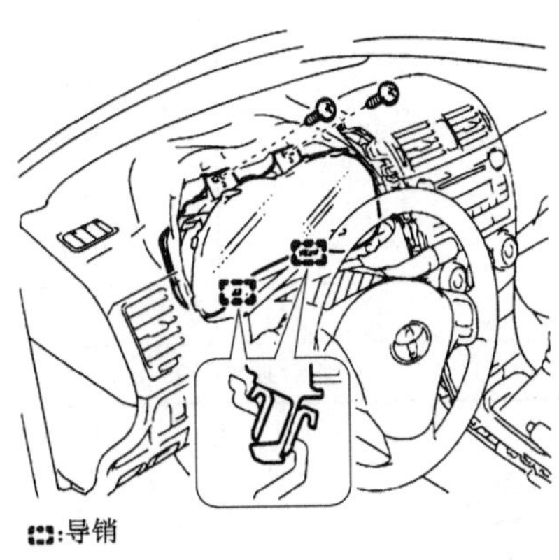

图 3-17

b. 安装仪表组装饰板总成。

a）接合导销、卡爪和 3 个卡子，并安装仪表组装饰板总成，如图 3-18 所示。

b）清除转向柱罩上贴着的保护性胶带。

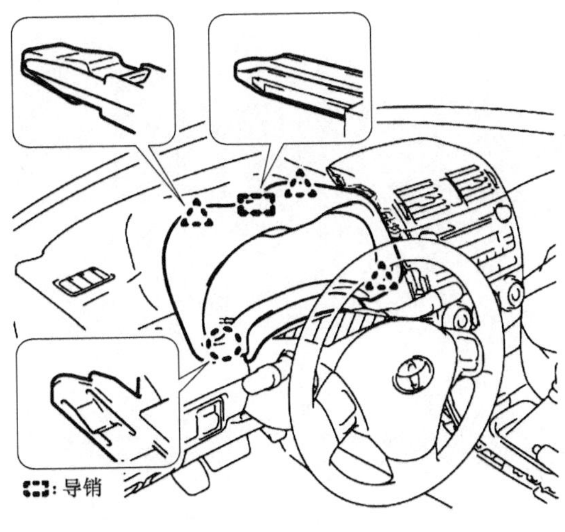

图 3-18

c. 安装仪表板左端装饰板。

d. 安装仪表板左下装饰板。

项目评价

考评项目		自我评价	小组互评	教师评价
素质考评 20	劳动纪律(4 分)			
	安全意识(4 分)			
	环保意识(4 分)			
	团队精神(4 分)			
	协作能力(4 分)			
技能考评 80	工具量使用(10 分)			
	任务方案(15 分)			
	实施过程(30 分)			
	完成结果(15 分)			
	工单填写(10 分)			
合计(100 分)				
综合评价(100 分)				

注意

发生重大事故（人身和设备安全事故）、严重违反维修原则和情节严重的粗暴操作行为等，采取一票否决制。

04

项目四

电动车窗电路识读及故障诊断

项目描述

张先生开车出门，想把副驾驶位置的车窗关严，可是无论是按下打开开关还是关闭开关，车窗都没有任何反应，而其他车窗没问题，请根据故障现象，为张先生解决该问题。

学习目标

知识目标

1. 理解电动车窗的作用。
2. 了解电动车窗的结构和工作原理。
3. 能够读懂电动车窗工作电路。

技能目标

1. 能够对电动车窗的故障进行诊断与排除。
2. 培养良好的安全文明操作习惯。

项目要求

1. 时间要求：建议6学时。
2. 质量要求：在满足厂家的生产规范及质量要求的前提下，能够熟练快速地诊断与排除故障。
3. 安全要求：严格按照安全操作规程进行项目作业。
4. 文明要求：自觉按照文明生产规则进行项目作业。
5. 环保要求：努力按照环境保护要求进行项目作业。

知识准备

一、电动车窗基础知识

1. 电动车窗的作用

电动车窗利用电动机驱动玻璃升降器（又称换向器）实现车窗玻璃自动升降，方便驾驶人和乘客，减少疲劳程度，如图 4-1 所示。

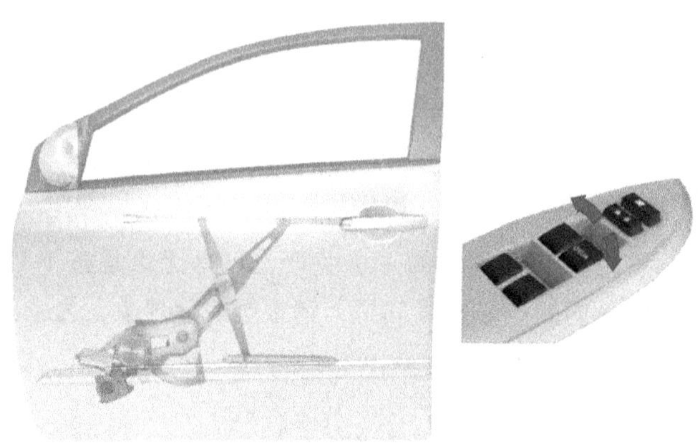

图 4-1

2. 电动车窗的组成

电动车窗系统主要由车窗、玻璃升降器、电动机以及开关装置组成；目前电动车窗分为齿条式电动车窗、交叉式电动车窗以及钢丝绳式电动车窗三种。卡罗拉的电动车窗是交叉式结构，包括玻璃安装槽、玻璃、从动臂、托架、电动机、齿轮以及主动臂等部分，如图 4-2 所示。

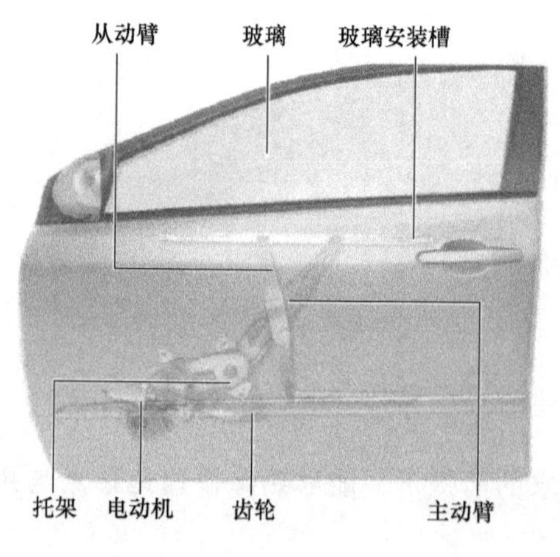

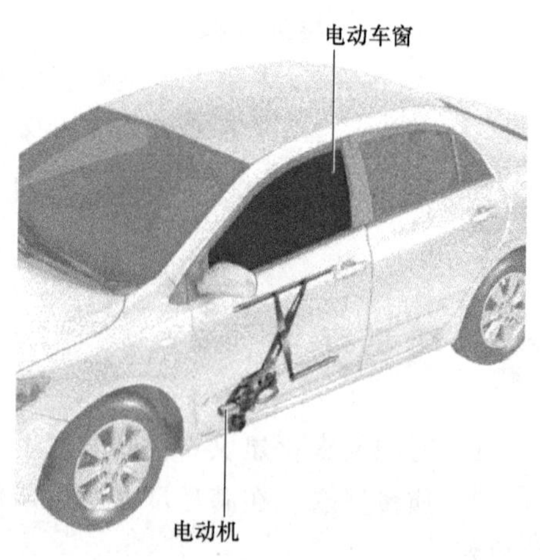

图 4-2

3. 电动车窗的原理

电动车窗中的电动机带动齿轮转动，通过机械装置使车窗实现上升和下降，如图 4-3

所示。

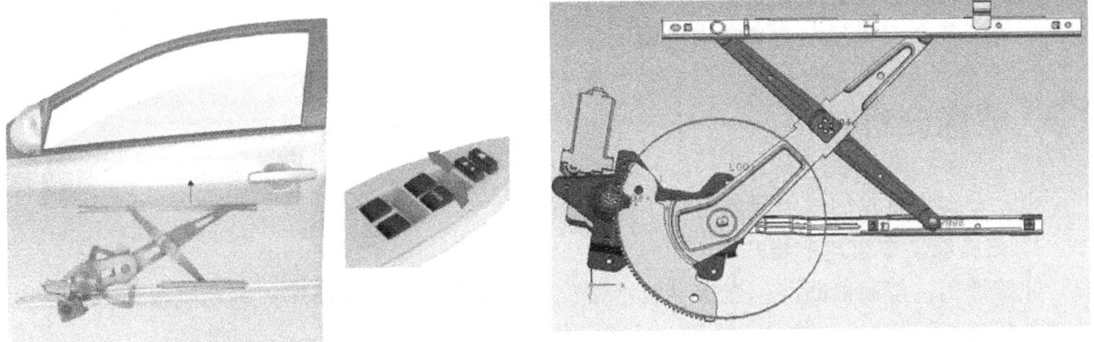

图 4-3

二、电动车窗电路识读

电动车窗电路如图 4-4 所示。

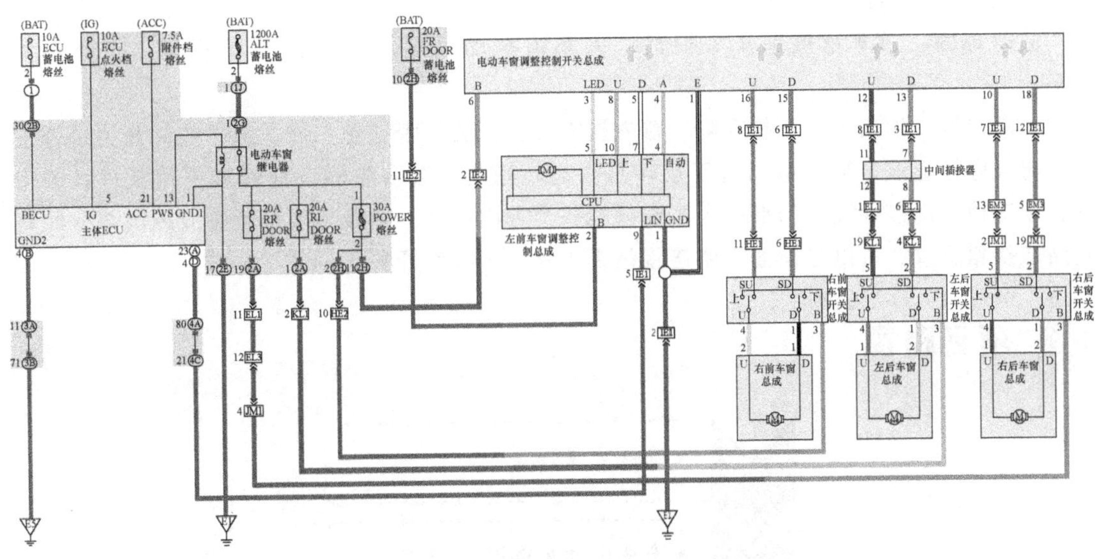

图 4-4

点火开关打开到 ON 状态：电流从蓄电池正极出发，经 10A 熔丝→主体 ECU→搭铁→蓄电池负极形成回路，主体 ECU 通电；同时电流经左前门（FRDOOR）20A 熔丝→左前车窗调整控制总成→搭铁→负极形成回路。

当左前车窗调整控制总成上，打开电动车窗调整控制开关总成后，电流从主体 ECU 出发经 23A 线束到达左前车窗调节控制总成 LIN 端，左前车窗调整控制总成已通电流。

电流从主体 ECU 出发→电动车窗继电器→搭铁→负极形成回路，使电动车窗继电器开关闭合；电流经电动车窗继电器→左后门（RLDOOR）熔丝、右后门（RRDOOR）熔丝，分别到达左后车窗开关总成、右后车窗开关总成；同时，电流通过 POWER 熔丝，分别到达电动车窗调整控制开关总成、右前车窗开关总成。

通过车窗调整控制开关总成上相应的开关及开关搭铁使电流形成回路，使车窗升降。

当在左前车窗调整控制开关上，断开电动车窗调整控制开关总成后，除驾驶人左前车窗能控制外，其余三车门电动车窗均被锁定。

故障分析

电动车窗最常见的故障现象有以下两种。

1. 所有电动车窗均不能升降

故障原因：熔断器断路；连接导线断路；有关继电器、开关损坏；电动机损坏；搭铁点锈蚀、松动。

诊断步骤：首先检查熔断器是否断路。若熔断器良好，则应将点火开关接通，检查有关继电器和开关火线接线柱上的电压是否正常。电压为零，应检查电源线路；电压正常，则应检查搭铁线是否良好。搭铁不良时，应清洁、紧固搭铁线；若搭铁良好，应对继电器开关和电动机进行检测。

2. 部分车窗不能正常升降

故障原因：该车窗按键开关损坏；该车窗电动机损坏；连接导线断路；安全开关故障。

诊断步骤：如果车窗不能升降，首先检查安全开关是否工作，该车窗的按键开关是否正常，再通电检查该车窗的电动机正反转是否运转稳定。若有故障应检修或更换新件；若正常，则应检修连接导线。如果一个车窗只能一个方向运动，一般是按键开关故障或部分线路断路或接错所致，可以先检查线路连接是否正常，再检修开关。

项目路径

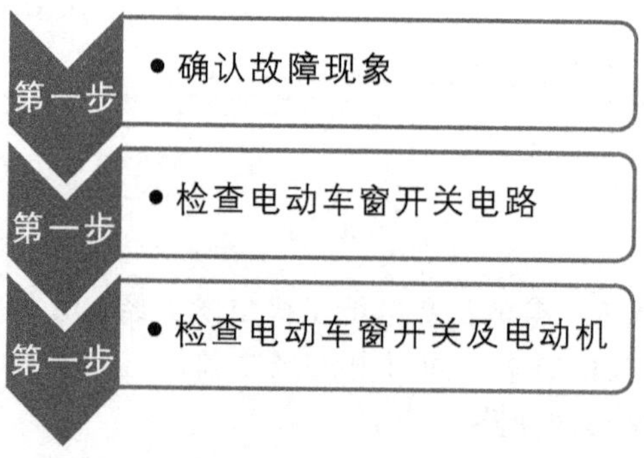

项目准备

1. 车辆及附件：卡罗拉轿车、电动车窗实验台。
2. 普通工具：胶带、螺钉旋具。
3. 专用工具：万用表。
4. 其他工具器材。

项目实施

活动一　所有车窗均不能升降

故障诊断作业流程如图 4-5 所示。

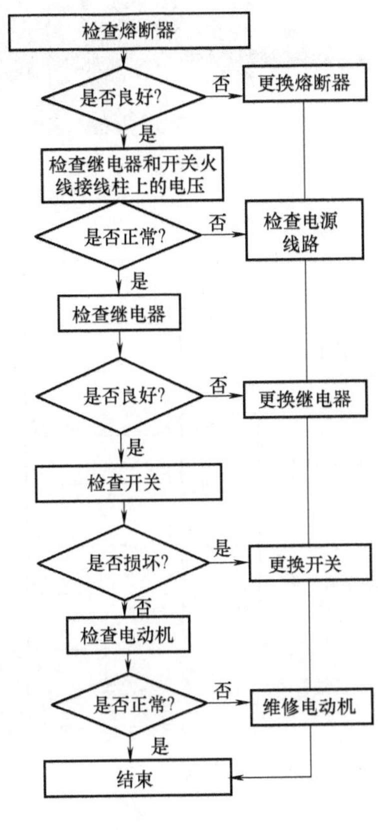

图 4-5

第一步　首先检查熔断器是否断路

检查电动车窗中 POWER、PWR、RR DOOR LH 和 RRD OOR RH 等部位的熔断器是否良好，若断路则需更换，如图 4-6 所示。

第二步　检查电动车窗主开关电路

电动车窗主开关信号发送至各电动车窗开关的电路，如图 4-7 所示。

1. 检查电动车窗主开关到蓄电池和车身搭铁之间的电路

断开插接器 I3，如图 4-8 所示，并根据表 4-1 中的标准值，测量电压和电阻，若电压值和电阻值有异常，则需要更换线束或插接器。

图 4-6

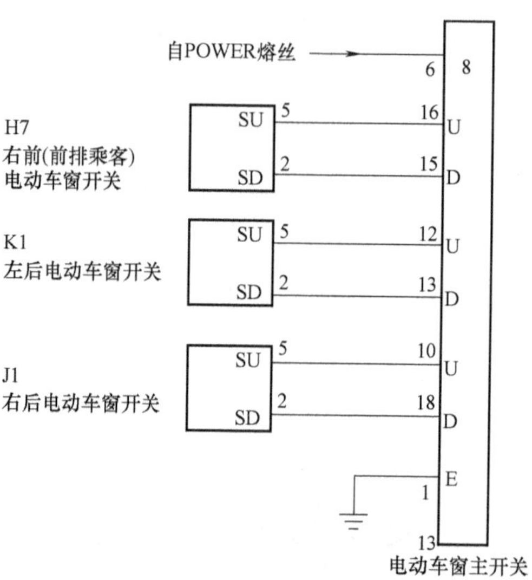

图 4-7

表 4-1

标准电压		
检测仪连接	条件	规定状态
I3-6(B)-车身搭铁	点火开关置于 ON(IG)位置	11～14V
标准电阻		
检测仪连接	条件	规定状态
I3-1(E)-车身搭铁	始终	小于 1Ω

线束插接器前视图：(至电动车窗主开关)

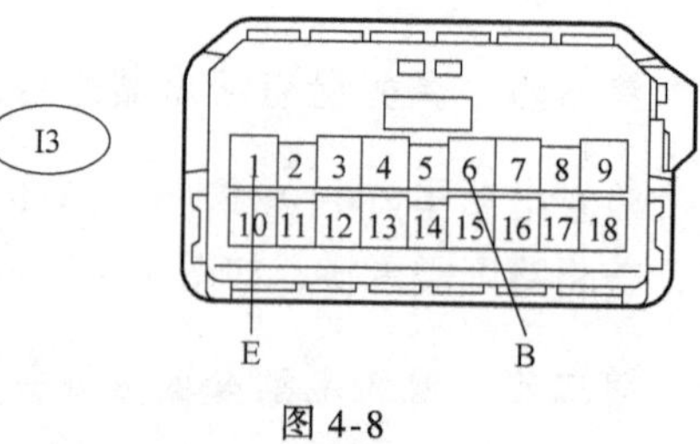

图 4-8

2. 检查电动车窗主开关至右前（前排乘客）、左后或右后开关的电路

（1）检查电动主开关至右前电动车窗开关的电路

1）断开 I3 和 H7 插接器，如图 4-9 所示。

2）根据表 4-2 中的值进行测量电阻；若有异常，更换线束或插接器。

表 4-2

检测仪连接	条　件	规定状态
I3-16(U)-H7-5(SU)	始终	小于 1Ω
I3-15(D)-H7-2(SD)	始终	小于 1Ω
I3-16(U)-车身搭铁	始终	10kΩ 或更大
I3-15(D)-车身搭铁	始终	10kΩ 或更大

线束插接器前视图:(至电动车窗主开关)

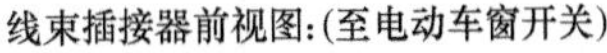

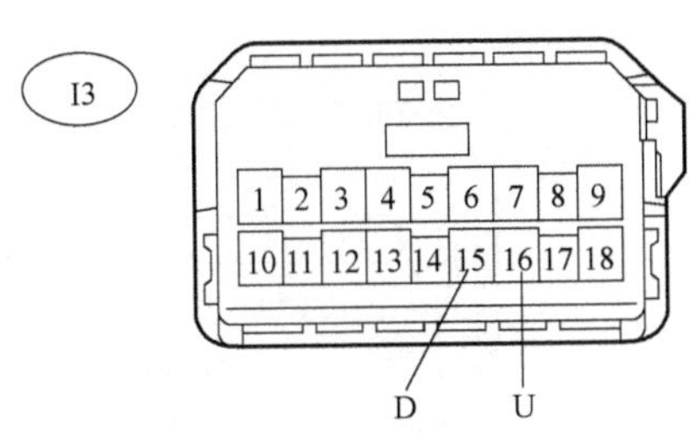

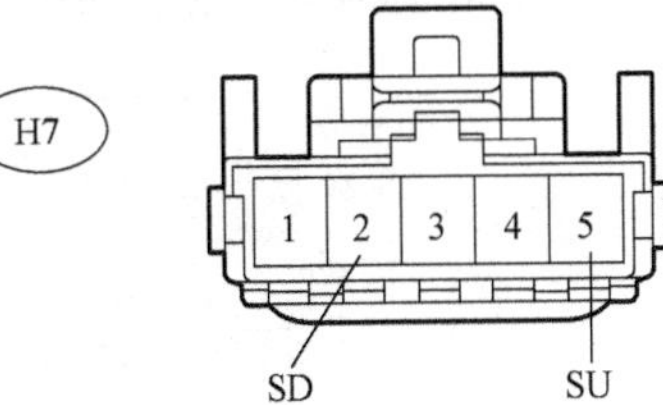

图 4-9

（2）检查电动主开关至左后侧电动车窗开关的电路

1）断开 K1 插接器，如图 4-10 所示。

2）根据表 4-3 中的值测量电阻；若有异常，更换线束或插接器。

表 4-3

检测仪连接	条　件	规定状态
I3-12(U)-K1-5(SU)	始终	小于 1Ω
I3-13(D)-K1-2(SD)	始终	小于 1Ω
I3-12(U)-车身搭铁	始终	10kΩ 或更大
I3-13(D)-车身搭铁	始终	10kΩ 或更大

线束插接器前视图:(至电动车窗主开关)

线束插接器前视图:(至电动车窗开关)

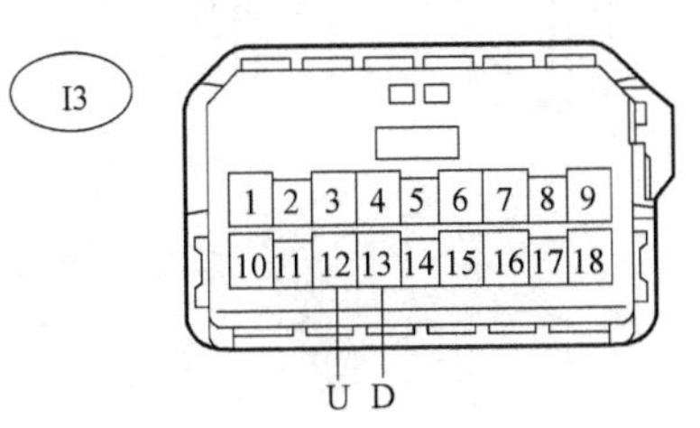

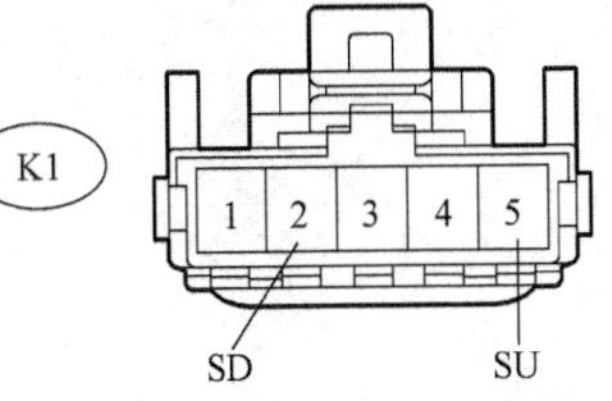

图 4-10

(3) 检查电动主开关至左后侧电动车窗开关的电路

1) 断开 J1 插接器，如图 4-11 所示。

2) 根据表 4-4 中的值测量电阻；若有异常，更换线束或插接器。

表 4-4

检测仪连接	条件	规定状态
I3-10(U)-J1-5(SU)	始终	小于 1Ω
I3-18(D)-J1-2(SD)	始终	小于 1Ω
I3-10(U)-车身搭铁	始终	10kΩ 或更大
I3-18(D)-车身搭铁	始终	10kΩ 或更大

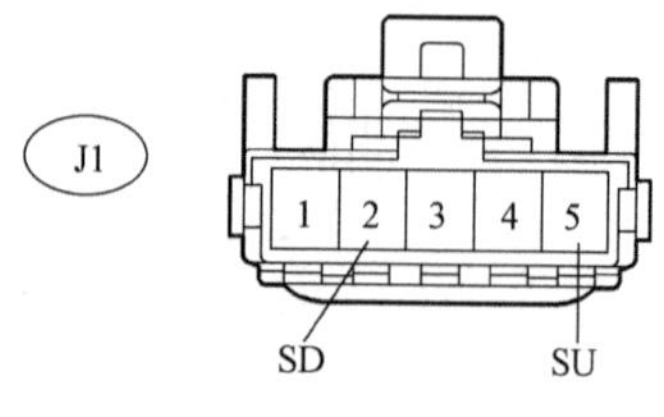

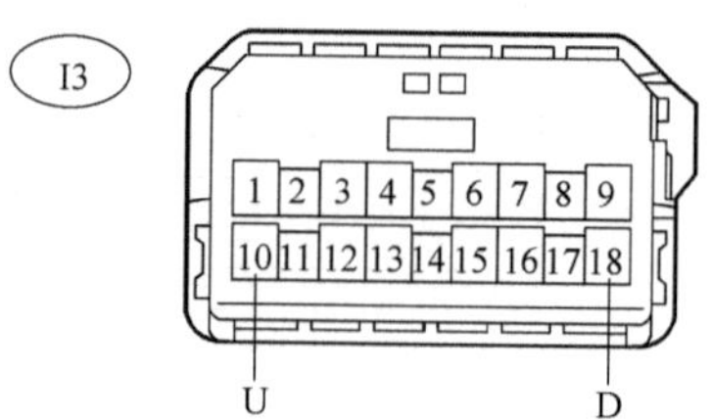

图 4-11

第三步　检查电动车窗主开关

1. 拆卸电动车窗主开关

(1) 拆卸前扶手座上板

使用头部缠有保护性胶带的螺钉旋具，脱开 2 个卡子和 6 个卡爪，拆下前扶手座上板；断开插接器，如图 4-12 所示。

(2) 拆卸电动车窗升降器开关总成

使用头部缠有保护性胶带的螺钉旋具，脱开 2 个卡爪并拆下电动车窗升降器开关总成，如图 4-13 所示。

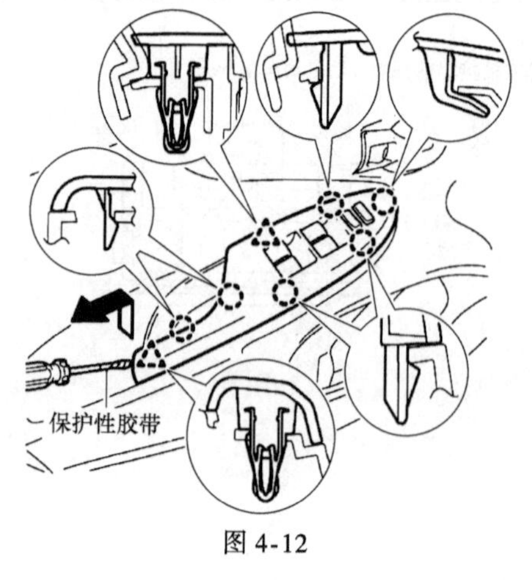

图 4-12

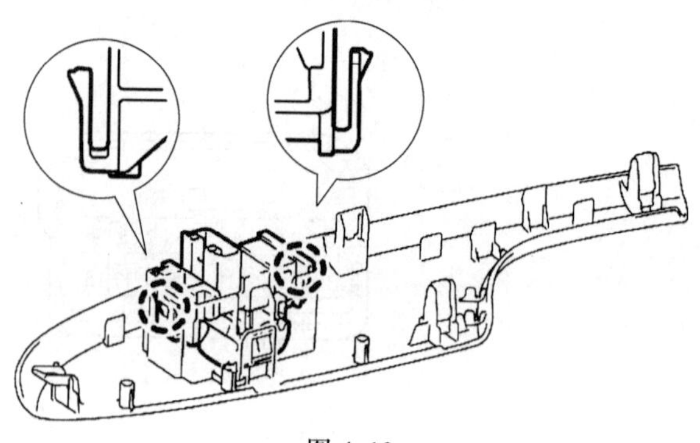

图 4-13

2. 检查电动车窗开关

检查确认电动车窗主开关功能。

1）根据表 4-5 的值测量电阻，如图 4-14 所示；如果不符合规定，则更换开关总成。

表 4-5

检测仪连接	条　件	规定状态
8(U)-1(E)-4(A)	自动 UP(驾驶人侧)	小于 1Ω
8(U)-1(E)	自动 UP(驾驶人侧)	小于 1Ω
5(D)-1(E)	手动 DOWN(驾驶人侧)	小于 1Ω
4(A)-5(D)-1(E)	自动 DOWN(驾驶人侧)	小于 1Ω
6(B)1-16(U) 15(D)-1(E)	UP(乘客侧)	小于 1Ω
6(B)1-15(D) 16(U)-1(E)	DOWN(乘客侧)	小于 1Ω
6(B)1-12(U) 13(D)-1(E)	UP(左后)	小于 1Ω
6(B)1-13(D) 12(U)-1(E)	DOWN(左后)	小于 1Ω
6(B)1-10(U) 18(D)-1(E)	UP(右后)	小于 1Ω
6(B)1-18(D) 10(U)-1(E)	DOWN(右后)	小于 1Ω

没有线束插接的零部件：
(电动车窗主开关)

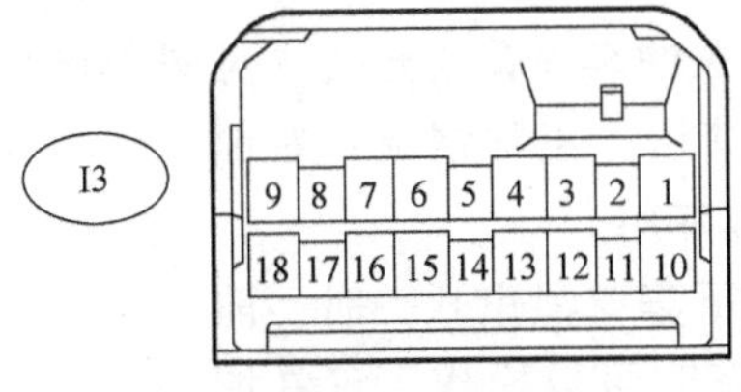

图 4-14

2）向主开关施加蓄电池电压，检测并确认 LED 亮起，如果不符合表 4-6 状态，则更换开关总成。

表 4-6

检测仪连接	规定状态
蓄电池正极(+)→端子 3(LED)	LED 亮起
蓄电池负极(-)→端子 1(E)	

3. 安装电动车窗开关

按拆卸电动车窗开关时的相反操作步骤安装电动车窗开关。

活动二　部分车窗不能正常升降

以右前车窗不能正常升降为例，其作业流程如图 4-15 所示。

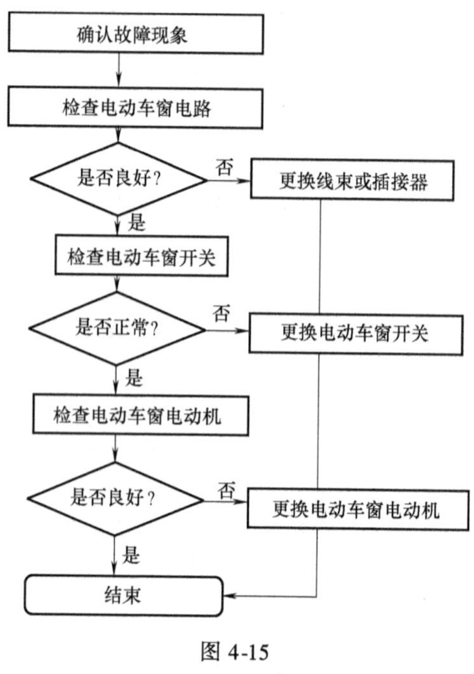

图 4-15

第一步　首先检查电动车窗工作情况，确认故障现象

1. 检查车窗锁止开关

1）检查当电动车窗主开关的车窗锁止开关（见图 4-16）按下时，前排乘客侧电动车窗和后电动车窗的操作是否被禁用。正常情况：右前电动车窗和后电动车窗操作被禁用。

2）检查并确认当再次按下车窗锁止开关时，前排乘客侧电动车窗和后电动车窗可以操作。正常情况：右前电动车窗和后电动车窗可以操作。

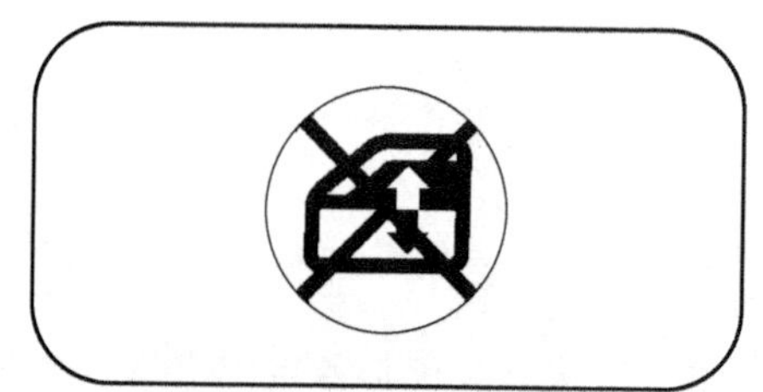

图 4-16

2. 检查手动上升/下降功能

1）检查并确认驾驶人侧电动车窗，按表 4-7 操作。

表 4-7

条件	电动车窗主开关	开关操作	电动车窗
点火开关置于 ON 位置	驾驶人侧	部分拉起	上升(关闭)
		部分按下	下降(打开)

2）检查并确认除驾驶人侧电动车窗外其他车窗，按表 4-8 操作。

表 4-8

条件	电动车窗主开关	开关操作	电动车窗
点火开关置于 ON 位置	乘客侧	拉起	上升(关闭)
		按下	下降(打开)
	左后	拉起	上升(关闭)
		按下	下降(打开)
	右后	拉起	上升(关闭)
		按下	下降(打开)

确认车窗锁止开关打开，按下右前电动车窗开关，电动车窗无动作。需要检修电动车窗所在电路、开关以及电动机。

第二步　检查电动车窗电路

检查电动车窗电路线路有无松动，连接处有无腐蚀，如果异常，及时紧固或修复。

1. 检查电动车窗开关电源电路（前排乘客侧）

断开线束插接器 H7，选用数字万用表，检查线束插接器中端子 3 与车身搭铁之间的电压值，标准电压值应为 11～14V，如果所测得的阻值不符合标准，则更换线束或插接器，如图 4-17 所示。

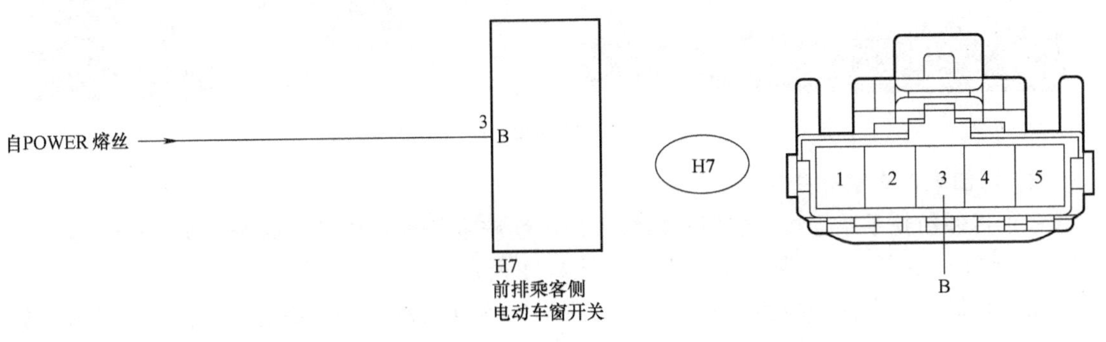

图 4-17

2. 检查电动车窗开关至电动机间的线路（前排乘客侧）

断开插接器 H7 和 H8，如图 4-18 和图 4-19 所示，选用数字万用表进行测量。如果测得的数据与标准不符，如表 4-9 所示，则更换线束。

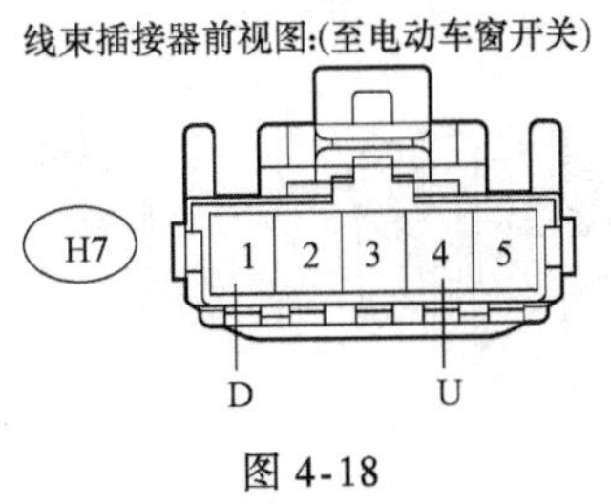

图 4-18

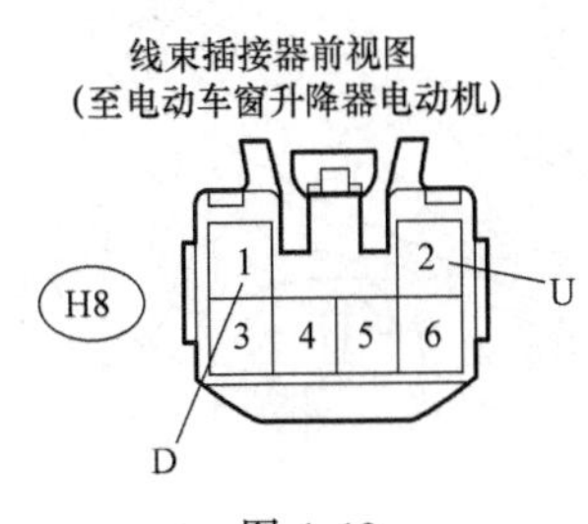

图 4-19

表 4-9

检测仪连接	条件	规定状态
H7-4(U)-H8-2(U)	始终	<1Ω
H7-1(D)-H8-1(D)	始终	<1Ω
H7-4(U)-车身搭铁	始终	10kΩ 或更大
H7-1(D)-车身搭铁	始终	10kΩ 或更大

第三步 检查电动车窗开关

电动车窗开关如图 4-20 所示。其中，左边为右前车窗开关，右边为主电动车窗开关。

图 4-20

1. 拆卸电动车窗开关

1）拆卸前扶手座上板。使用头部缠有保护性胶带的螺钉旋具，脱开 2 个卡子和 6 个卡爪，拆下前扶手座上板；断开插接器，如图 4-21 所示。

2）拆卸电动车窗升降器开关总成，如图 4-22 所示。使用头部缠有保护性胶带的螺钉旋具，脱开 2 个卡爪并拆下电动车窗升降器开关总成。

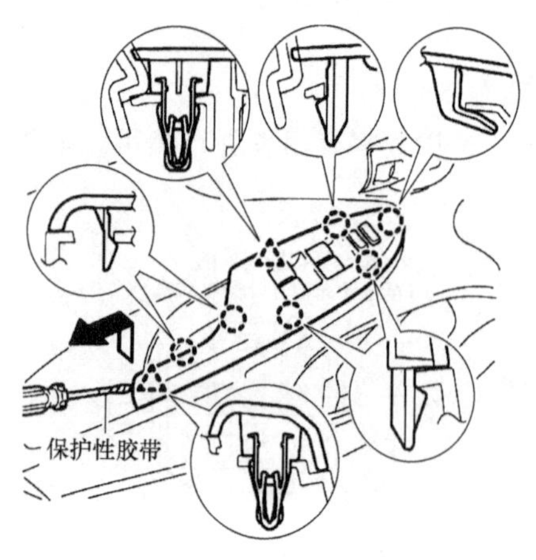

图 4-21

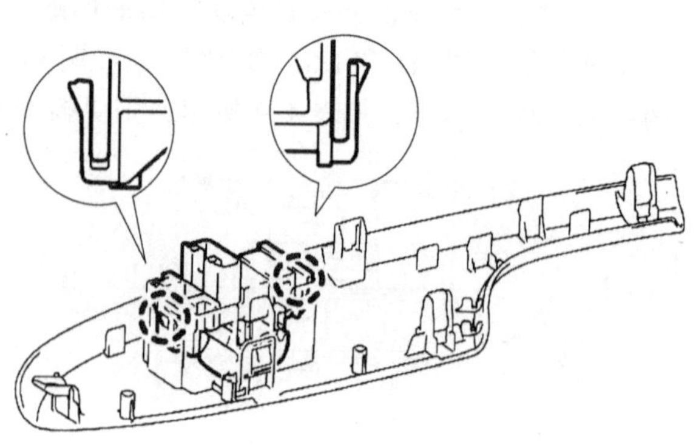

图 4-22

2. 检查电动车窗开关（前排乘客侧）

断开插接器 H7，如图 4-23 所示。选用数字万用表测量各端子之间的电阻值并记录数据。操作开关时，根据表 4-10 中的数值测量电阻。如果测得的电阻值不符合标准，则更换电动车窗开关总成。

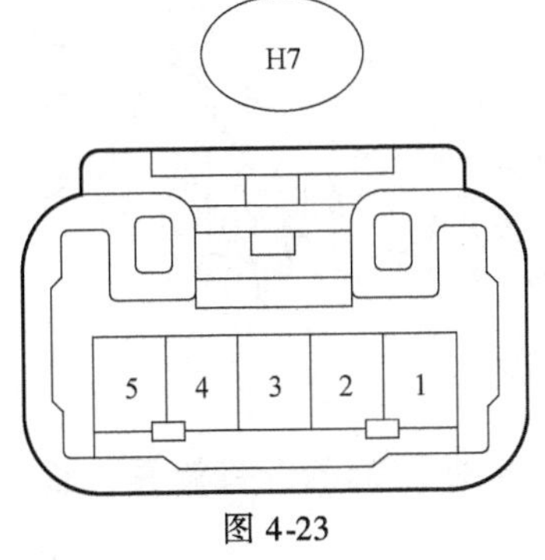

图 4-23

表 4-10

检测仪连接	开关状态	规定状态
1(D)-2(SD)	UP	小于 1Ω
3(B)-4(U)		小于 1Ω
1(D)-2(SD)	OFF	小于 1Ω
4(U)-5(SU)		小于 1Ω
4(U)-5(SU)	DOWN	小于 1Ω
1(D)-3(B)		小于 1Ω

3. 安装电动车窗开关

按拆卸电动车窗开关时的相反操作步骤安装电动车窗开关。

第四步　检查电动车窗电动机

电动车窗电动机结构如图 4-24 所示。

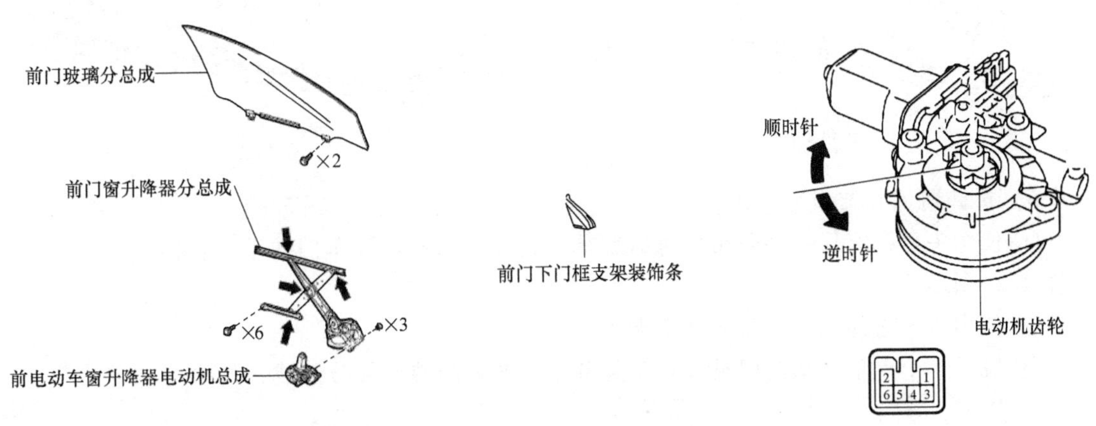

图 4-24

1. 拆卸电动机（前排乘客侧）

1）从蓄电池负极端子断开电缆。

2）拆卸前门内把手框：使用头部缠有保护性胶带的螺钉旋具，脱开 3 个卡爪并拆下前门内把手框，如图 4-25 所示。

3）拆卸前扶手座上板：使用头部缠有保护性胶带的螺钉旋具，脱开 2 个卡子和 6 个卡爪，拆下前扶手座上板；并断开插接器，如图 4-26 所示。

4）拆卸电动车窗升降器主开关总成：使用头部缠有保护性胶带的螺钉旋具，脱开 2 个卡爪，并拆下电动车窗升降器开关总成，如图 4-27 所示。

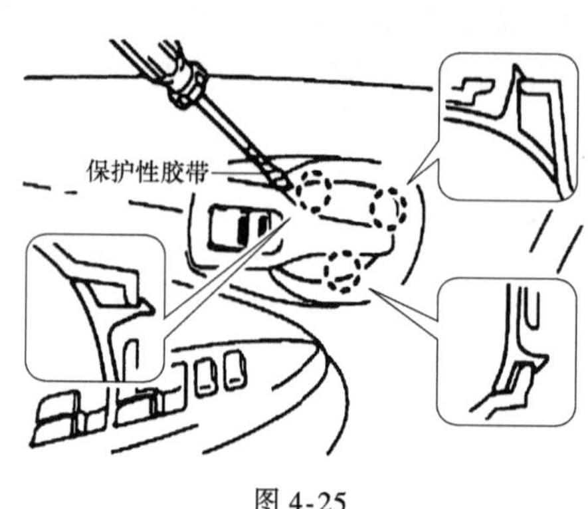

图 4-25

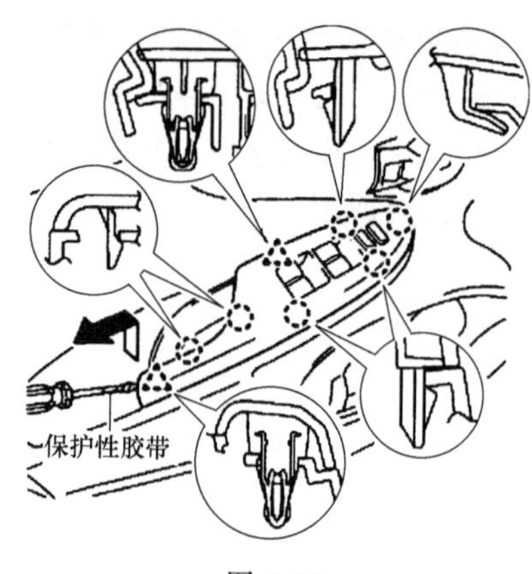

图 4-26

5）拆卸门控灯总成（带门控灯）：使用头部缠有保护性胶带的螺钉旋具，脱开卡爪并拆下门控灯总成；断开插接器，如图 4-28 所示。

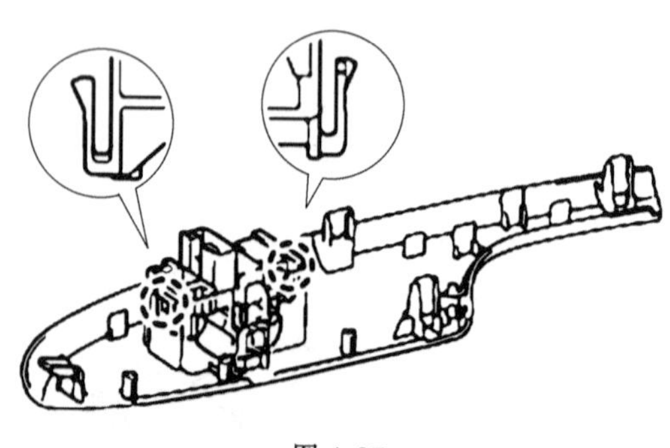
图 4-27

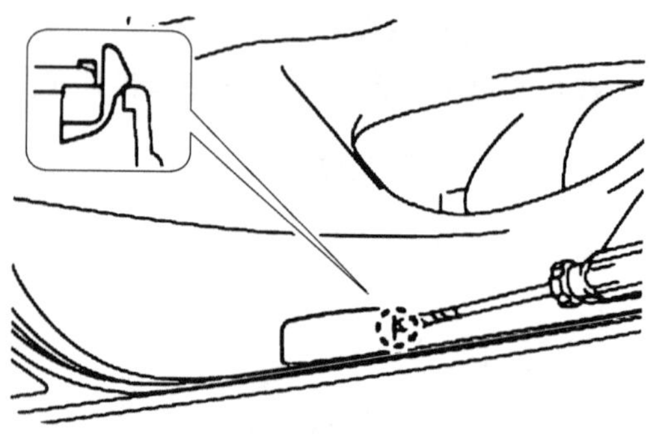
图 4-28

6）拆卸前门装饰板分总成。

① 使用头部缠有保护性胶带的螺钉旋具，脱开卡爪并断开车门扶手盖；拆下 2 个螺钉，如图 4-29 所示。

② 使用卡子拆卸工具，脱开 9 个卡子。

③ 脱开 5 个卡爪并从前门玻璃内密封条上分开前门装饰板分总成，如图 4-30 所示。

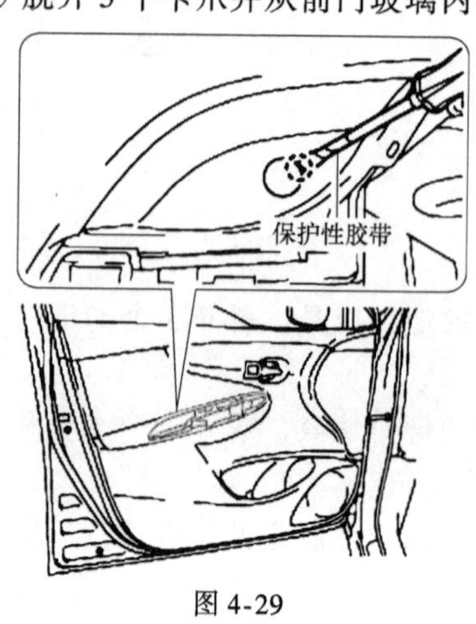

图 4-29

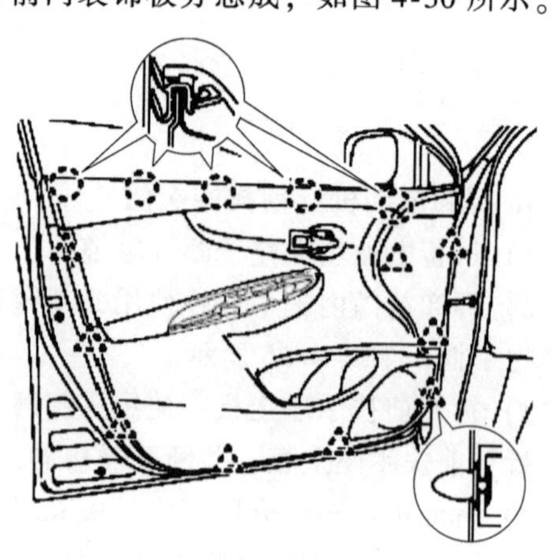
图 4-30

④ 脱开 2 个卡爪，并断开前门内把手分总成。

7）拆卸前门内把手分总成：断开前门锁止遥控拉索和前门内侧锁止拉索，并拆下前门内把手分总成，如图 4-31 所示。

8）拆卸前门下门框支架装饰条：脱开卡子和卡夹，并拆下前门下门框支架装饰条；并断开插接器，如图 4-32 所示。

9）拆卸前 2 号扬声器总成。

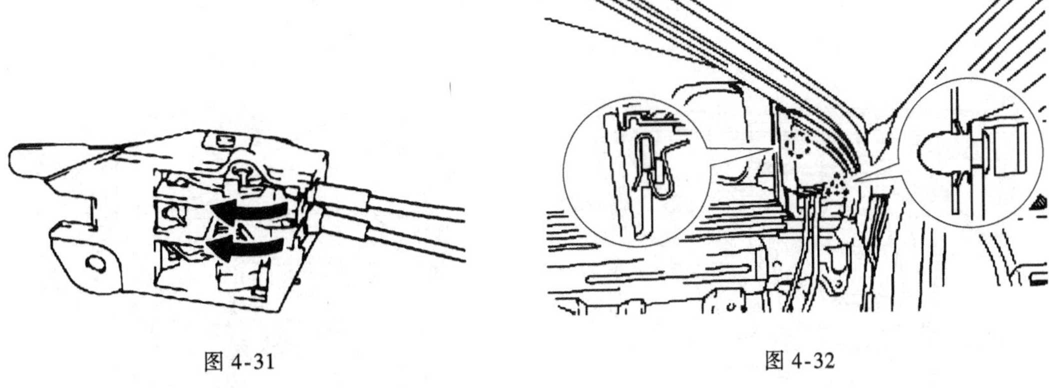

图 4-31　　图 4-32

10）拆卸前门玻璃内密封条，如图 4-33 所示。

11）拆卸前 1 号扬声器总成，从前门板上拆下前门玻璃内密封条。

12）拆卸车门装饰板支架：拆下 2 个螺钉和车门装饰板支架，如图 4-34 所示。

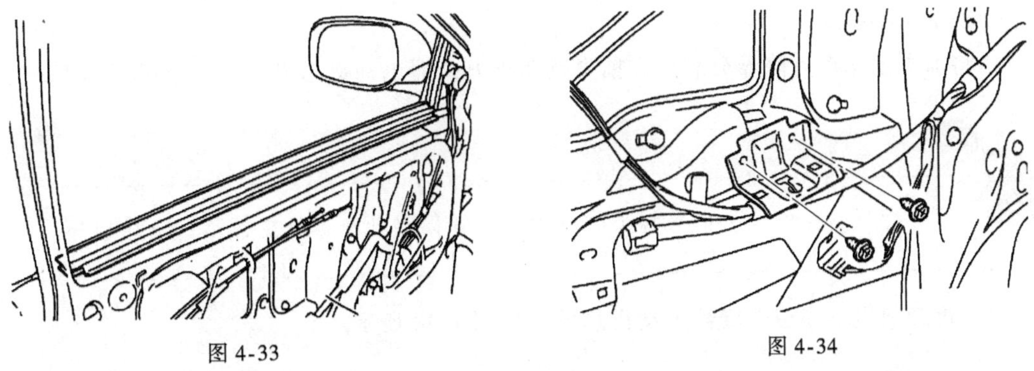

图 4-33　　图 4-34

13）拆卸前门检修孔盖：断开插接器；并拆下前门检修孔盖，如图 4-35 所示。

去除车门上的残留丁基胶带。

14）拆卸带盖的车外后视镜总成。

15）拆卸前门玻璃分总成，如图 4-36 所示。

① 连接蓄电池负极端子。

② 连接电动车窗升降器主开关总成，并移动前门玻璃分总成以便能看到车门玻璃螺栓。

③ 断开蓄电池负极端子和电动车窗升降器主开关总成。

④ 拆下 2 个螺栓。

⑤ 拆下前门玻璃分总成。

拆下螺栓后，车门玻璃可能掉落，造成损坏。不要损坏车门玻璃。

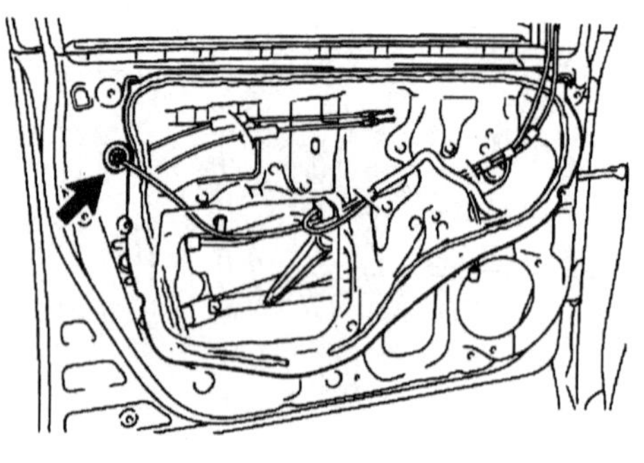

图 4-35

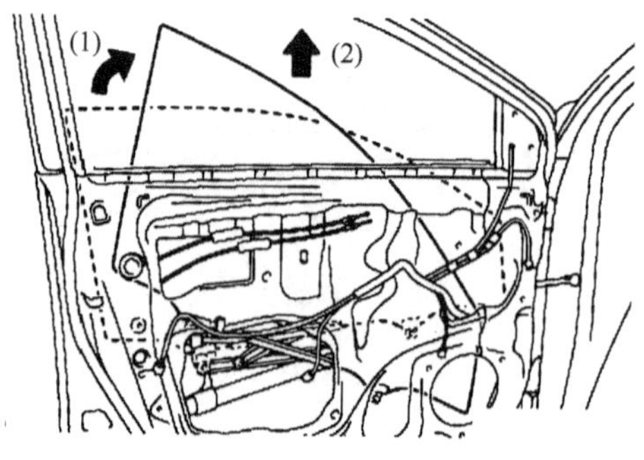

图 4-36

16）拆卸前门窗升降器分总成，如图 4-37 所示。

① 断开插接器；松开临时螺栓。

② 拆下 5 个螺栓。

③ 将前电动车窗升降器分总成和前电动车窗升降器电动机总成作为一个单元拆下。

不要拆下临时螺栓。如果拆下临时螺栓，前门窗升降器可能掉落，造成损坏。

17）拆卸前电动车窗升降器电动机总成，如图 4-38 所示。

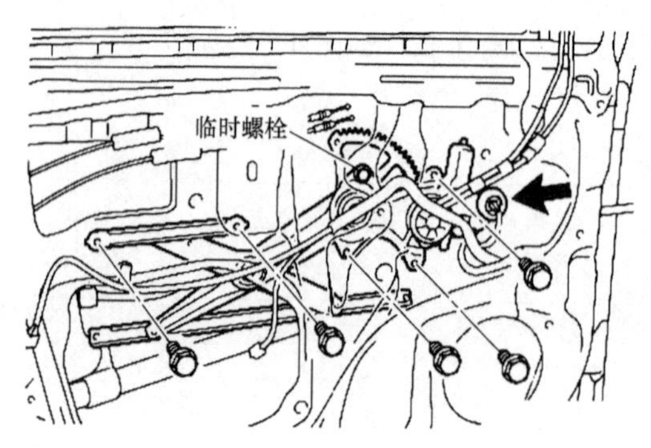

图 4-37

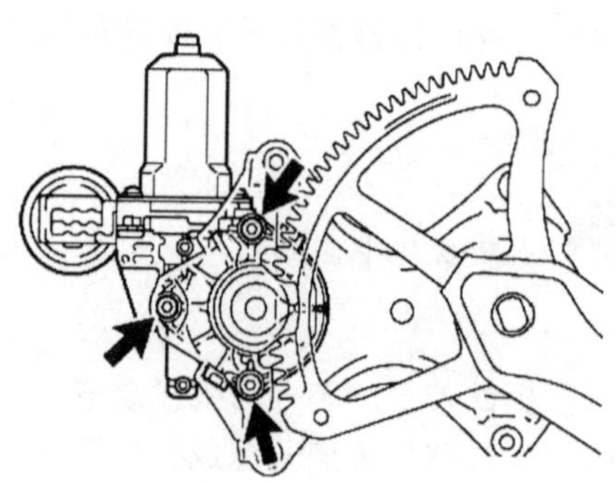

图 4-38

2. 检查电动机（前排乘客侧）

根据表 4-11 中的测量条件和规定状态，向电动机插接器施加蓄电池电压。观察电动机减速机构输出轴旋转情况。如果异常，需更换电动机，如图 4-39 所示。

不要对除了 1 和 2 端子外的任何端子施加电压。

表 4-11

测量条件	规定状态
蓄电池(+)接端子 2 蓄电池(−)接端子 1	电动机齿轮顺时针旋转
蓄电池(+)接端子 1 蓄电池(−)接端子 2	电动机齿轮逆时针旋转

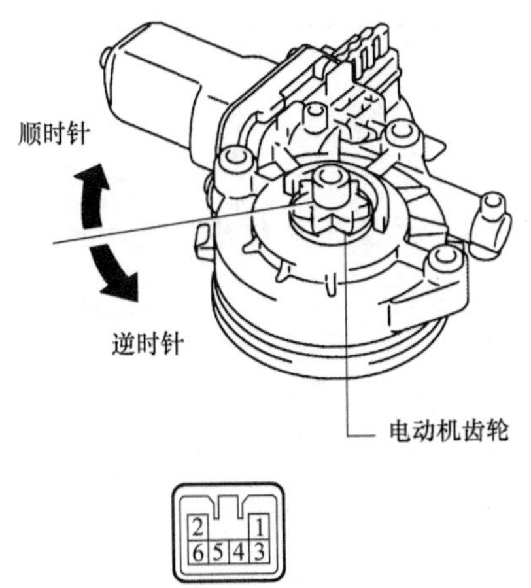

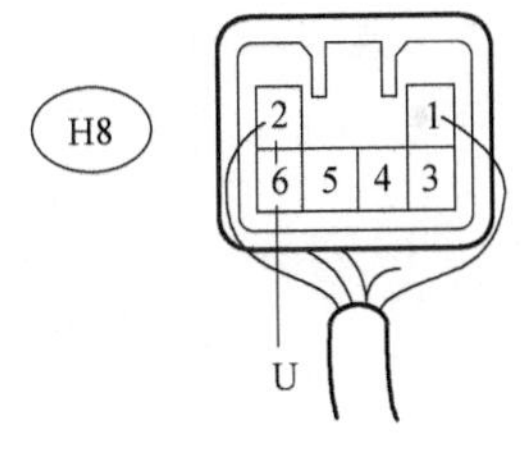

图 4-39

3. 安装电动机

检修完成后，用清洁抹布将工具擦拭干净，并分类放回工具箱，然后将工作现场打扫干净。

项目预案

问题：维修完毕后，发现中央门锁变得不好用，开关车窗时，收音机、升降器指示灯有时会运行。

解决措施：电动车窗与中央门锁、电动天线共用搭铁线，搭铁点搭铁不实，互相连电会导致以上现象的出现，重新检查搭铁即可。

项目评价

考评项目		自我评价	小组互评	教师评价
素质考评 20	劳动纪律(4 分)			
	安全意识(4 分)			
	环保意识(4 分)			
	团队精神(4 分)			
	协作能力(4 分)			
技能考评 80	工具量使用(10 分)			
	任务方案(15 分)			
	实施过程(30 分)			
	完成结果(15 分)			
	工单填写(10 分)			
合计(100 分)				
综合评价(100 分)				

注意

发生重大事故（人身和设备安全事故）、严重违反维修原则和情节严重的粗暴操作行为等，采取一票否决制。

项目五

电动座椅电路识读及故障诊断

项目描述

张先生坐在驾驶座椅上，想调整座椅的位置休息一下，他按下了向后滑动的开关，可是座椅没有反应；紧接着按下了升降开关和靠背倾斜的开关，可是座椅都没有反应，他认为可能是电动座椅出了故障，于是他把车子开进了4S店进行检修。根据故障现象请帮张先生解决该问题。

学习目标

知识目标

1. 了解电动座椅的结构和组成。
2. 学会如何读懂电动座椅工作电路。

技能目标

1. 掌握电动座椅的故障诊断与排除。
2. 培养良好的安全文明操作习惯。

项目要求

1. 时间要求：建议6学时。
2. 质量要求：在满足厂家的生产规范及质量要求的前提下，能够熟练快速地诊断与排除故障。
3. 安全要求：严格按照安全操作规程进行项目作业。
4. 文明要求：自觉按照文明生产规则进行项目作业。
5. 环保要求：努力按照环境保护要求进行项目作业。

知识准备

1. 电动座椅的功用

电动座椅又称自动座椅，是指以电动机为动力，通过传动装置和执行机构来调节座椅的各种位置，使驾驶人或乘员乘坐舒适的座椅。其功用是为驾驶人提供便于操作、舒适而又安全的驾驶位置；为乘员提供不易疲劳、舒适而又安全的乘坐位置。电动座椅如图 5-1 所示，具有前后滑动、上下升降、靠背倾角调节以及腰部支撑等功能。电动座椅实物图如图 5-2 所示。

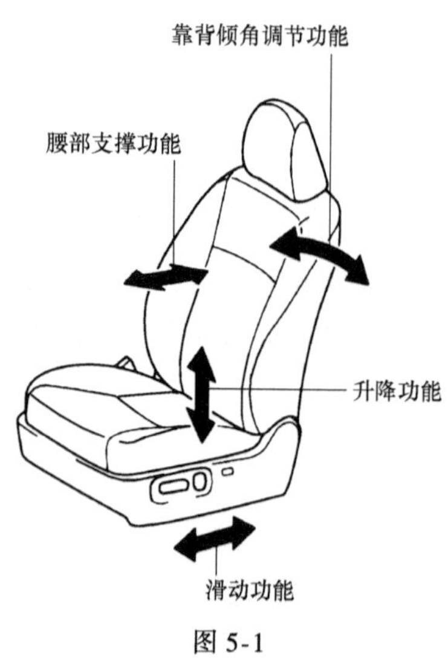

图 5-1

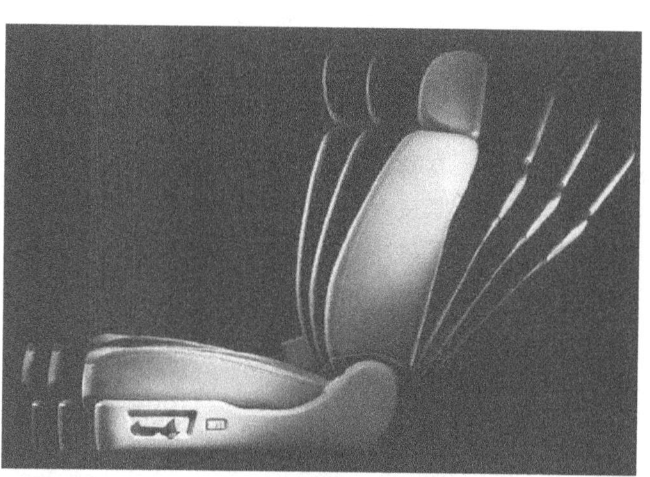
图 5-2

2. 电动座椅的组成

电动座椅一般分为有存储功能和无存储功能两类。本项目以卡罗拉车型为例，其电动座椅无存储功能，主要由座椅本体、座椅调节开关、传动装置以及电动机组成，如图 5-3 所示。

(1) 电动座椅开关　包括座椅各位置（头枕、靠背、腰部、滑动、前垂直、后垂直）的电动开关。

(2) 位置传感器　包括座椅各位置（头枕、靠背、腰部、滑动、前垂直、后垂直）传感器、安全带扣环传感器及转向盘倾斜传感器等。

(3) 电动机　电动机一般为永磁式双向直流电动机；它通过控制开关来改变流经电动机内部的电流方向，使电动机按不同的电

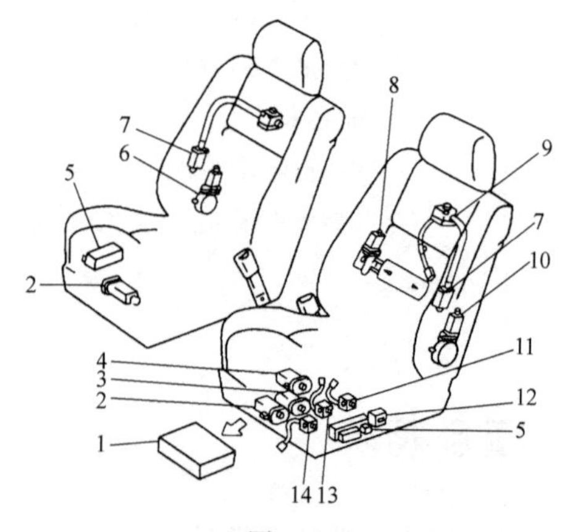

图 5-3

1—电动座椅 ECU　2—滑动电动机　3—前垂直电动机　4—后垂直电动机　5—电动座椅开关　6—倾斜电动机　7—头枕电动机　8—腰垫电动机　9—位置传感器（头枕）　10—倾斜电动机和位置传感器　11—位置传感器（后垂直）　12—腰垫开关　13—位置传感器（前垂直）　14—位置传感器（滑动）

流方向进行正转或反转，通过传动装置为电动座椅的调节机构提供动力，实现座椅不同位置的调节。为防止电动机过载，电动机内装有熔丝，以确保电器设备的安全。电动机的数量取决于电动座椅的类型。

根据使用电动机的数量分类，电动座椅可分为单电动机式、双电动机式、三电动机式和四电动机式等。

1）单电动机式：单电动机式只能对电动座椅的前后两个方向进行调整。

2）双电动机式：双电动机式可以对电动座椅的四个方向进行调整，即不仅前后两个方向的位置可以移动，其高低也可以进行调整。

3）三电动机式：三电动机式可以对电动座椅的六个方向进行调整，即不仅能向前后两个方向移动，还可分别对座椅的前部和后部的高低进行调整。

4）四电动机式（如卡罗拉）：四电动机式的调整功能除了具有以上三电动机式的调整功能以外，还可对靠背的倾斜度进行调整。

（4）传动装置　电动座椅的传动装置主要由变速器（蜗轮蜗杆）、联轴装置、齿轮齿条等组成。其作用是把直流电动机产生的旋转运动，变为座椅的位置调整。

前后（纵向）调整传动机构如图5-4所示，其由蜗杆、蜗轮、齿条、导轨等组成，齿条装在导轨上。调整时，直流电动机产生的力矩经蜗杆传至两侧的蜗轮上，经齿条的带动，使座椅前后移动。

上下（高度）调整传动机构如图5-5所示，其由蜗杆轴、蜗轮、心轴等组成。调整时，直流电动机产生的力矩带动蜗杆轴，驱动蜗轮转动，使心轴在蜗轮内旋进或旋出，带动座椅上下移动。

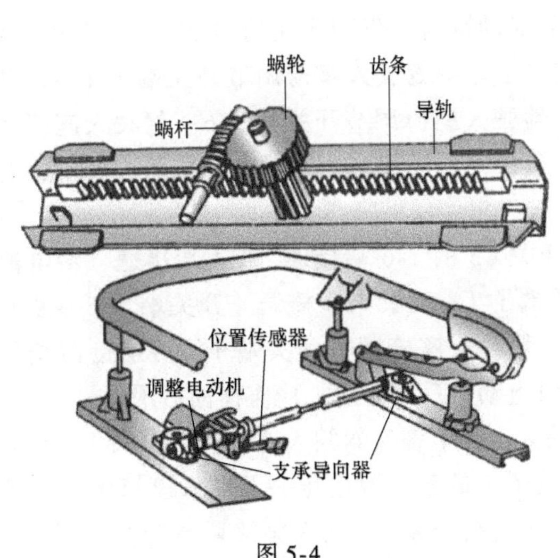

图5-4

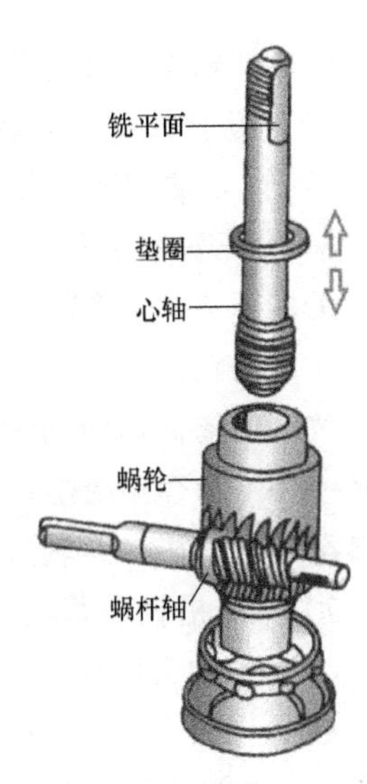

图5-5

3. 电动座椅的工作原理和电路控制

丰田卡罗拉电动座椅电路如图5-6所示。

电动座椅最普通的形式是使用三个电动机实现座椅六个不同方向的位置调整：上、下、前、后、前倾、后倾。三个电动机分别成为前高度调整电动机、后高度调整电动机与前后移

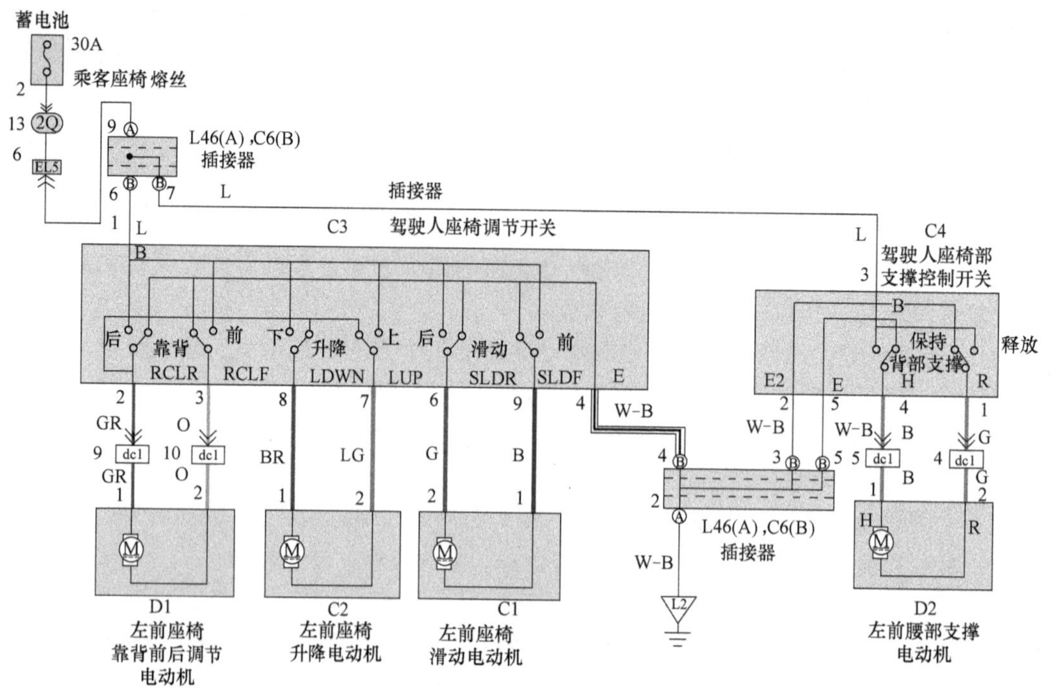

图 5-6

动电动机。用这三个电动机控制座椅前部高度、后部高度以及座椅的前后位移实现座椅位置调整。

电动座椅电路图分析：

（1）驾驶人座椅前后的滑动　按下座椅向前滑动键时，驾驶人座椅调节开关 C3 的 1-9 端接通、6-4 端接通，蓄电池正极→30A 乘客座椅熔丝→驾驶人座椅调节开关端子 1→驾驶人座椅调节开关端子 9→左前座椅滑动电动机→驾驶人座椅调节开关端子 6→驾驶人座椅调节开关端子 4→插接器端子 4→L2 搭铁→蓄电池负极，形成回路，此时电动机顺向转动，使座椅向前滑动。

按下座椅向后滑动键时，驾驶人座椅调节开关 C3 的 1-6 端接通、9-4 端接通，蓄电池正极→30A 乘客座椅熔丝→驾驶人座椅调节开关端子 1→驾驶人座椅调节开关端子 6→左前座椅滑动电动机→驾驶人座椅调节开关端子 9→驾驶人座椅调节开关端子 4→连接器端子（4、2）→L2 搭铁→蓄电池负极，形成回路，此时电动机反向转动，使座椅向后滑动。

（2）驾驶人座椅上下的调节　按下座椅前端向上调节键，驾驶人座椅调节开关 C3 的 1-7 端接通、8-4 接通，到达驾驶人座椅调节开关端子 1 的蓄电池电压→驾驶人座椅调节开关端子 7→左前座椅升降电动机→驾驶人座椅调节开关端子 8→驾驶人座椅调节开关端子 4→插接器端子（4、2）→L2 搭铁→蓄电池负极，形成回路，此时驾驶人座椅向上移动。

按下座椅前端向下调节键，驾驶人座椅调节开关 C3 的 1-8 端接通、7-4 接通，到达驾驶人座椅调节开关端子 1 的蓄电池电压→驾驶人座椅调节开关端子 8→左前座椅升降电动机→驾驶人座椅调节开关端子 7→驾驶人座椅调节开关端子 4→插接器端子（4、2）→L2 搭铁→蓄电池负极，形成回路，此时驾驶人座椅向下移动。

（3）驾驶人座椅靠背前后调节　按下座椅靠背向前调节键，座椅调节开关 C3 的 1-3 端接通、2-4 接通，到达驾驶人座椅调节开关端子 1 的蓄电池电压→驾驶人座椅调节开关端子 3→左前座椅靠背前后调节电动机→驾驶人座椅调节开关端子 2→驾驶人座椅调节开关端子 4→插接器端子（4、2）→L2 搭铁→蓄电池负极，形成回路，此时驾驶人座椅靠背向前移动。

按下座椅靠背向后调节键，座椅调节开关 C3 的 1-2 端接通、3-4 接通，到达驾驶人座椅调节开关端子 1 的蓄电池电压→驾驶人座椅调节开关端子 2→左前座椅靠背前后调节电动机→驾驶人座椅调节开关端子 3→驾驶人座椅调节开关端子 4→插接器端子（4、2）→L2 搭铁→蓄电池负极，形成回路，此时驾驶人座椅靠背向后移动。

（4）驾驶人座椅腰部支撑调节　按下驾驶人座椅腰部支撑保持调节键，驾驶人座椅腰部支撑控制开关端子 3-4、端子 1-2 接通，蓄电池正极→30A 乘客座椅熔丝→驾驶人座椅腰部支撑开关端子 3→驾驶人腰部支撑开关端子 4→左前座椅腰部支撑电动机→驾驶人座椅腰部支撑开关端子 1→驾驶人座椅腰部支撑开关端子 2→插接器端子（3、2）→L2 搭铁→蓄电池负极，形成回路。此时驾驶人座椅腰部支撑被保持。

按下驾驶人座椅腰部支撑释放调节键，驾驶人座椅腰部支撑控制开关端子 3-1、端子 4-5 接通，蓄电池正极→30A 乘客座椅熔丝→驾驶人座椅腰部支撑开关端子 3→驾驶人腰部支撑开关端子 1→左前座椅腰部支撑电动机→驾驶人座椅腰部支撑开关端子 4→驾驶人座椅腰部支撑开关端子 5→插接器端子（5、2）→L2 搭铁→蓄电池负极，形成回路。此时驾驶人座椅腰部支撑被释放。

故障分析

电动座椅常见故障有：完全不动作或某个方向不能动作。

1）电动座椅完全不动作的主要原因有：熔断器断路；线路断路；座椅开关有故障等。可以首先检查熔断器是否断路；若熔断器良好，则应检查线路连接是否正常，最后检查开关。

2）电动座椅某个方向不能工作的主要原因有：该方向对应的电动机损坏、开关、连接导线断路。可以先检查线路是否正常，再检查开关和电动机。

项目路径

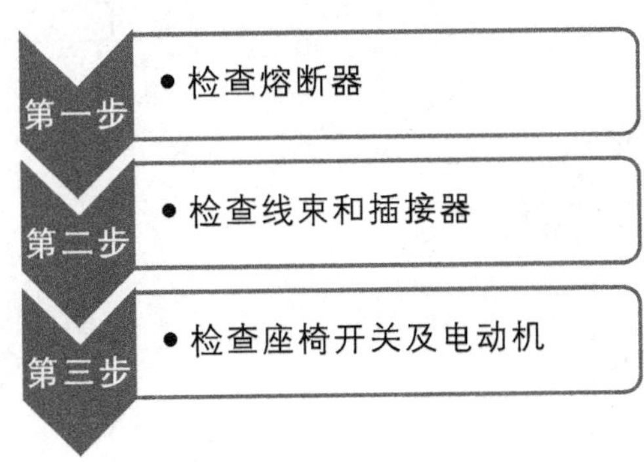

项目实施

活动一　电动座椅完全不动作故障诊断

电动座椅完全不动作，其原因是熔断器或线路断路、控制开关故障等，检查流程如图5-7所示。

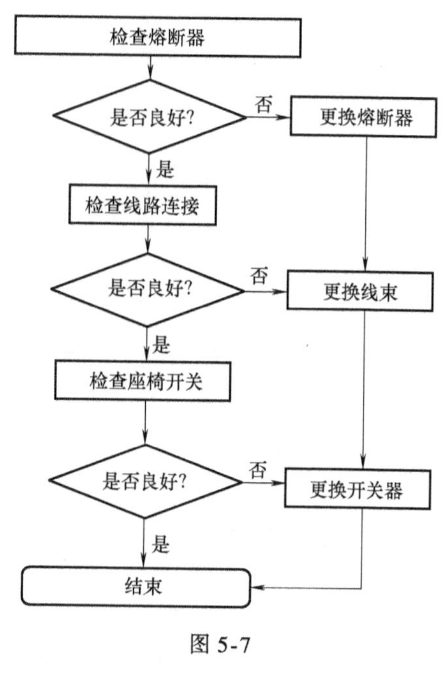

图 5-7

第一步　检查熔断器是否断路

用万用表测量插接器端子 9 的电压，正常值应为 12V，否则应检查 30A 乘客座椅熔丝是否断路，以及蓄电池至插接器端子 9 之间的线束是否断路。如有异常，则需更换熔断器线束。

第二步　检查线束和插接器

用万用表检查插接器端子 2 与搭铁 L2 间是否导通，否则应检查插接器以及 L2 的连接是否牢固；用万用表测插接器端子 9 与 6、7 之间的电阻，检查插接器导通是否良好，否则应该更换插接器。

第三步　检查座椅开关

1）拆卸前排座椅头枕总成。

2）拆卸座椅外滑轨盖，如图 5-8 所示。

① 操作电动座椅开关旋钮并将座椅移动到最前位置。

② 脱开 2 个卡爪并拆下座椅外滑轨盖。

3）拆卸座椅内滑轨盖，如图 5-9 所示。

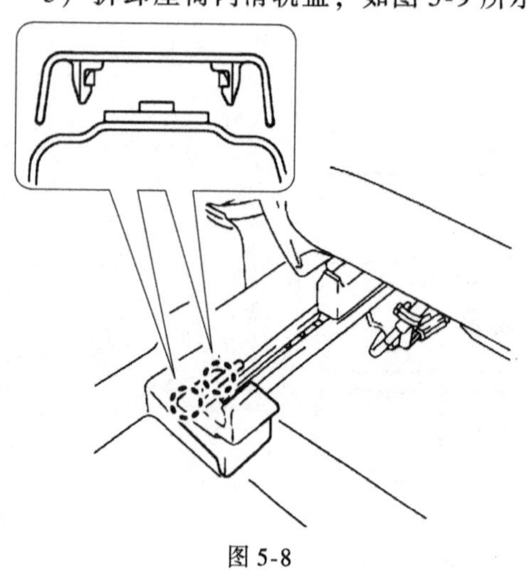

图 5-8

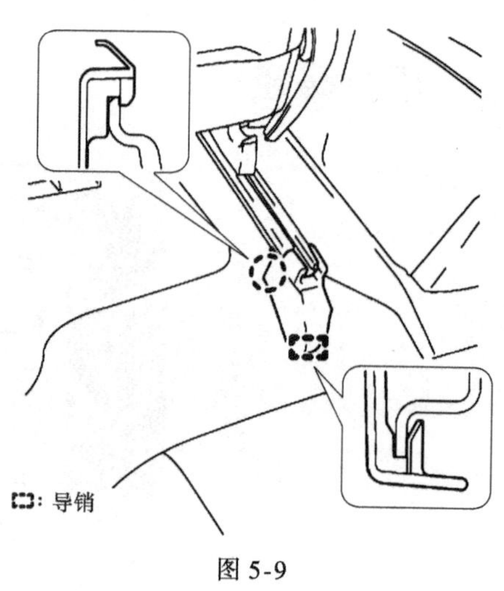

图 5-9

① 脱开卡爪。

② 脱开导销并拆下座椅内滑轨盖。

4）拆卸座椅总成。

① 拆下座椅后侧的 2 个螺栓。

② 操作电动座椅开关旋钮并将座椅移动到最后位置，如图 5-10 所示。

③ 拆下座椅前侧的 2 个螺栓，如图 5-11 所示。

④ 操作电动座椅开关旋钮并将座椅移动到中间位置，同时，操作电动座椅开关旋钮并将座椅靠背移动到直立位置。

⑤ 将电缆从蓄电池负极端子上拆掉。

⑥ 断开座椅下面的插接器。

⑦ 拆下座椅。

注意

断开电缆后等待 90s，以防止气囊展开。

断开蓄电池电缆后重新连接时，某些系统需要初始化。

小心不要损坏车身。

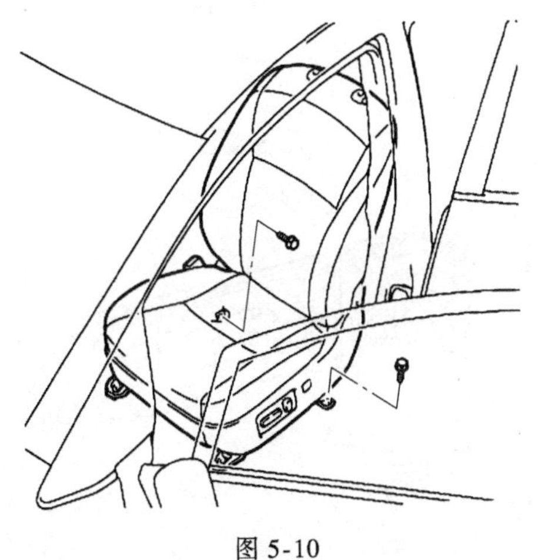

图 5-10

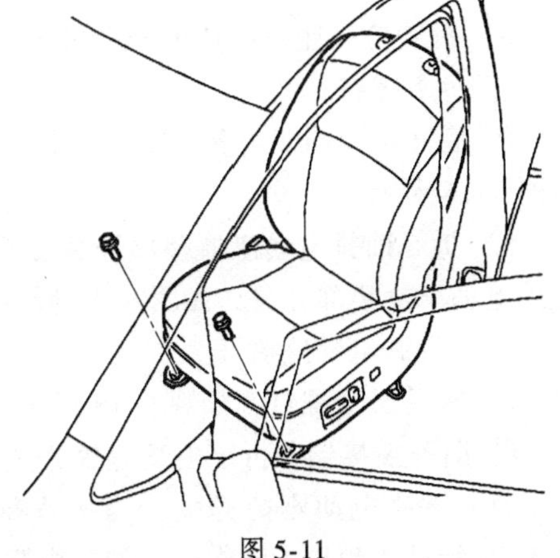

图 5-11

5）拆卸电动座椅靠背倾斜调节开关旋钮：使用缠有保护性胶带的螺钉旋具，脱开 2 个卡爪并拆下电动座椅靠背倾斜调节开关旋钮，如图 5-12 所示。

6）拆卸电动座椅滑动和高度调节开关旋钮：使用缠有保护性胶带的螺钉旋具，脱开 4 个卡爪并拆下电动座椅滑动和高度调节开关旋钮，如图 5-13 所示。

7）拆卸前排座椅坐垫护板总成。

① 拆下挂钩，如图 5-14 所示。

② 拆下 5 个螺钉，如图 5-15 所示。

③ 脱开卡爪和导销，并拆下座椅坐垫护板总成。

④ 从电动座椅腰部开关上断开插接器。

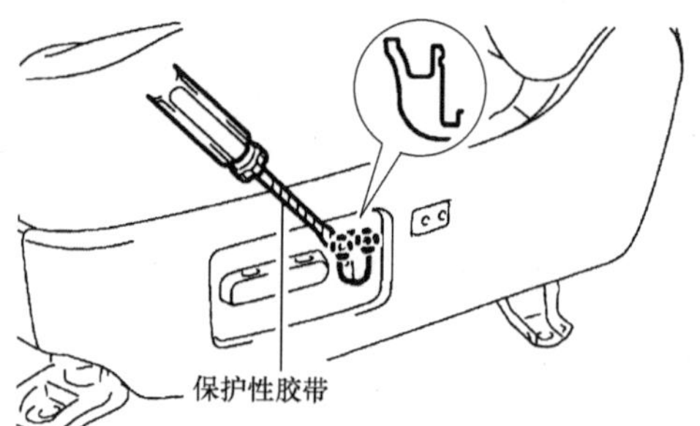

图 5-12

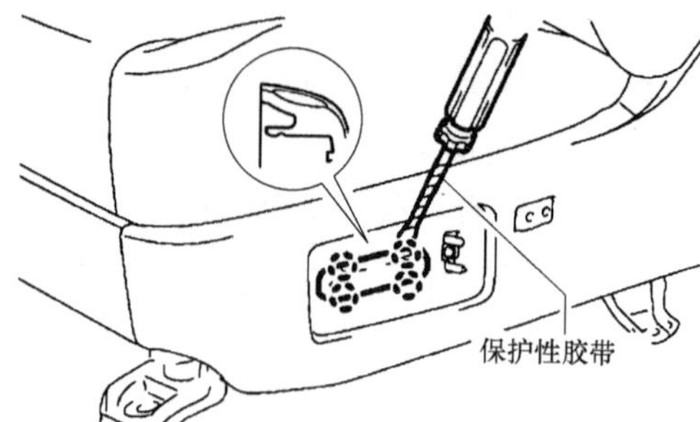

图 5-13

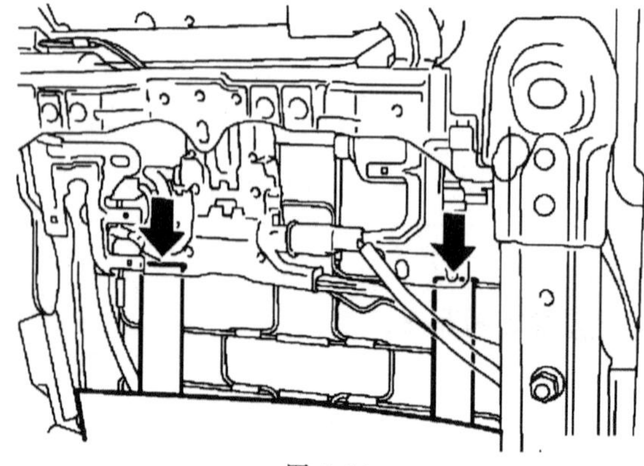

图 5-14

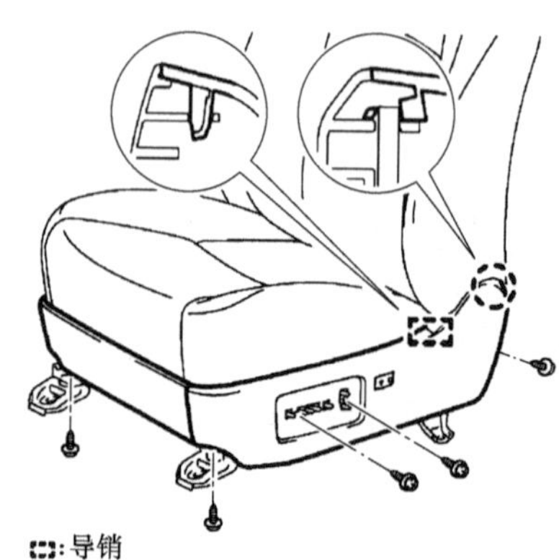

图 5-15

8）拆卸前排座椅坐垫 1 号内护板。

① 拆下螺钉。

② 脱开 2 个卡爪并拆下前排座椅 1 号坐垫内护板，如图 5-16 所示。

9）拆卸前排电动座椅腰部开关：拆下 2 个螺钉和前排电动座椅腰部开关，如图 5-17 所示。

10）拆卸电动座椅开关。

① 拆下 3 个螺钉，如图 5-18 所示。

② 断开插接器并拆下电动座椅开关。

11）检查电动座椅开关；当操作每个开关时，如图 5-19 所示，测量指定端子之间的电阻。

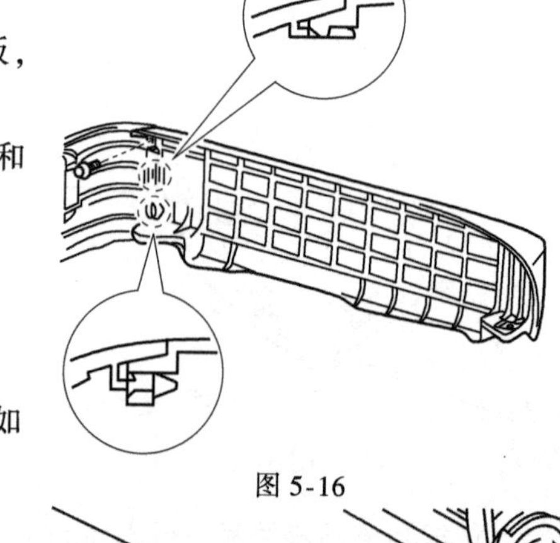

图 5-16

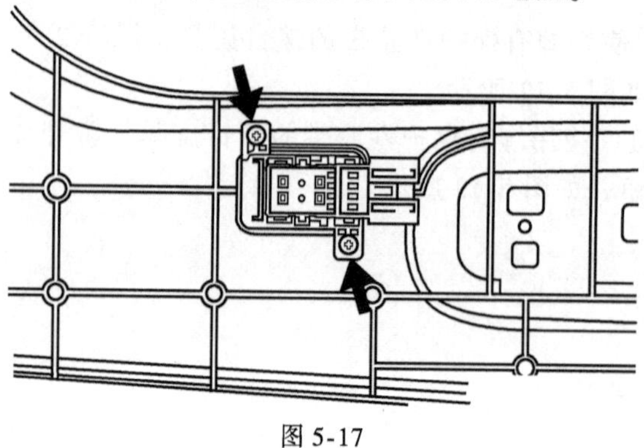

图 5-17

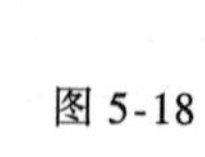

图 5-18

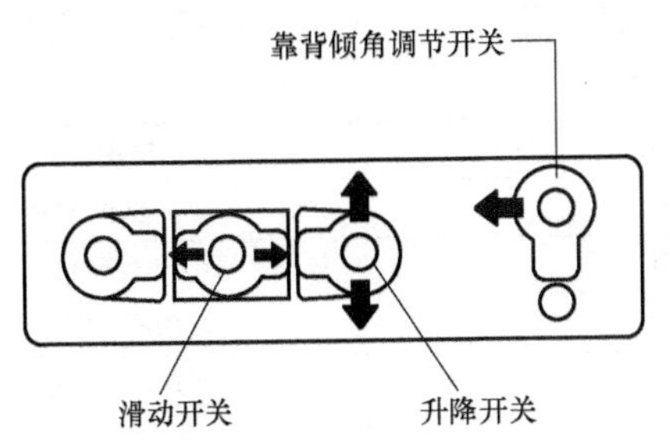

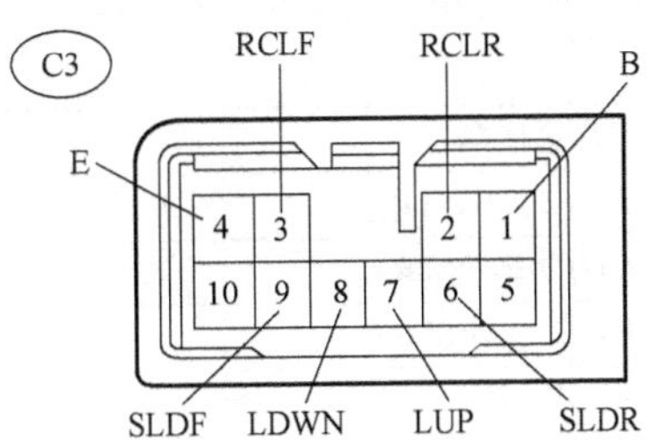

图 5-19

① 标准电阻（滑动开关），如果结果不符合表 5-1 所示规定，则更换开关。

表 5-1

检测仪连接	开关状态	规定状态
C3-1(B)-C3-9(SLDF)	前	小于 1Ω
C3-4(E)-C3-6(SLDR)	前	小于 1Ω
C3-1(B)-C3-6(SLDR)	前	10kΩ 或更大
C3-4(E)-C3-9(SLDF)	前	10kΩ 或更大
C3-4(E)-C3-6(SLDR)	OFF	小于 1Ω
C3-4(E)-C3-9(SLDF)	OFF	小于 1Ω
C3-1(B)-C3-6(SLDR)	OFF	10kΩ 或更大
C3-1(B)-C3-9(SLDF)	OFF	10kΩ 或更大
C3-1(B)-C3-6(SLDR)	后	小于 1Ω
C3-4(E)-C3-9(SLDF)	后	小于 1Ω
C3-1(B)-C3-9(SLDF)	后	10kΩ 或更大
C3-4(E)-C3-6(SLDR)	后	10kΩ 或更大

② 标准电阻（升降开关），如果结果不符合表 5-2 所示规定，则更换开关。

表 5-2

检测仪连接	开关状态	规定状态
C3-1(B)-C3-7(LUP)	开	小于 1Ω
C3-4(E)-C3-8(LDWN)	开	小于 1Ω
C3-1(B)-C3-8(LDWN)	开	10kΩ 或更大
C3-4(E)-C3-7(LUP)	开	10kΩ 或更大
C3-4(E)-C3-7(LUP)	OFF	小于 1Ω
C3-4(E)-C3-8(LDWN)	OFF	小于 1Ω
C3-1(B)-C3-7(LUP)	OFF	10kΩ 或更大
C3-1(B)-C3-8(LDWN)	OFF	10kΩ 或更大
C3-1(B)-C3-8(LDWN)	关	小于 1Ω
C3-4(E)-C3-7(LUP)	关	小于 1Ω
C3-1(B)-C3-7(LUP)	关	10kΩ 或更大
C3-4(E)-C3-8(LDWN)	关	10kΩ 或更大

③ 标准电阻（靠背倾斜调节开关），如果结果不符合表 5-3 所示规定，则更换开关。

表 5-3

检测仪连接	开关状态	规定状态
C3-1(B)-C3-3(RCLF)	开	小于 1Ω
C3-4(E)-C3-2(RCLR)	开	小于 1Ω
C3-1(B)-C3-2(RCLR)	开	10kΩ 或更大
C3-4(E)-C3-3(RCLF)	开	10kΩ 或更大
C3-4(E)-C3-2(RCLR)	OFF	小于 1Ω
C3-4(E)-C3-3(RCLF)	OFF	小于 1Ω
C3-1(B)-C3-3(RCLF)	OFF	10kΩ 或更大
C3-1(B)-C3-2(RCLR)	OFF	10kΩ 或更大
C3-1(B)-C3-2(RCLR)	关	小于 1Ω
C3-4(E)-C3-3(RCLF)	关	小于 1Ω
C3-1(B)-C3-3(RCLF)	关	10kΩ 或更大
C3-4(E)-C3-2(RCLR)	关	10kΩ 或更大

12）安装电动座椅开关。

① 连接插接器。

② 用 3 个螺钉安装电动座椅开关，如图 5-20 所示。

13）安装前排电动座椅腰部开关：用 2 个螺钉安装前排电动座椅腰部开关，如图 5-21 所示。

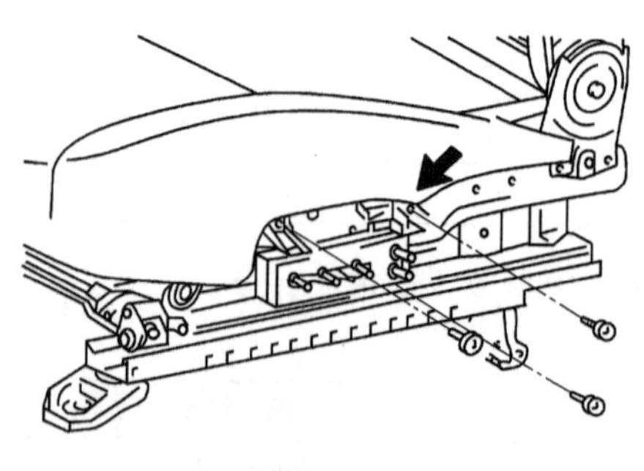

图 5-20

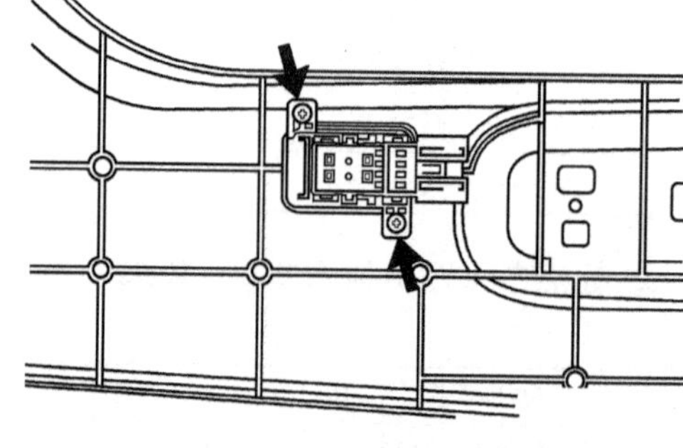

图 5-21

14）安装前排座椅坐垫 1 号内护板。

① 接合 2 个卡爪，如图 5-22 所示。

② 用螺钉安装前排座椅坐垫 1 号内护板。

15）安装前排座椅坐垫护板总成。

① 将插接器连接到前排电动座椅腰部开关上。

② 接合导销和卡爪，如图 5-23 所示。

③ 用 5 个螺钉安装前排座椅坐垫护板总成。

④ 安装挂钩，如图 5-24 所示。

16）安装电动座椅滑动和高度调节开关旋钮：接合 4 个卡爪并安装电动座椅滑动和高度调节开关旋钮，如

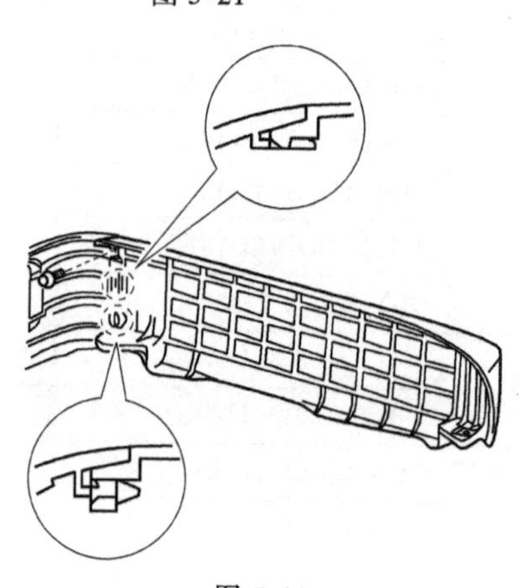

图 5-22

图 5-25 所示。

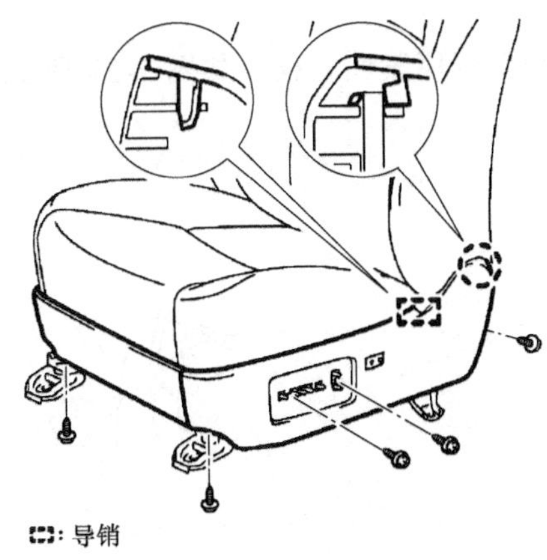

图 5-23

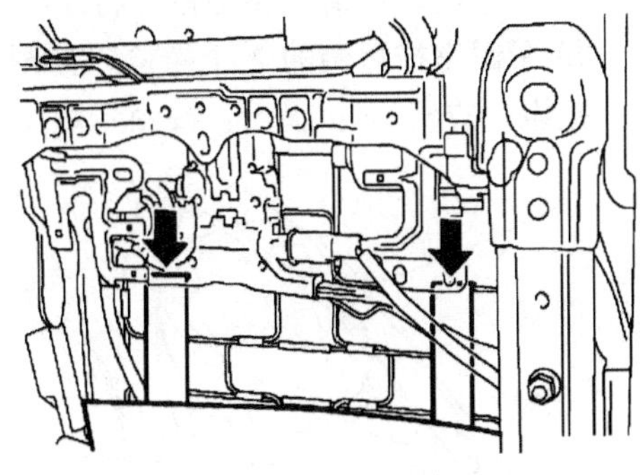

图 5-24

17）安装电动座椅靠背倾斜调节开关旋钮：接合 2 个卡爪并安装电动座椅靠背倾斜调节开关旋钮，如图 5-26 所示。

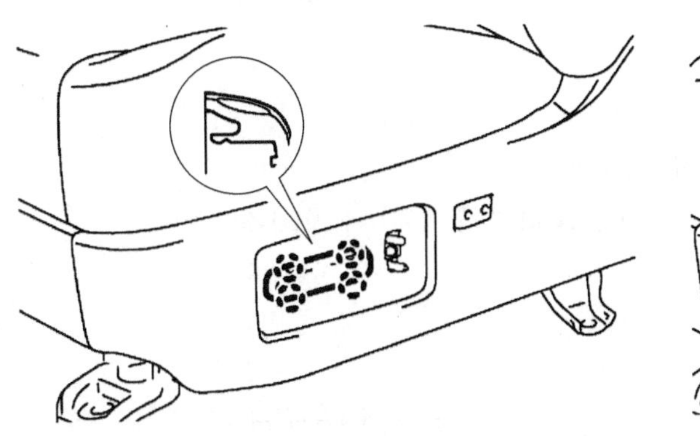

图 5-25

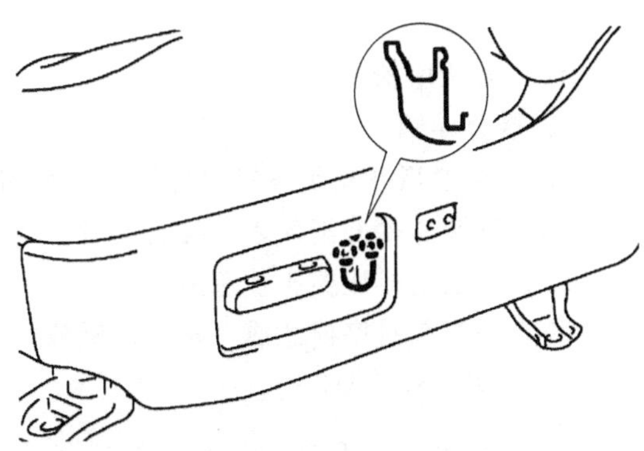

图 5-26

18）安装前排座椅总成。

① 将前排座椅总成放入车厢内。

小心不要损坏车身。

② 连接座椅下面的插接器。

③ 将电缆连接到蓄电池负极（－）端子上。

断开蓄电池电缆后重新连接时，某些系统需要初始化。

④ 用 4 个螺栓临时安装前排座椅总成。

⑤ 操作电动座椅开关旋钮并将座椅移动到最后位置。

⑥ 紧固座椅前侧的 2 个螺栓。扭矩：37N · m，按图示顺序紧固螺栓，如图 5-27 所示。

⑦ 操作电动座椅开关旋钮并将座椅移动到最前位置。

⑧ 紧固座椅后侧的 2 个螺栓，如图 5-28 所示。

扭矩：37N · m；提示：按图示顺序紧固螺栓。

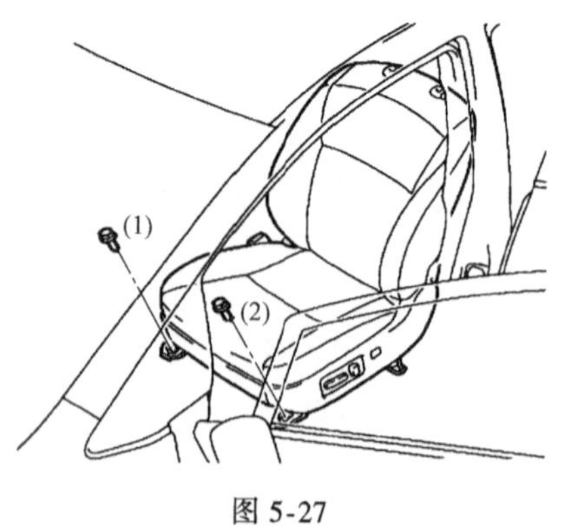

图 5-27

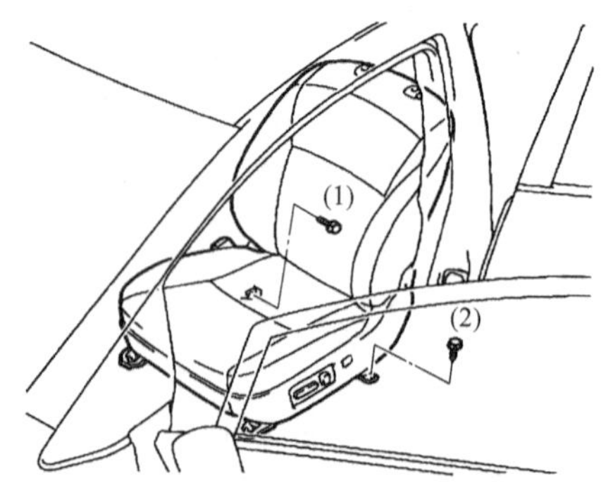

图 5-28

19）安装座椅内滑轨盖。

① 接合导销。

② 接合卡爪并安装座椅内滑轨盖，如图 5-29 所示。

20）安装座椅外滑轨盖：接合 2 个卡爪并安装座椅外滑轨盖，如图 5-30 所示。

21）安装前排座椅头枕总成。

22）检查前排座椅总成：检查电动座椅工作情况。

23）检查 SRS 警告灯。

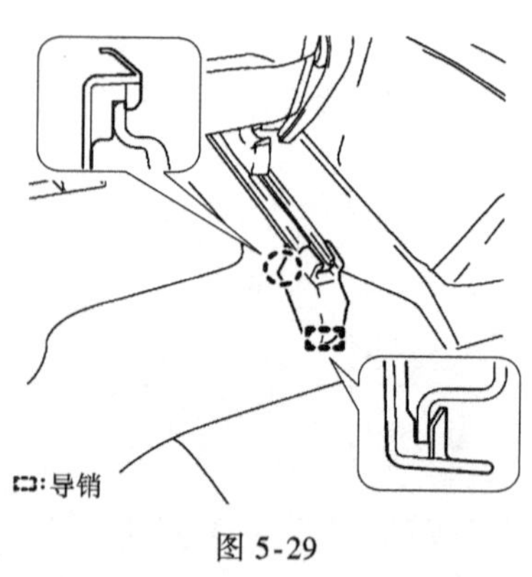

图 5-29

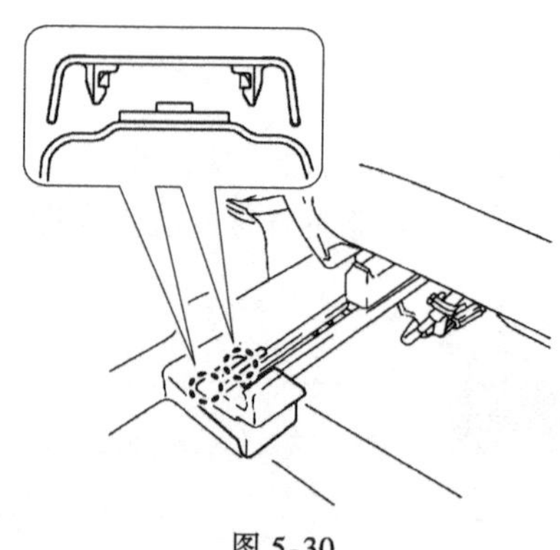

图 5-30

活动二　电动座椅某个方向不动作故障诊断

第一步　检查线束和插接器

用万用表检查插接器端子 2 与搭铁 L2 间是否导通，否则应检查插接器以及 L2 的连接是

否牢固；用万用表检测插接器端子 9 与 6、7 之间是否导通，否则应该更换插接器。

第二步　检查座椅开关

检查步骤可参考前面的内容。

第三步　检查座椅电动机总成

1. 拆卸

1）拆卸前排座椅头枕总成。

2）拆卸座椅外滑轨盖，如图 5-31 所示。

① 操作电动座椅开关旋钮并将座椅移动到最前位置。

② 脱开 2 个卡爪并拆下座椅外滑轨盖。

3）拆卸座椅内滑轨盖，如图 5-32 所示。

① 脱开卡爪。

② 脱开导销并拆下座椅内滑轨盖。

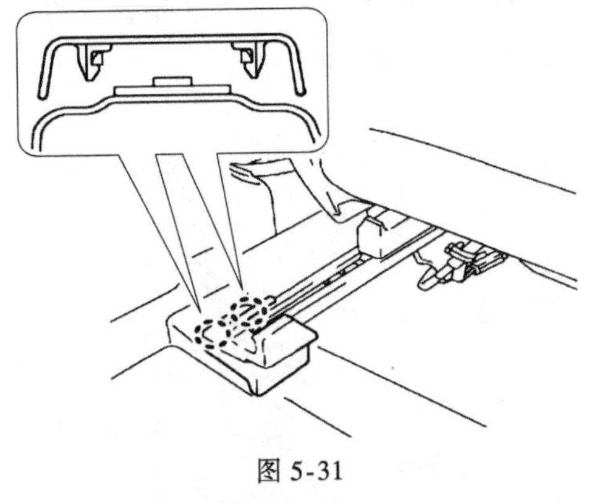

图 5-31

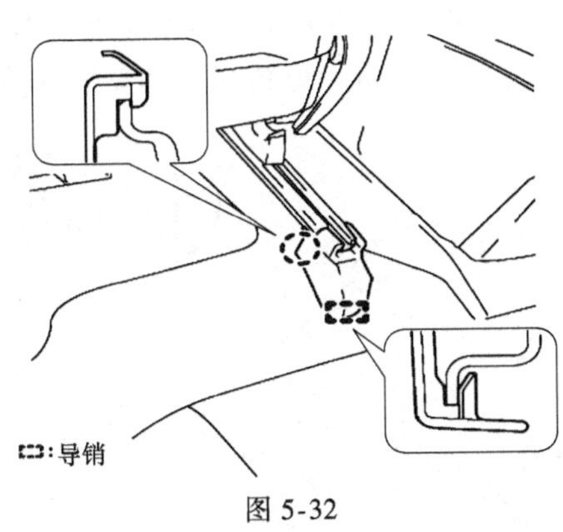

图 5-32

4）拆卸座椅总成。

① 拆下座椅后侧的 2 个螺栓。

② 操作电动座椅开关旋钮并将座椅移动到最后位置，如图 5-33 所示。

③ 拆下座椅前侧的 2 个螺栓，如图 5-34 所示。

④ 操作电动座椅开关旋钮并将座椅移动到中间位置，同时，操作电动座椅开关旋钮并将座椅靠背移动到直立位置。

⑤ 将电缆从蓄电池负极端子上拆掉。

⑥ 断开座椅下面的插接器。

⑦ 拆下座椅。

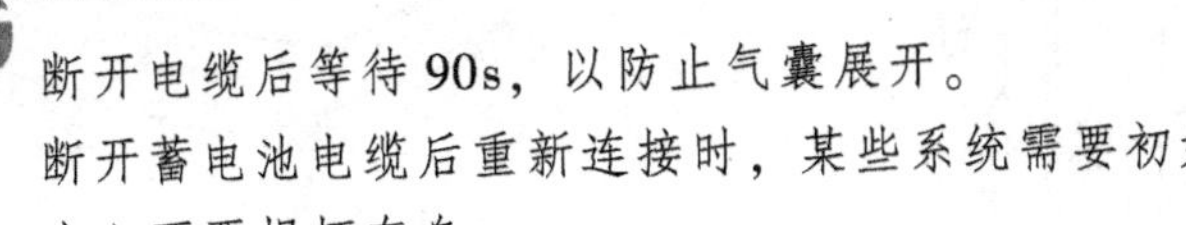

断开电缆后等待 90s，以防止气囊展开。

断开蓄电池电缆后重新连接时，某些系统需要初始化。

小心不要损坏车身。

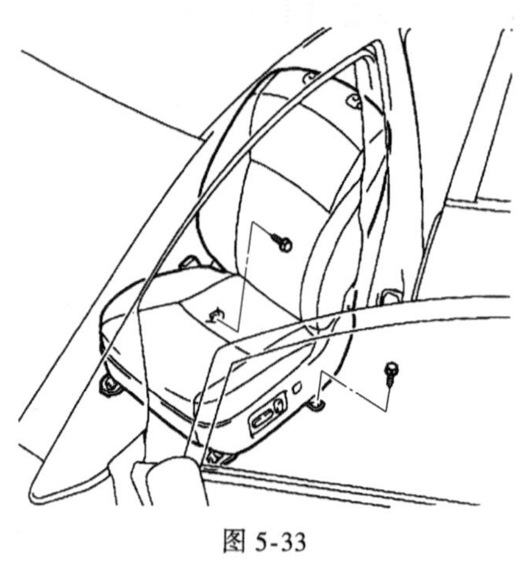
图 5-33

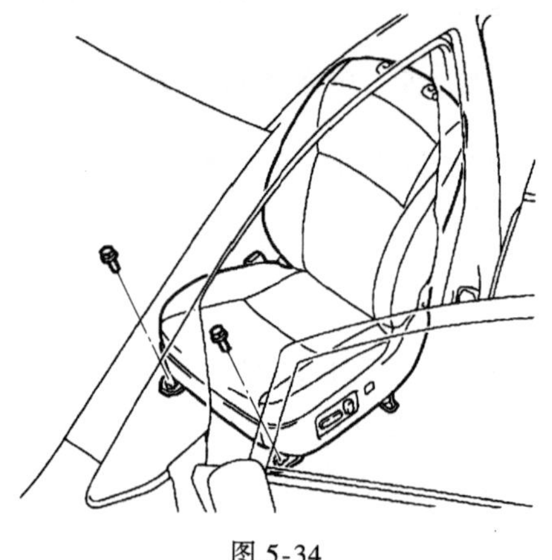
图 5-34

5）拆卸电动座椅靠背倾斜调节开关旋钮：使用缠有保护性胶带的螺钉旋具，脱开 2 个卡爪并拆下电动座椅靠背倾斜调节开关旋钮，如图 5-35 所示。

6）拆卸电动座椅滑动和高度调节开关旋钮：使用缠有保护性胶带的螺钉旋具，脱开 4 个卡爪并拆下电动座椅滑动和高度调节开关旋钮，如图 5-36 所示。

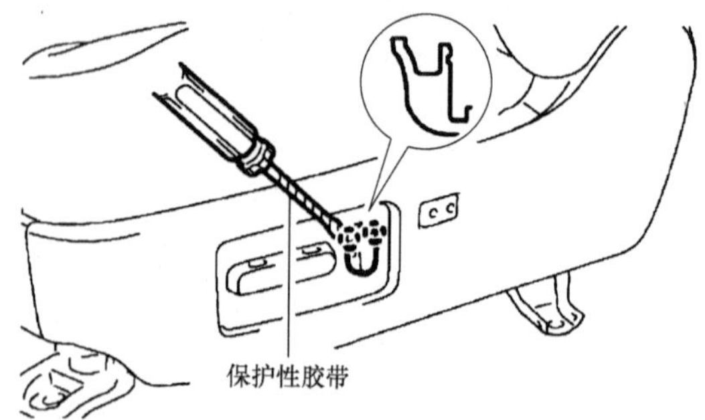

图 5-35

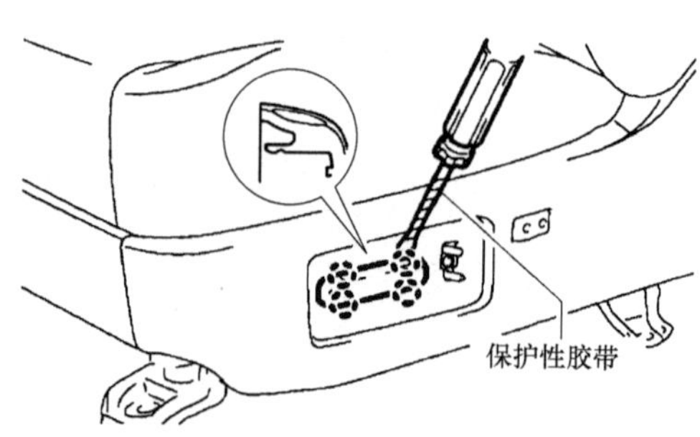

图 5-36

7）拆卸前排座椅坐垫护板总成。

① 拆下挂钩，如图 5-37 所示。

② 拆下 5 个螺钉，如图 5-38 所示。

④ 脱开卡爪和导销，并拆下座椅坐垫护板总成。

⑤ 从电动座椅腰部开关上断开插接器。

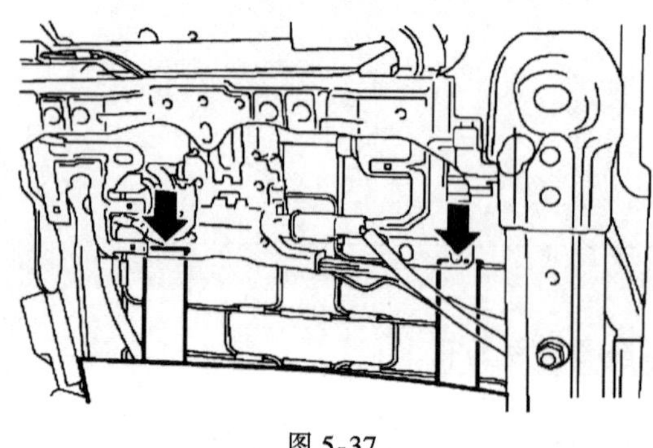
图 5-37

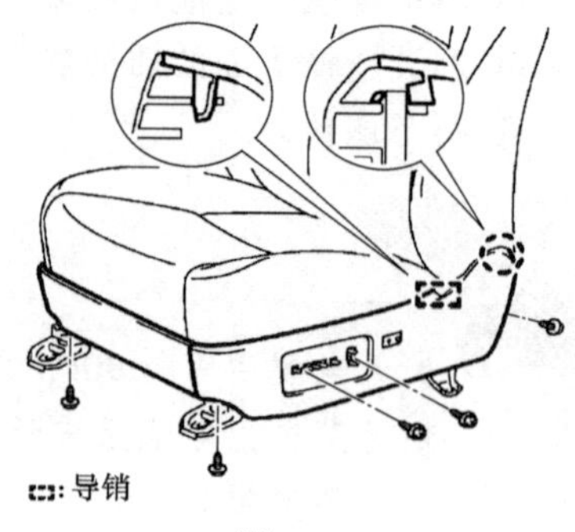

图 5-38

8）拆卸前排座椅坐垫1号内护板。

① 拆下螺钉。

② 脱开2个卡爪并拆下前排座椅1号坐垫内护板，如图5-39所示。

9）拆卸前排电动座椅腰部开关：拆下2个螺钉和前排电动座椅腰部开关，如图5-40所示。

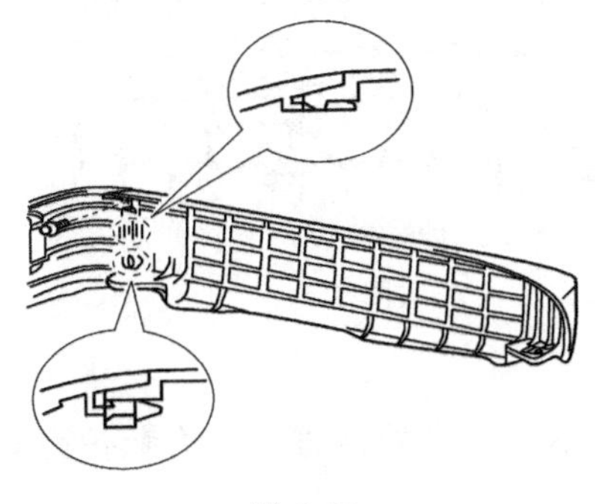

图5-39

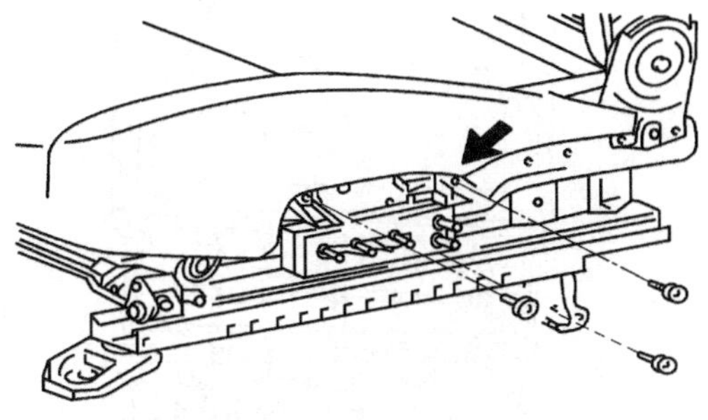

图5-40

10）拆卸电动座椅开关。

① 拆下3个螺钉，如图5-41所示。

② 断开插接器并拆下电动座椅开关。

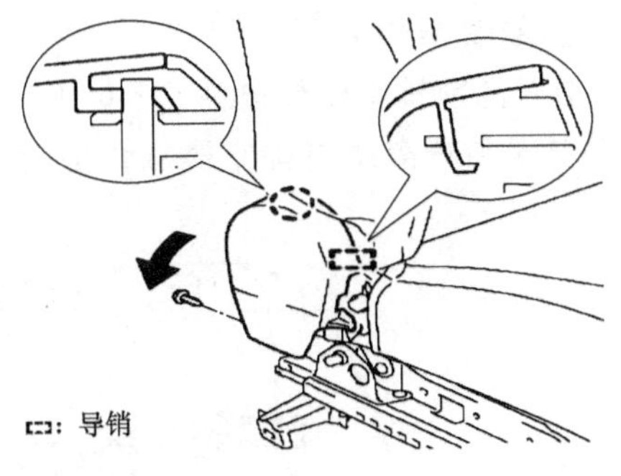

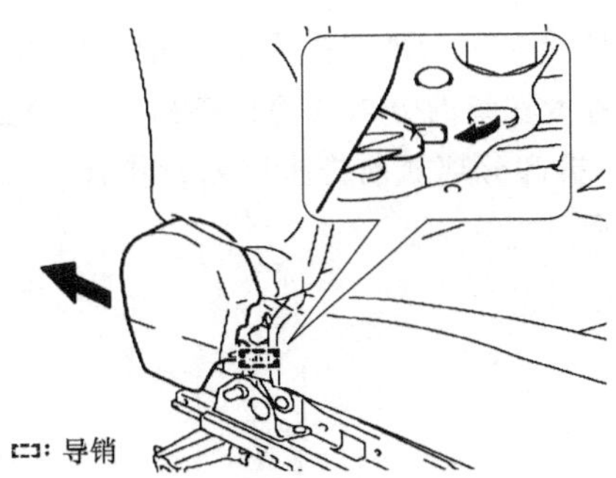

图5-41

11）拆卸前排座椅坐垫内护板。

① 拆下螺钉。

② 脱开卡爪和导销。

③ 脱开导销并拆下前排座椅坐垫内护板。

12）拆卸带软垫的前排座椅坐垫护面：拆下挂钩和带软垫的前排座椅坐垫护面，如图5-42所示。

图5-42

13）拆卸分离式前排座椅坐垫护面：拆下12个卡圈和分离式前排座椅坐垫护面，如图5-43所示。

14）拆卸带软垫的前排座椅靠背护面。

① 拆下3个卡圈。

② 脱开卡夹。

③ 断开插接器，如图 5-44 所示。

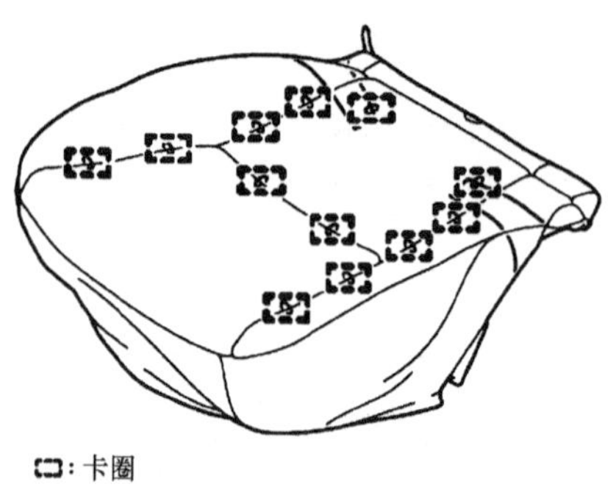

图 5-43

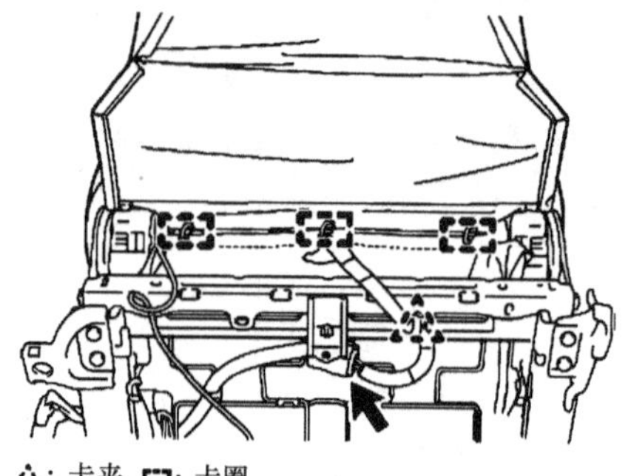

图 5-44

④ 拆下 5 个卡圈，如图 5-45 所示。

⑤ 翻开分离式前排座椅靠背护面，以便拆下螺母，并脱开分离式前排座椅靠背护面支架，如图 5-46 所示。

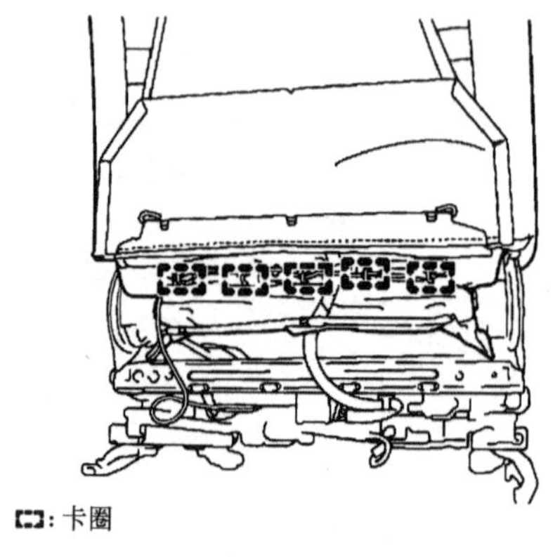

图 5-45

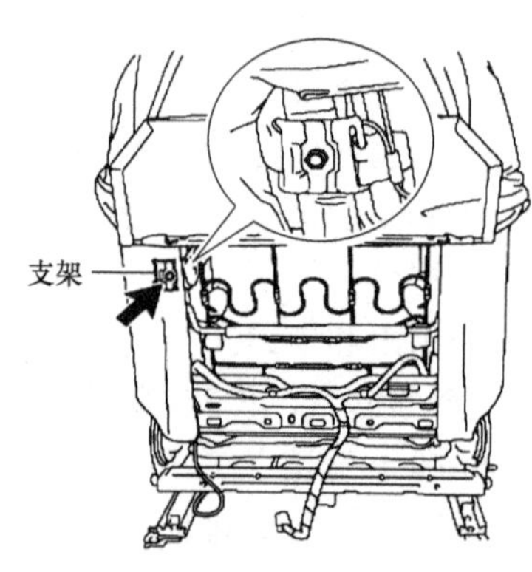

图 5-46

⑥ 脱开 4 个卡爪并拆下 2 个前排座椅头枕支架，如图 5-47 所示。

⑦ 将带软垫的分离式前排座椅靠背护面从带调节器的前排座椅骨架总成上拆下。

15）拆卸分离式前排座椅靠背护面：拆下 6 个卡圈和分离式前排座椅靠背护面，如图 5-48 所示。

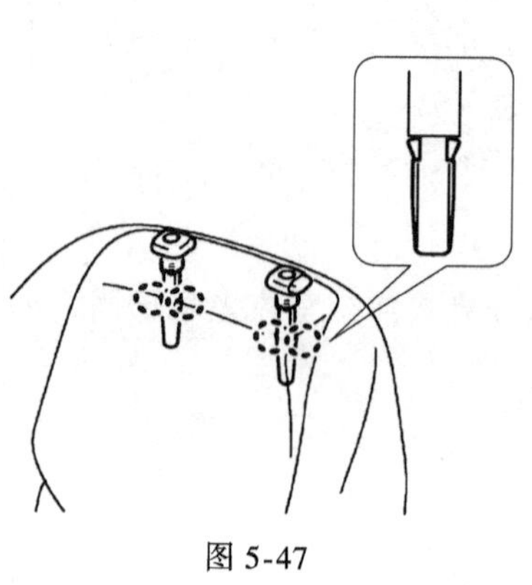

图 5-47

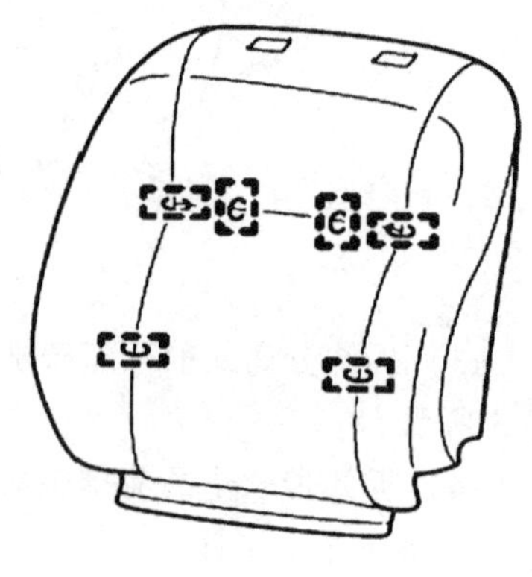

图 5-48

16）拆卸腰部支撑调节器总成。

① 断开插接器，如图 5-49 所示。

② 拆下 2 个螺钉和腰部支撑调节器总成。

17）拆卸左侧座椅靠背倾斜调节器内盖。

① 拆下螺钉，如图 5-50 所示。

② 脱开导销，并拆下左侧座椅靠背倾斜调节器内盖。

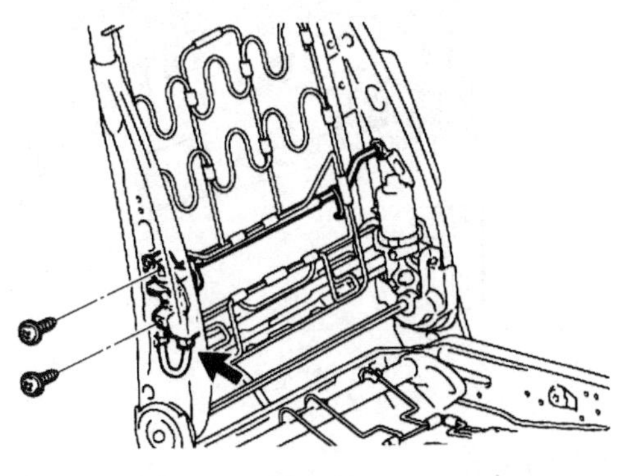

图 5-49

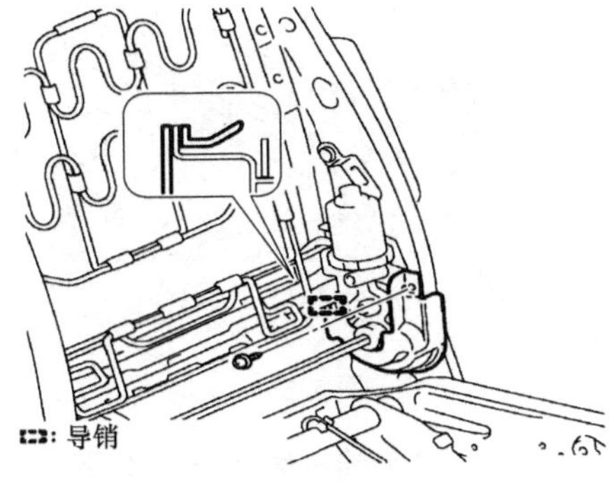

图 5-50

18）拆卸左侧座椅靠背倾斜调节器内盖。

① 拆下螺钉。

② 脱开导销，并拆下左侧座椅靠背倾斜调节器内盖，如图 5-51 所示。

19）拆卸右侧座椅靠背倾角调节器内盖。

① 拆下螺钉。

② 脱开导销，并拆下右侧座椅靠背倾斜调节器内盖，如图 5-52 所示。

图 5-51

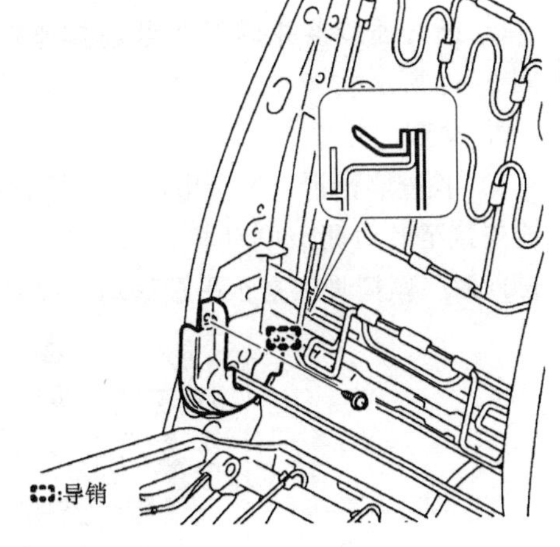

图 5-52

20）拆卸右侧座椅靠背倾斜调节器内盖。

① 拆下螺钉。

② 脱开导销，并拆下右侧座椅靠背倾斜调节器内盖，如图 5-53 所示。

21）拆卸前排左侧座椅坐垫下护板。

① 拆下螺钉。

② 脱开 4 个卡爪，并拆下前排左侧座椅坐垫下护板，如图 5-54 所示。

图 5-53

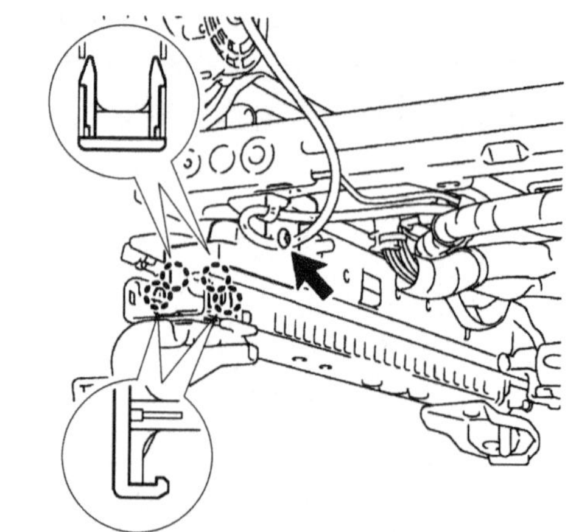

图 5-54

22）拆卸前排右侧座椅坐垫下护板。

① 拆下螺钉。

② 脱开 4 个卡爪，并拆下前排右侧座椅坐垫下护板。

23）拆卸 1 号前排座椅线束：脱开 6 个卡夹，如图 5-55 所示；断开 3 个插接器并拆下 1 号前排座椅线束，如图 5-56 所示。

24）拆卸 2 号前排座椅线束。

① 脱开 3 个卡夹。

② 断开插接器并拆下 2 号前排座椅线束，如图 5-57 所示。

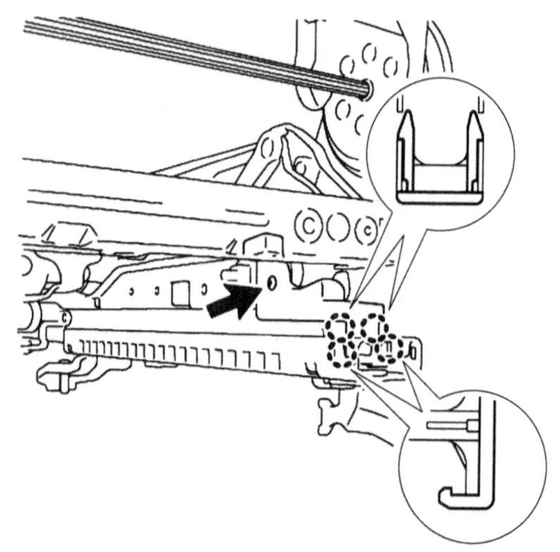

图 5-55

2. 检查

1）检查座椅滑动调节电动机：检查在将蓄电池连接至滑动调节电动机插接器端子（见图 5-58）时，座椅骨架是否平顺移动。如果结果不符合表 5-4 所示规定，则更换前排座椅总成。

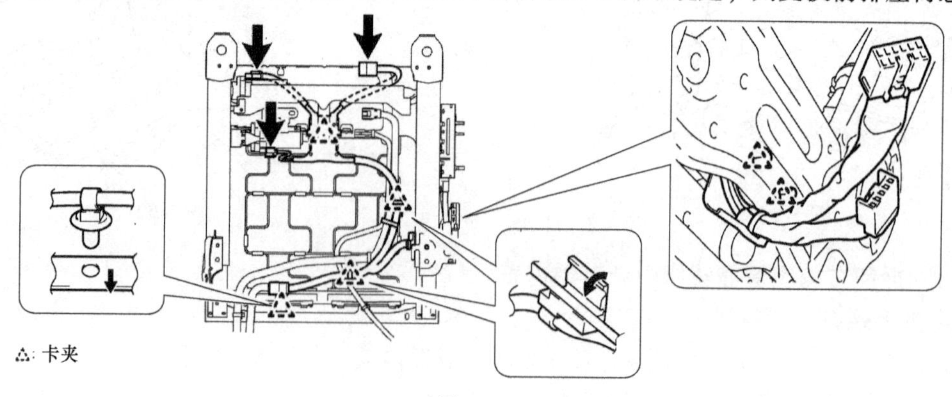

图 5-56

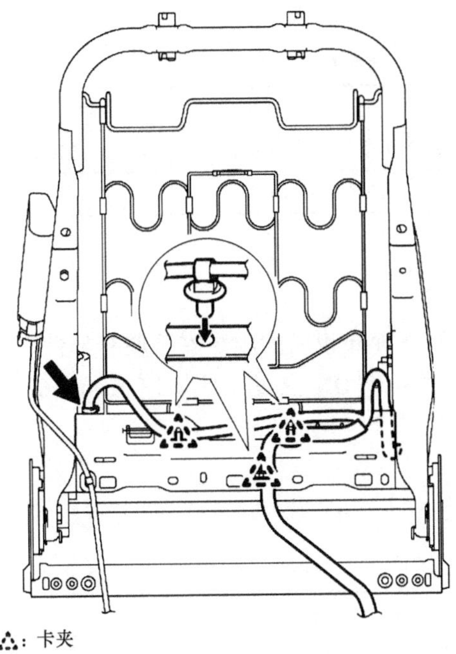

图 5-57

表 5-4

测量条件	运转方向
蓄电池正极(+)→C1-1 蓄电池负极(-)→C1-2	前
蓄电池正极(+)→C1-2 蓄电池负极(-)→C1-1	后

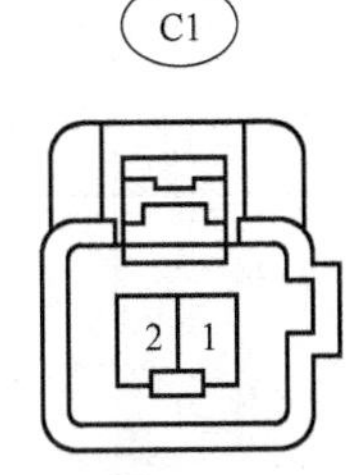

图 5-58

2）检查座椅升降器电动机：检查在将蓄电池连接至升降器电动机插接器端子时，如图 5-59 所示，座椅骨架是否平顺移动。如果结果不符合表 5-5 所示规定，则更换前排座椅总成。

表 5-5

测量条件	运转方向
蓄电池正极(+)→C2-2 蓄电池负极(-)→C2-1	向上
蓄电池正极(+)→C2-1 蓄电池负极(-)→C2-2	向下

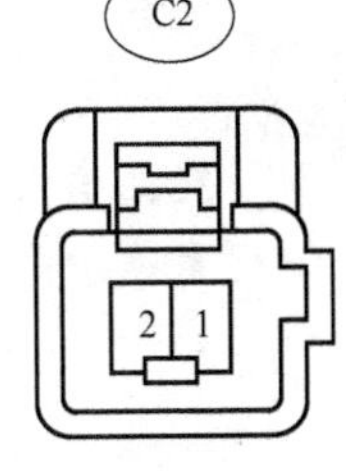

图 5-59

3）检查座椅靠背倾斜调节电动机：检查在将蓄电池连接至靠背倾斜调节电动机插接器端子时，如图 5-60 所示，座椅骨架是否平顺移动。如果结果不符合表 5-6 所示规定，则更换前排座椅总成。

表 5-6

测量条件	运转方向
蓄电池正极(+)→D1-2 蓄电池负极(-)→D1-1	前
蓄电池正极(+)→D1-1 蓄电池负极(-)→D1-2	后

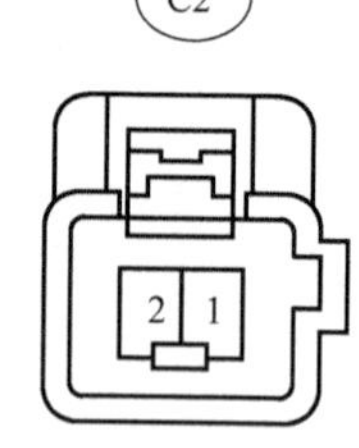

图 5-60

4）重新安装座椅：按照与拆卸相反的顺序安装座椅部件。

5）故障复查：点火开关置于 ON 位置，按动座椅调节开关进行测试，检查故障是否解决。

项目评价

考评项目		自我评价	小组互评	教师评价
素质考评 20	劳动纪律(4 分)			
	安全意识(4 分)			
	环保意识(4 分)			
	团队精神(4 分)			
	协作能力(4 分)			
技能考评 80	工具量使用(10 分)			
	任务方案(15 分)			
	实施过程(30 分)			
	完成结果(15 分)			
	工单填写(10 分)			
合计(100 分)				
综合评价(100 分)				

注意

发生重大事故（人身和设备安全事故）、严重违反维修原则和情节严重的粗暴操作行为等，采取一票否决制。

项目六

电动门锁电路识读及故障诊断

项目描述

电动门锁系统作为现代汽车的一种基本配置，主要的功能是实现集中控制，可以实现所有车门锁同时上锁和开锁。汽车电动门锁系统通常是由控制部分（ECU）、执行机构（门锁执行电机）、门锁机械联动机构和中央门锁开关等组成，本项目将介绍电动门锁（见图6-1）的电路以并对常见的故障进行检修。

图 6-1

学习目标

知识目标

1. 掌握电动门锁基础知识。
2. 学会如何读懂电动门锁工作电路。

技能目标

1. 掌握电动门锁的故障诊断与排除。
2. 培养良好的安全文明操作习惯。

项目要求

1. 时间要求：建议 6 学时。

2. 质量要求：在满足厂家的生产规范及质量要求的前提下，能够熟练快速地诊断与排除故障。

3. 安全要求：严格按照安全操作规程进行项目作业。

4. 文明要求：自觉按照文明生产规则进行项目作业。

5. 环保要求：努力按照环境保护要求进行项目作业。

知识准备

一、电动门锁基础知识

1. 电动门锁控制系统的作用

为使汽车的使用更加方便和安全，大多数轿车上都安装了电动门锁系统。电动门锁既能实现车门的集中锁止和解锁，又能实现单独车门的锁止和解锁。电动门锁按控制模式又可分为主控制电动门锁和单独控制电动门锁。主控制电动门锁开关通常安装在驾驶人侧车门上；单独控制电动门锁开关通常就在相应的车门上。

2. 电动门锁控制系统的组成

电动门锁控制系统由车门解锁检测开关、门锁总成、门锁电动机等组成，其系统图如图 6-2 所示。

乘客车门上的主开关和门控开关发送“锁止/解锁”请求信号至主车身 ECU（或仪表板接线盒）。然后，主车身 ECU 向每个门锁电动机发送这些请求信号，并对输入立即做出响应，锁止/解锁所有车门。

同时，使用机械钥匙控制驾驶人侧门锁，可向主车身 ECU 发出锁止/解锁车门的请求信号。

3. 电动门锁基本工作描述

不同汽车电动门锁的功能和控制电路不同。有些汽车的门锁开关由门锁杆操作；有的汽车用独立开关；有的汽车有多个主门锁开关，驾驶人或乘客都可以把所有的车门锁止或解锁；有的汽车则只有一个主门锁开关和几个单独控制的门锁开关，驾驶人可以操作主门锁控制开关，把所有的车门锁止或解锁，乘客只能操作单独的门锁开关，把对应的车门锁止或解锁。主门锁开关通常安装在驾驶人侧车门上；单独控制的门锁开关通常就在相应的车门上。

二、电动门锁电路图

1. 主门锁总成的工作原理

主门锁总成电路图如图 6-3 所示。

当左前车门门锁总成开关打到“L”档时，主车身 ECU 从电动车窗主开关和驾驶人侧车门锁芯接收到开关信号，然后根据这些信号激活各车门上的门锁电动机，使各车门门锁自动锁止。而当左前门门锁总成开关打到“UL”档时，各车门门锁自动解锁，与此同时，各车门门锁也能自行控制锁止/解锁。

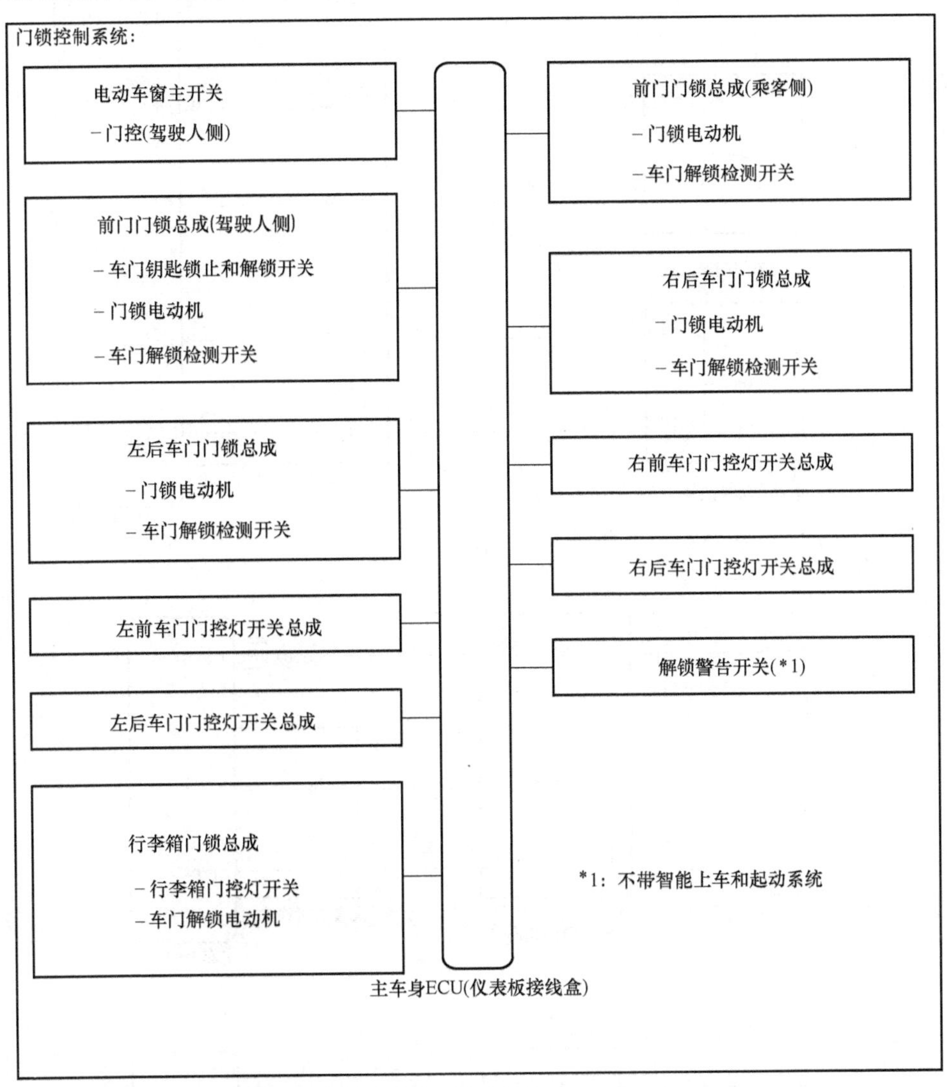

图 6-2

2. 左前车门门锁总成的工作原理

左前车门门锁总成电路图如图 6-4 所示。

电流流向为：蓄电池→25A 熔丝→主车身 ECU（端子 2）→插接器（端子 8）→电动机（端子 4、1）→插接器（端子 9）→ECU（端子 3）。此时门锁开关仅能控制左前车门门锁的开闭。

3. 右前车门门锁总成的工作原理

右前车门门锁总成电路图如图 6-5 所示。

电流流向为：蓄电池→25A 熔丝→主车身 ECU（端子 2）→插接器（端子 17）→电动机（端子 4、1）→插接器（端子 18）→ECU（端子 3）。此时门锁开关仅能控制右前车门门锁的开闭。

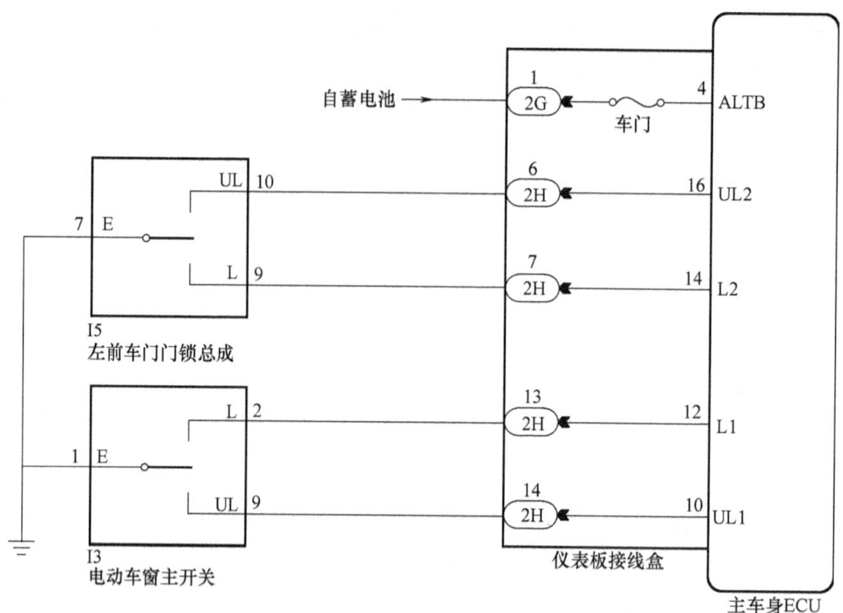

图 6-3

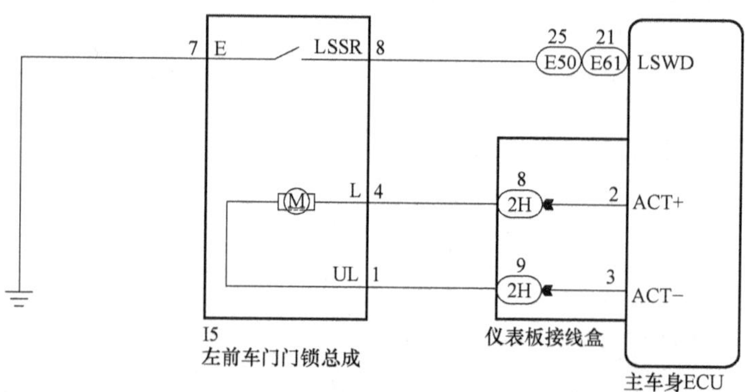

图 6-4

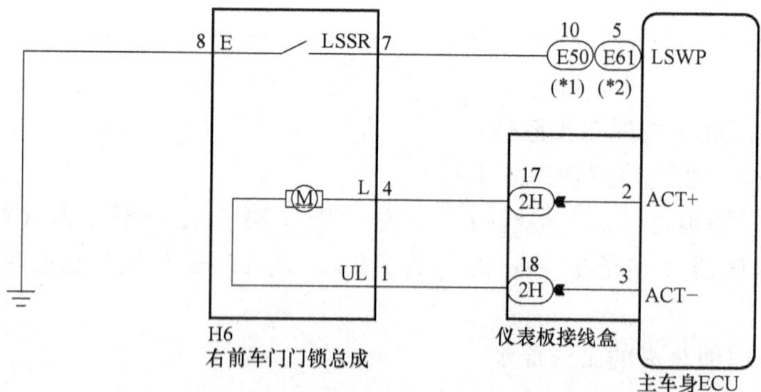

图 6-5

4. 左后车门门锁总成的工作原理

左后车门门锁总成电路图如图 6-6 所示。

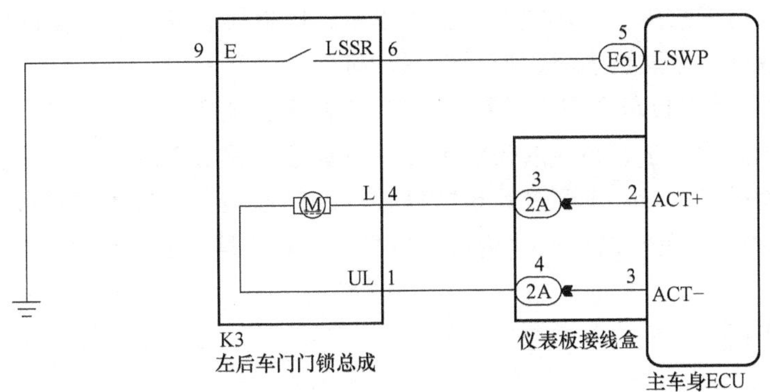

图 6-6

电流流向为：蓄电池→25A 熔丝→主车身 ECU（端子 2）→插接器（端子 3）→电动机（端子 4、1）→插接器（端子 4）→ECU（端子 3）。此时门锁开关仅能控制左后车门门锁的开闭。

5. 右后车门门锁总成的工作原理

右后车门门锁总成电路图如图 6-7 所示。

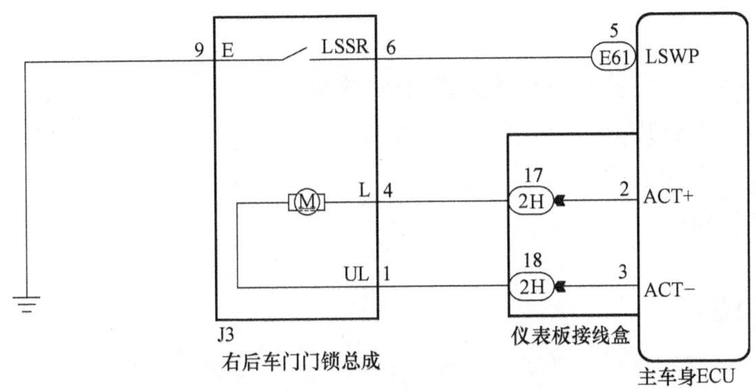

图 6-7

电流流向为：蓄电池→25A 熔丝→主车身 ECU（端子 2）→插接器（端子 17）→电动机（4、1）→插接器（端子 18）→ECU（端子 3）。此时车门门锁仅能控制右后车门门锁的开闭。

故障分析

在故障排除过程中，首先应确认故障现象并准确判明，应该摒弃臆断以便做出准确的判断。电动门锁的常见故障有：通过主开关不能操控所有车门门锁的锁止/解锁、通过单个开关不能操控单个车门门锁的锁止/解锁。

1. 主开关不能操控所有门锁锁止/解锁的主要原因

1）主开关故障：主开关触点烧蚀，搭铁点锈蚀或松动，开关烧蚀应更换，搭铁应清洁并紧固。

2）线束和插接器故障：主要表现在继电器或熔断器故障，线束或插接器出现短路或断路故障，搭铁不良等故障，应更换线束和插接器或清洁紧固搭铁。

3）前门门锁总成故障：总成损坏或搭铁不良，应更换总成或清洁紧固搭铁。

4）电动机故障：电动机损坏，应更换电动机。

2. 单个开关不能操控单个车门门锁锁止/解锁的主要原因

1）门锁总成故障：总成损坏或搭铁不良，应更换总成或清洁紧固搭铁。

2）线束和插接器故障：主要是线束或插接器断路或短路，继电器或熔断器故障，搭铁不良等，此时应相应地更换线束或插接器、更换继电器或熔断器、清洁紧固搭铁。

项目路径

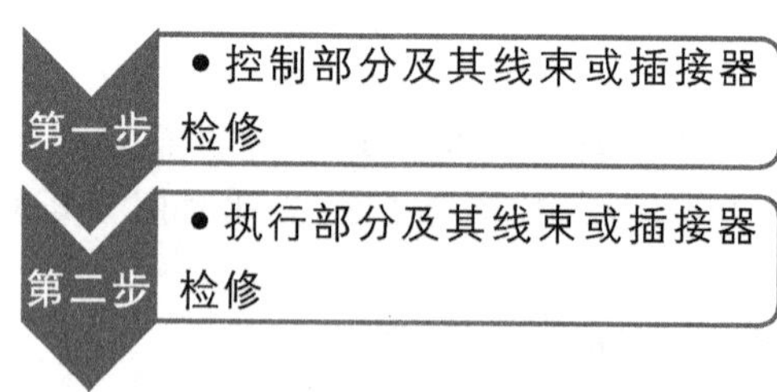

项目准备

1）车辆及附件：卡罗拉轿车、电动门锁实验台。

2）普通工具：螺钉旋具。

3）专用工具：万用表。

4）其他工具器材。

项目实施

活动一　主开关不能控制所有门锁锁止/解锁

第一步　控制部分及其线束或插接器检修

1. 检查门锁熔丝

1）将门锁熔丝从仪表板接线盒上拆下。

2）根据表6-1中的值测量电阻。

表6-1

检测仪连接	条件	规定状态
DOOR熔丝	始终	小于1Ω

3）如果异常，则更换熔丝；若正常，则进行下一步检查。

2. 检查车门锁止操作

检查车门锁止操作，如果所有车门无法通过主开关进行开闭，则用智能检测仪，读取主

车身 ECU 的相关数据。根据表 6-2 检查主车身 ECU 的工作情况。

表 6-2

检测仪显示	测量项目/范围	正常状态
Door Lock SW-Lock	车门手动锁止开关信号/ON 或 OFF	ON:电动车窗升降器主开关上的门控开关按至锁止位置 OFF:电动车窗升降器主开关上的门控开关按下
Door Lock SW-Unlock	车门手动解锁开关信号/ON 或 OFF	ON:电动车窗升降器主开关上的门控开关按至解锁位置 OFF:电动车窗升降器主开关上的门控开关按下

当操作主开关时，智能检测仪的显示应该如表 6-2 中情况所示，如果显示正常，则说明主车身 ECU 出现故障，需要更换主车身 ECU；如果显示异常，则需进行下一步检查。

3. 检查电动车窗主开关

1）拆下电动车窗主开关，其端子如图 6-8 所示。

2）根据表 6-3 中的值测量电阻。

表 6-3

检测仪连接	条件	规定状态
1-2	锁止	小于 1Ω
1-2 1-9	OFF(松开)	10kΩ 或更大
1-9	解锁	小于 1Ω

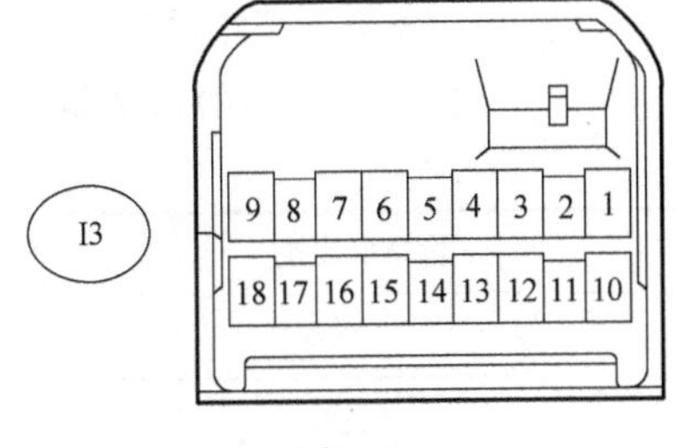

图 6-8

如果异常，则需更换电动车窗主开关；如正常，则进行下一步检查。

4. 检查线束和插接器（电动车窗主开关电路）

1）断开仪表板接线盒插接器，如图 6-9 所示。

2）根据表 6-4 中的值测量电阻。

表 6-4

检测仪连接	条件	规定状态
I3-2(L)-2H-13	始终	小于 1Ω
I3-9(UL)-2H-14	始终	小于 1Ω
I3-1(E)-车身搭铁	始终	小于 1Ω
2H-13-车身搭铁	始终	10kΩ 或更大
2H-14-车身搭铁	始终	10kΩ 或更大

如异常，则维修或更换线束或插接器；若正常，则需更换主车身 ECU。

线束插接器前视图：(至电动车窗主开关)

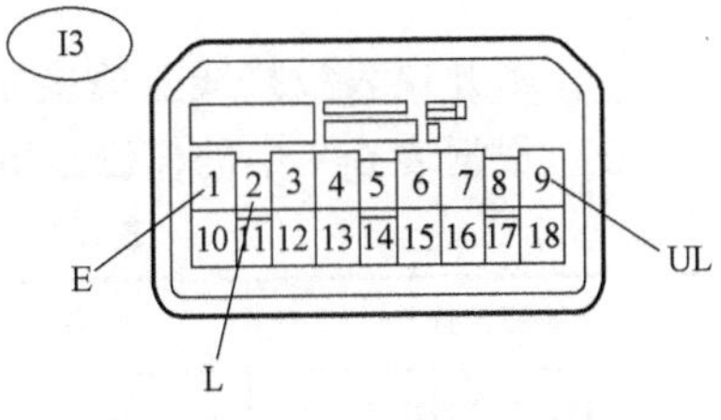

线束插接器前视图：(至仪表板接线盒)

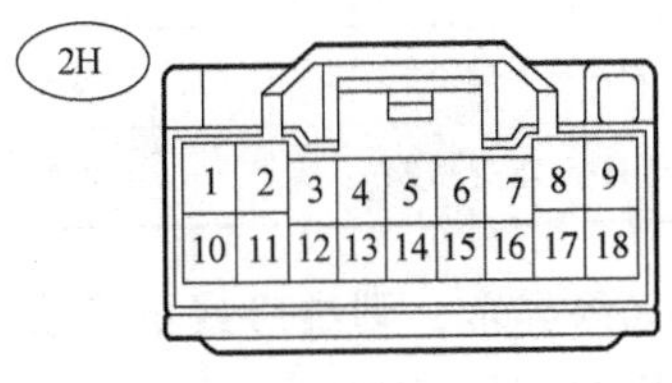

图 6-9

第二步　执行部分及其线束或插接器检修

1. 用智能检测仪检测车门钥匙联动锁止和解锁开关

参考图 6-10，使用智能检测仪，读取数据表。

如果各项检测按照表 6-5 在“ON”和“OFF”之间变化，则需更换主车身 ECU；如果异常，则进行下一步检查。

表 6-5

检测仪显示	测量项目/范围	正常状态	诊断备注
Door Key SW-Lock	车门钥匙联动锁止开关信号/ON 或 OFF	ON：驾驶人侧车门锁芯转至锁止位置 OFF：驾驶人侧车门锁芯未转动	—
Door Key SW-Unlock	车门钥匙联动解锁开关信号/ON 或 OFF	ON：驾驶人侧锁芯转至解锁位置 OFF：驾驶人侧车门锁芯未转动	—

没有线束连接的零部件：
(前门门锁(驾驶人侧))

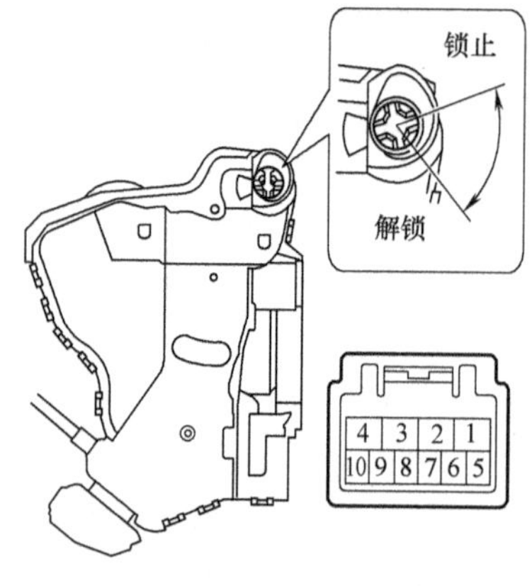

图 6-10

2. 检查前车门门锁总成

1）拆下左前车门门锁总成。

2）根据表 6-6 中的值测量电阻。

表 6-6

检测仪连接	条件	规定状态
7-9	ON(门锁设置为锁止)	小于 1Ω
7-9 7-10	OFF(松开)	10kΩ 或更大
7-10	ON(门锁设置为解锁)	小于 1Ω

如果异常，则更换前车门门锁总成；如果正常，则进行下一步检查。

3. 检查线束和插接器（车门钥匙联动锁止/解锁开关电路）

1）断开仪表板接线盒插接器，如图 6-11 所示。

2）根据表 6-7 中的值测量电阻。

表 6-7

检测仪连接	条件	规定状态
I5-9(L)-2H-7	始终	小于 1Ω
I5-10(UL)-2H-6	始终	小于 1Ω
2H-7-车身搭铁	始终	10kΩ 或更大
2H-6-车身搭铁	始终	10kΩ 或更大

如果异常，则维修或更换线束或插接器；如果正常，则更换主车身 ECU。

线束插接器前视图：(至前门门锁)

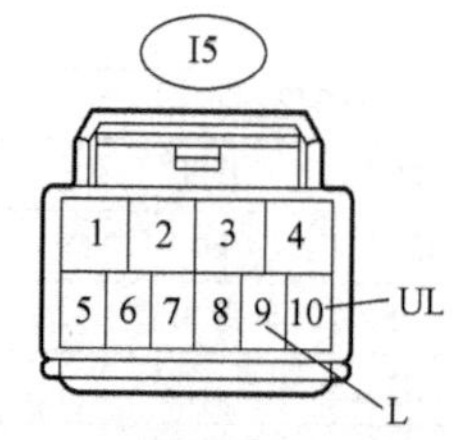

线束插接器前视图：(至仪表板接线盒)

图 6-11

活动二　单个开关不能操控单个车门门锁锁止/解锁（以右前车门为例）

1. 检查前车门门锁总成

1）拆下前排乘客侧车门门锁总成。

2）参照图6-12，根据表6-8中的值测量电阻。

表6-8

检测仪连接	测量条件	门锁状态	规定状态
7-8	蓄电池正极(+)→端子4 蓄电池负极(-)→端子1	锁止	10kΩ或更大
7-8	蓄电池正极(+)→端子1 蓄电池负极(-)→端子4	解锁	小于1Ω

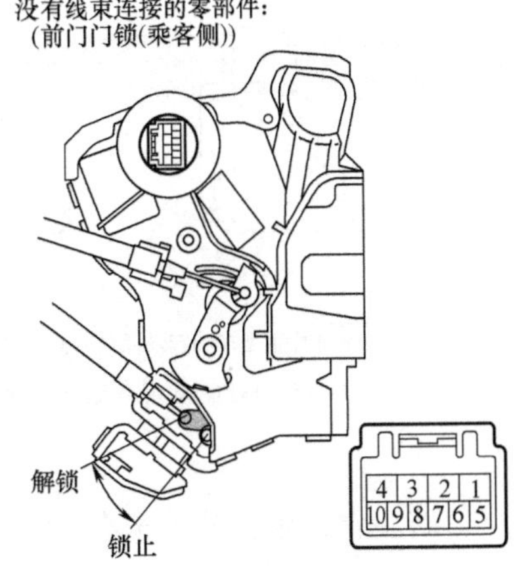

图6-12

如果异常，则更换右前车门门锁总成；如果正常，则进行下一步检查。

2. 检查线束和插接器（右前车门门锁电动机电路）

1）断开仪表板接线盒，如图6-13所示。

2）根据表6-9中的值测量电阻。

表6-9

检测仪连接	条件	规定状态
H6-4(L)-2H-17	始终	小于1Ω
H6-1(UL)-2H-18	始终	小于1Ω
2H-17-车身搭铁	始终	10kΩ或更大
2H-18-车身搭铁	始终	10kΩ或更大

线束插接器前视图:(至前门门锁)

线束插接器前视图:(至仪表板接线盒)

2H

1 2 3 4 5 6 7 8 9
10 11 12 13 14 15 16 17 18

图6-13

如果异常，则维修或更换线束或插接器；如果正常，则进行下一步检查。

3. 检查线束和插接器（车门解锁检测开关电路）

1）断开主车身ECU插接器，如图6-14所示。

2）根据表6-10中的值测量电阻。

表6-10

检测仪连接	条件	规定状态
H6-7(LSSR)-E61-5(LSWP)(*1)	始终	小于1Ω
H6-7(LSSR)-E50-10(LSWP)(*2)	始终	小于1Ω
H6-7(LSSR)-车身搭铁	始终	10kΩ或更大
H6-8(E)-车身搭铁	始终	小于1Ω

注：*1：不带智能上车和起动系统及自动灯控。

*2：带智能上车和起动系统及自动灯控。

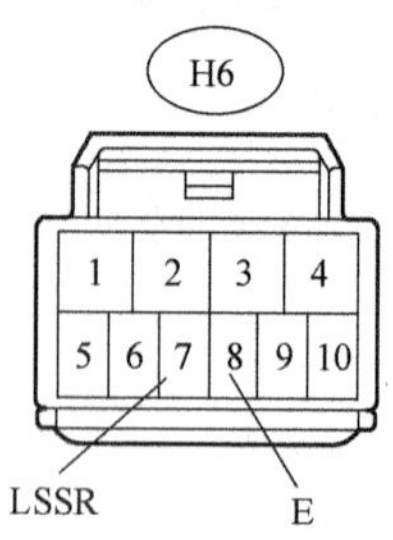

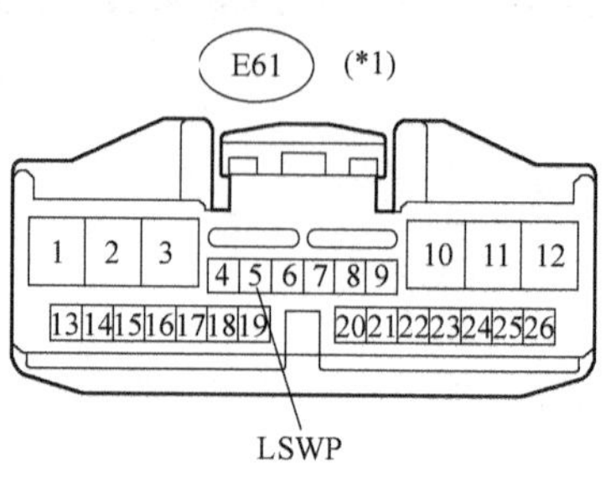

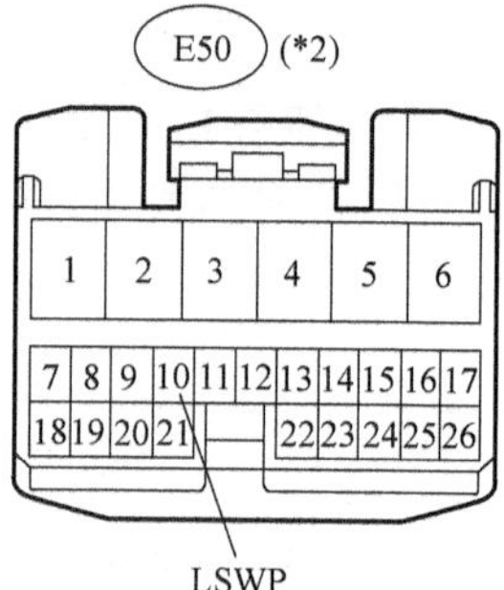

*1 ：不带智能上车和起动系统及自动灯控

*2 ：带智能上车和起动系统及自动灯控

图 6-14

若正常，则更换主车身 ECU；若异常，则维修或更换线束或插接器。

项目评价

考评项目		自我评价	小组互评	教师评价
素质考评 20	劳动纪律(4 分)			
	安全意识(4 分)			
	环保意识(4 分)			
	团队精神(4 分)			
	协作能力(4 分)			
技能考评 80	工具量使用(10 分)			
	任务方案(15 分)			
	实施过程(30 分)			
	完成结果(15 分)			
	工单填写(10 分)			
合计(100 分)				
综合评价(100 分)				

注意

发生重大事故（人身和设备安全事故）、严重违反维修原则和情节严重的粗暴操作行为等，采取一票否决制。

07

项目七

电动后视镜电路识读及故障诊断

项目描述

张先生驾驶一辆丰田轿车回家，发现左后视镜角度不对，于是对其调整，可无论怎么调整左后视镜纹丝不动，但是右后视镜却正常，请您根据此现象，为张先生解决该问题。

学习目标

知识目标

1. 了解电动后视镜的结构组成。
2. 掌握电动后视镜的原理和功用。
3. 掌握读懂电动后视镜工作电路的方法。

技能目标

1. 能够对电动后视镜的故障进行诊断与排除。
2. 培养良好的安全文明操作习惯。

项目要求

1. 时间要求：建议6学时。
2. 质量要求：在满足厂家的生产规范及质量要求的前提下，能够熟练快速地诊断与排除故障。
3. 安全要求：严格按照安全操作规程进行项目作业。
4. 文明要求：自觉按照文明生产规则进行项目作业。
5. 环保要求：努力按照环境保护要求进行项目作业。

知识准备

一、电动后视镜基础知识

后视镜也称倒车镜，安装在汽车前部左右两侧车门上，是汽车必备的安全装置之一，后视镜的作用是供驾驶人观察汽车两侧及后方的车辆、行人及其他情况。后视镜的调节可分为手动操作和电动操作两种，采用电动调节的后视镜称为电动后视镜，目前的中、高档轿车大多采用了此种配置，使驾驶人可以更好地观察车辆后方、侧方、下方的情况。

1. 电动后视镜的组成

电动后视镜主要由左右选择开关（选择左侧或右侧电动后视镜，如图 7-1 所示）、操作开关（控制电动后视镜的调节方向）、控制电路、电动后视镜外壳、后视镜片、电动后视镜片固定架、驱动电动机，传动和执行机构及连接件等组成，如图 7-2 所示。

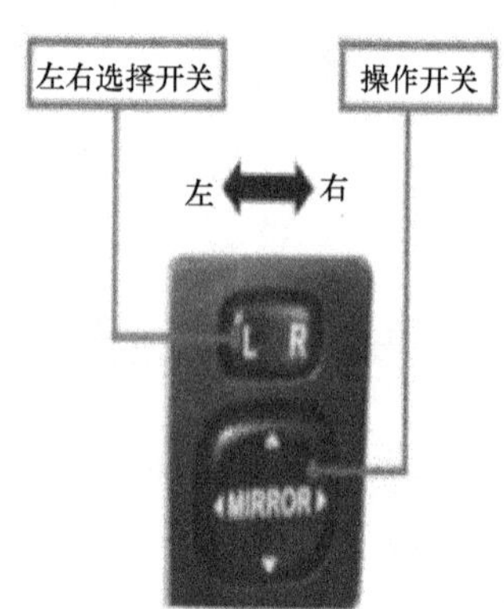

图 7-1

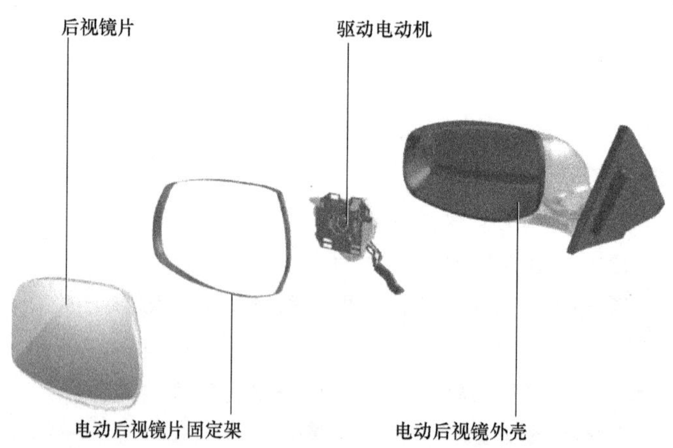

图 7-2

2. 电动后视镜的工作原理

调节电动后视镜，需要先用选择开关选择需要调节的电动后视镜（左或右），再通过调节开关控制电动机使后视镜上下和左右转动，然后通过电动后视镜背后的电动机和驱动器，操纵后视镜片上下及左右转动。通常上下方向的转动用一个电动机控制，左右方向的转动由另一个电动机控制。通过改变电动机的电流方向，即可完成后视镜的上下及左右调整，调节角度一般为 20°～30°。

3. 电动后视镜的作用

采用电动后视镜，通过开关进行调整后，可使驾驶人获得更加理想的后视线，如图 7-3 所示，以确保行车的安全，目前电动后视镜已被广泛应用于中高档汽车上面。

二、电动后视镜电路识读

图 7-3

电动后视镜工作电路如图 7-4 所示。

如图 7-4 所示，打开点火开关后，通过选择开关选择左侧后视镜，再通过操作开关选择向上调节，此时开关端子 4-8 接通，开关端子 6-7 接通，电流的路径如图 7-4 箭头所示：蓄电池（+）→熔丝（ACC）→开关端子 8→开关端子 4→左侧电动机 MV→中间插接器→开关端子 6→开关端子 7→E1（搭铁）→电源

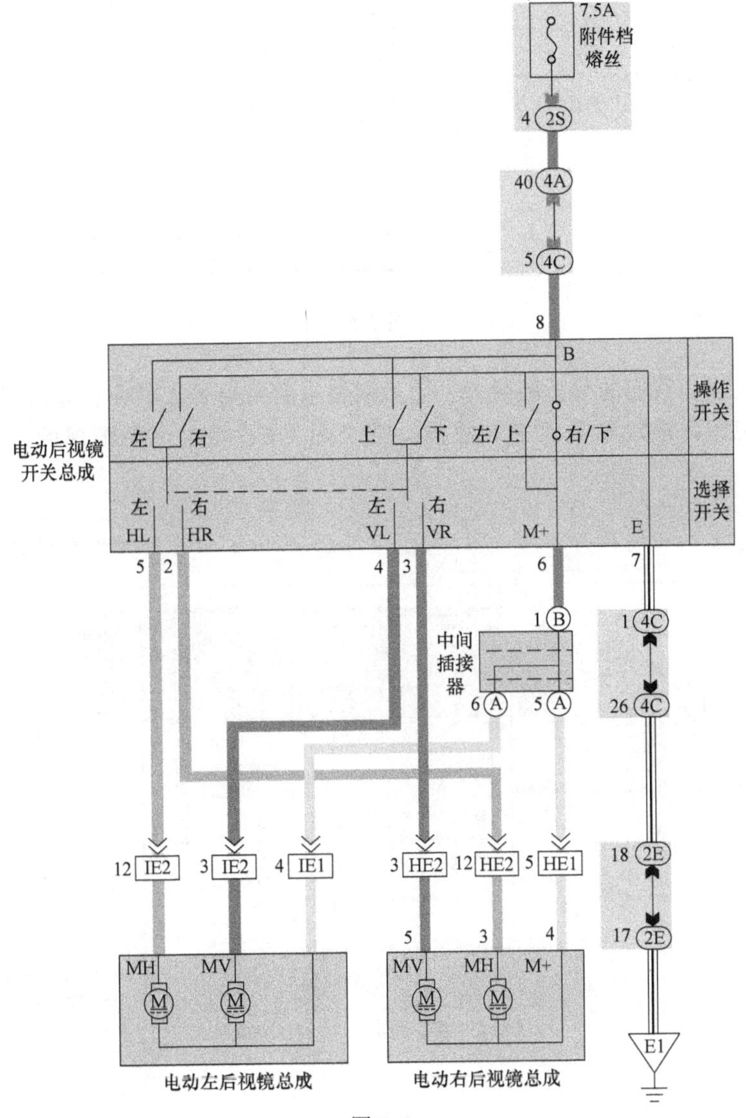

图 7-4

(－)。这样左侧电动机 MV 通电产生转矩后，从而带动左侧后视镜向上调节。

故障分析

在汽车行驶过程中，电动后视镜可使驾驶人获得更加理想的后视线，以确保行车的安全。如果电动后视镜某一个部件或线路出现故障，例如，汽车左侧后视镜因驱动电动机损坏而导致后视镜无法调节，那么在行驶途中，将会使驾驶人不能清楚地观察到车辆左侧后方的状况，从而可能影响行车安全。通常，电动后视镜比较常见的故障现象有五种，如图 7-5 所示。

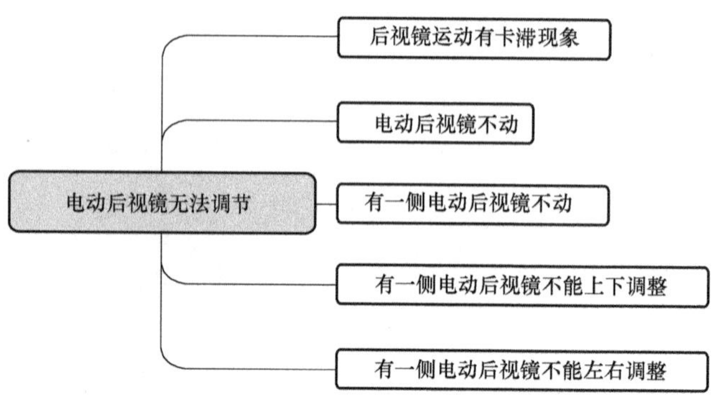

图 7-5

针对这些故障，我们的分析路径为：①后视镜电路线路是否断路；②后视镜开关是否存在故障；③后视镜内电动机是否存在故障。结合图 7-6，将对可能出现的故障点逐一进行分析。

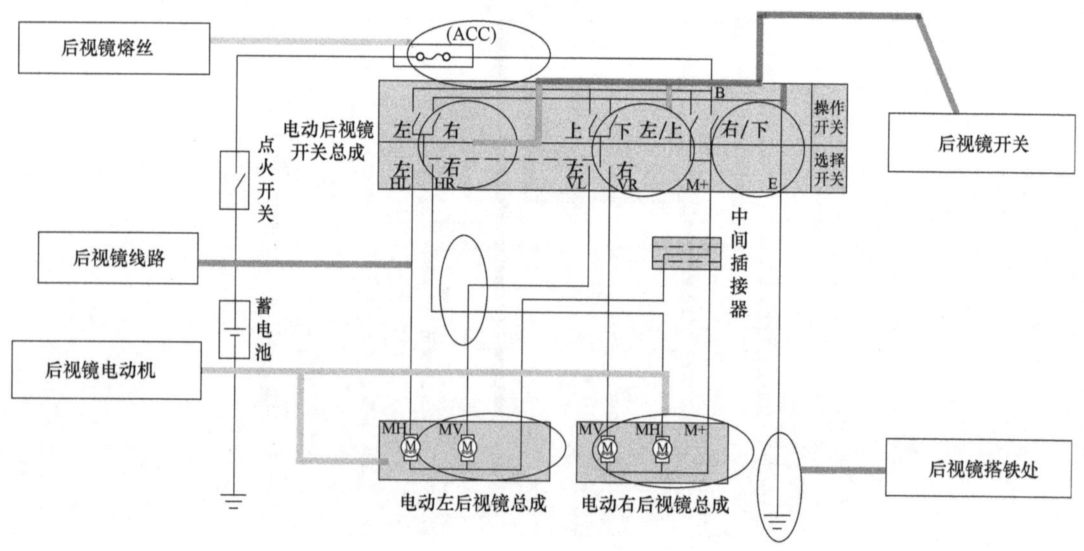

图 7-6

一、后视镜线路

如图 7-7 所示，后视镜电路由蓄电池、点火开关、熔丝、选择开关、操作开关、电动机、中间插接器和搭铁处等关键部件组成，并通过线路将它们连接起来，所以任何一处线路出现断路或接触不良，都会导致此处电路电流不通，无法使后视镜中驱动电动机正常运转，而出现后视镜无法调节的现象发生，具体线路断路位置可根据发生的故障现象检查确定。

二、熔丝故障分析

如图 7-7 所示，熔丝控制两侧的电动后视镜，如果熔丝熔断，两侧的后视镜均会出现无法调节的现象。

三、后视镜搭铁不良

后视镜搭铁不良，主要指后视镜的搭铁线连接处有松动或腐蚀。后视镜搭铁不良，也会造成后视镜无法调节。

四、后视镜开关故障分析

后视镜开关是后视镜系统的控制部件，分为选择开关和操作开关。开关的常见故障有触点开关故障和机械故障。如触点接触不良故障，则需要对开关电路进行进一步测试；开关机械故障一般为开关插接器破损或断裂等故障。

五、后视镜电动机故障分析

后视镜的上下左右调节，主要是靠后视镜内的两个调节电动机通电控制的，所以调节电动机的烧毁或损坏会直接影响到后视镜正常的调节。一般情况下确定是后视镜电动机问题后，通常需更换后视镜调节电动机总成。

项目路径

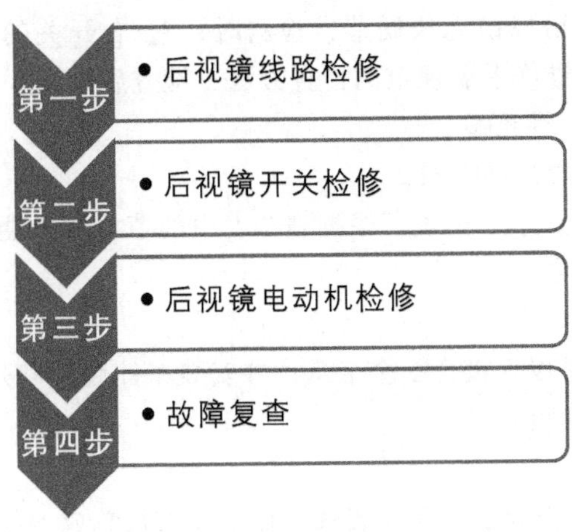

项目准备

1）车辆及附件：卡罗拉轿车、电动后视镜实验台。

2）普通工具：扭力扳手、翼子板护裙、转向盘护套、变速杆护套、座椅护套和脚垫。

3）专用工具：旋具、万用表、电动后视镜、后视镜开关。

4）其他工具器材。

项目实施

第一步　后视镜线路检修

检查车外后视镜电路是否搭铁不良，线路连接是否松动，插接器连接是否松动，如有异常，应修复或紧固。

第二步　后视镜开关检修

1. 后视镜开关的拆卸

1）打开发动机舱盖，安装发动机保护垫，拆卸蓄电池负极。

2）进入驾驶室，拆卸仪表板下装饰板总成；脱开 6 个卡爪和 3 个卡子；断开每个插接器，拆下仪表板下装饰板总成，如图 7-7 所示。

3）在仪表板下装饰板总成上，脱开 2 个卡爪并拆下车外后视镜开关总成，如图 7-8 所示。

拆卸时注意底座衬板的卡子。

2. 后视镜开关的检查

根据故障现象，左侧后视镜无法调节，检测时，左/右开关的调整按钮应置于 L 位置，如图 7-9 所示。然后按照维修手册规定的检查方法，检查后视镜开关，步骤如下：

1）选用数字万用表，并校零。

2）查阅维修手册 MI170 ~ MI181。

3）将左/右调整开关置于 L 位置，根据表 7-1 中的值测量电阻，如果结果不符合规定，则更换电动后视镜开关总成。

3. 后视镜开关的安装

1）安装后视镜开关总成：接合 2 个卡爪，并安装车外后视镜开关总成。

2）安装仪表板下装饰板总成。

① 连接每个插接器。

② 接合 6 个卡爪和 3 个卡子，并安装仪表板下装饰板总成，如图 7-10 所示。

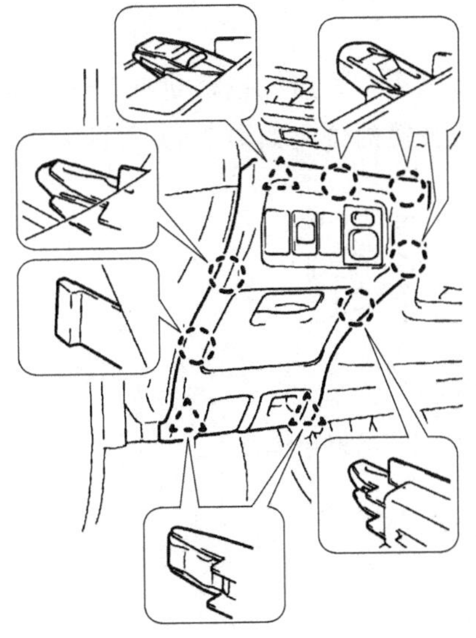
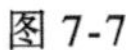

图 7-7

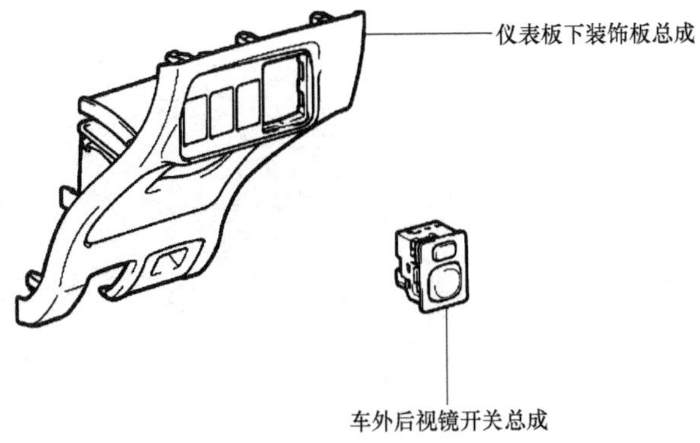

图 7-8

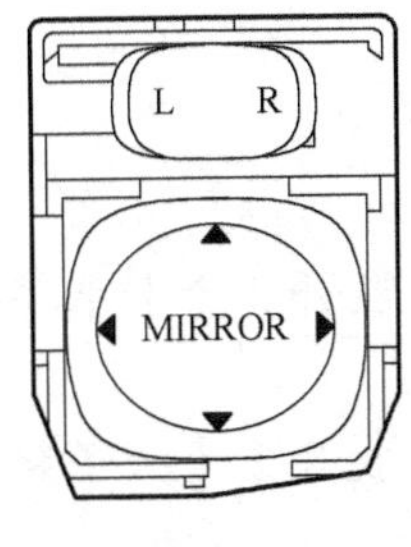

图 7-9

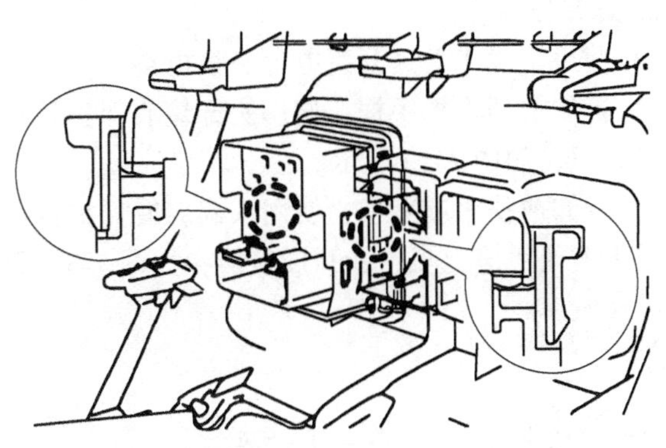

图 7-10

表 7-1

检测仪连接	开关条件	规定状态
4(VL)-8(B) 6(M+)-7(E)	UP	小于 1Ω
	OFF	10kΩ 或更大
4(VL)-7(E) 6(M+)-8(B)	DOWN	小于 1Ω
	OFF	10kΩ 或更大
5(HL)-8(B) 6(M+)-7(E)	LEFT	小于 1Ω
	OFF	10kΩ 或更大
5(HL)-7(E) 6(M+)-8(B)	RIGHT	小于 1Ω
	OFF	10kΩ 或更大

第三步　后视镜电动机检修

通过前两步的检查，如果没有发现故障，则故障可能出在车外后视镜电动机，结合故障现象，需要对左侧车外后视镜进行拆卸检查。左侧车外后视镜的位置如图 7-11 所示。

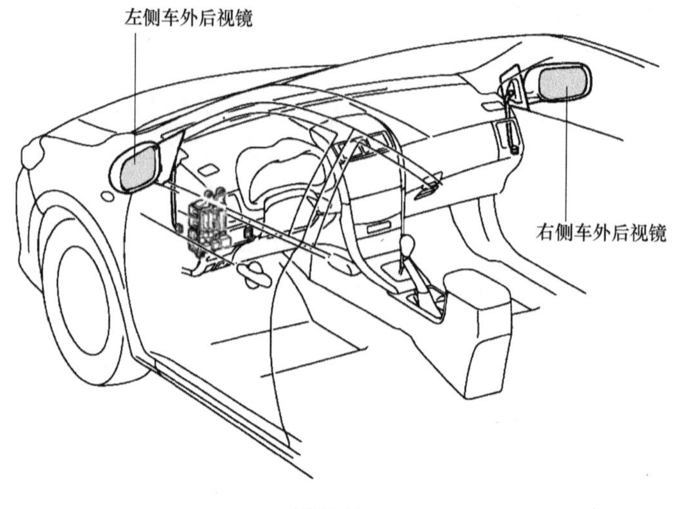

图 7-11

1. 拆卸外后视镜

1）使用正确工具断开蓄电池负极电缆。

2）拆卸前门内把手框：使用头部缠有保护性胶带的螺钉旋具，脱开 3 个卡爪并拆下前门内把手框，如图 7-12 所示。

3）拆卸前扶手座上板：使用头部缠有保护性胶带的螺钉旋具，脱开 2 个卡子和 6 个卡爪，拆下前扶手座上板；断开插接器，如图 7-13 所示。

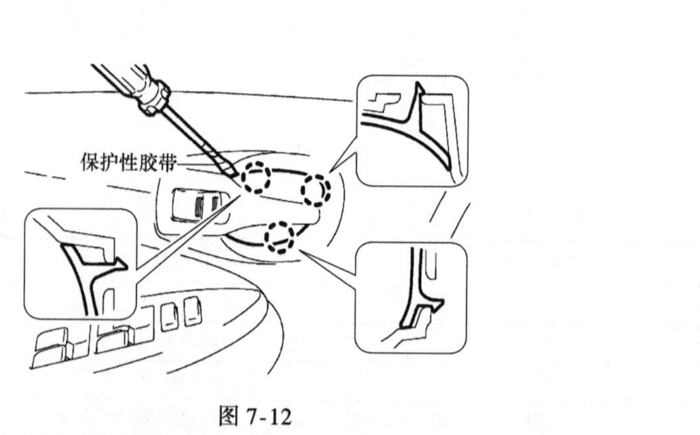

图 7-12

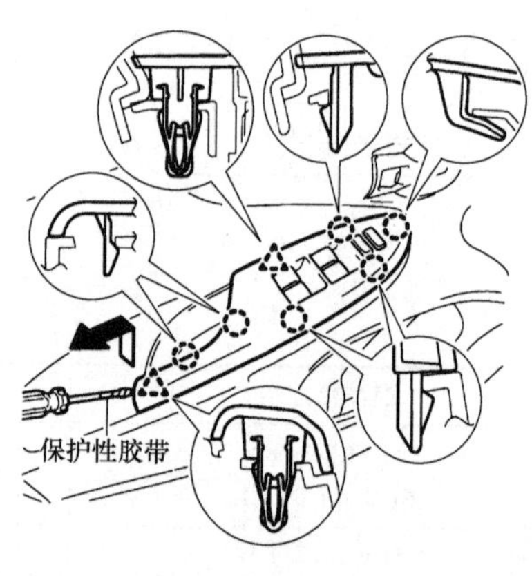

图 7-13

4）拆卸门控灯总成：使用头部缠有保护性胶带的螺钉旋具，脱开卡爪并拆下门控灯总成，如图 7-14 所示；断开插接器。

5）拆卸前门装饰板分总成：使用头部缠有保护性胶带的螺钉旋具，如图 7-15 所示，脱开卡爪并断开车门扶手盖；拆卸螺钉，如图 7-16 所示。

① 使用卡子拆卸工具，脱开 9 个卡子，如图 7-17 所示。

② 脱开 5 个卡爪并从前门玻璃内密封条上分开前门装饰板分总成。

③ 脱开 2 个卡爪，并断开前门内把手分总成，如图 7-18 所示。

6）拆卸前门下门框支架装饰条：脱开卡子和卡夹，并拆下前门下门框支架装饰条；断开插接器，如图 7-19 所示。

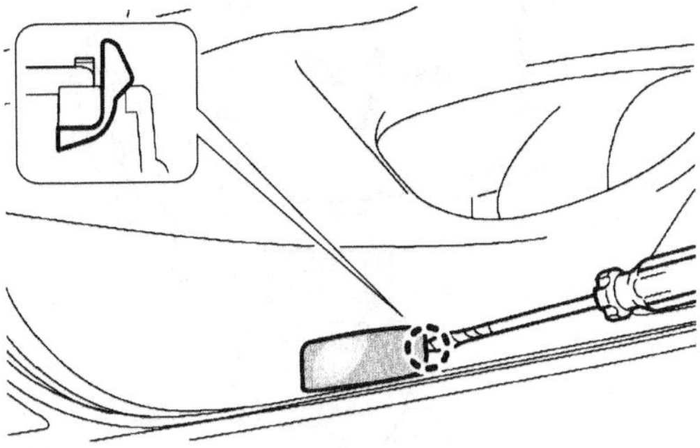

图 7-14

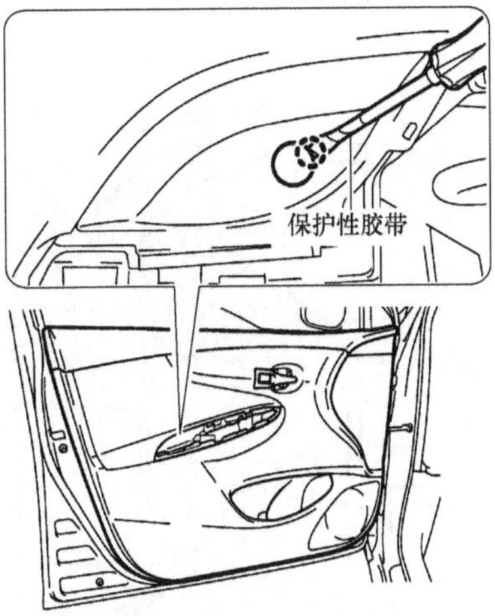

图 7-15

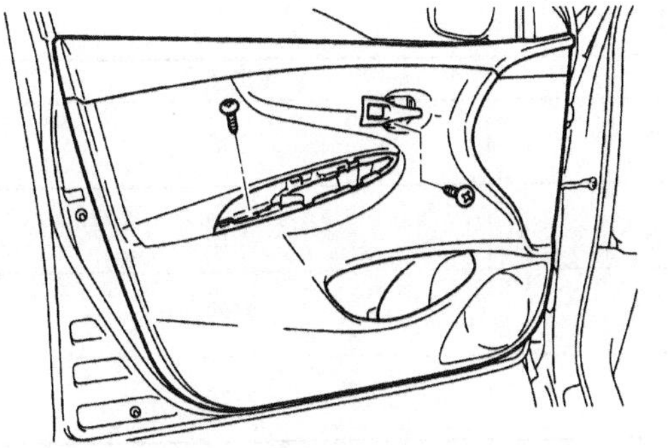

图 7-16

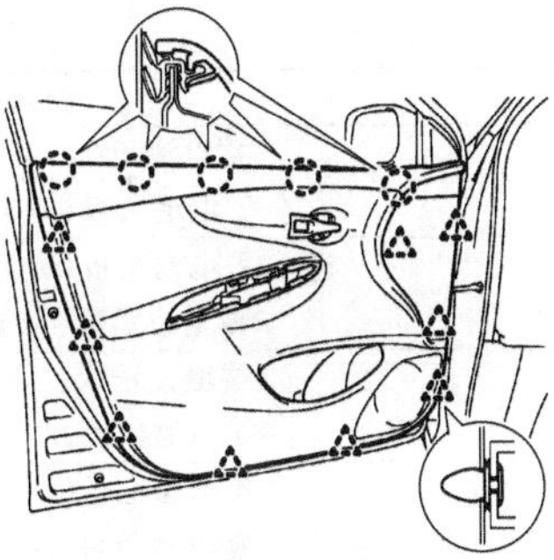

图 7-17

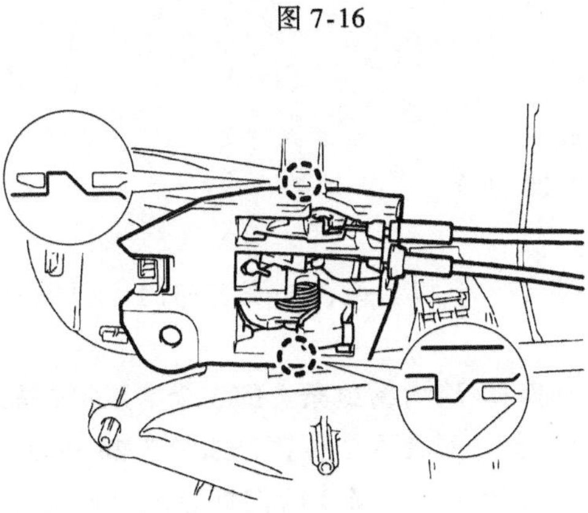

图 7-18

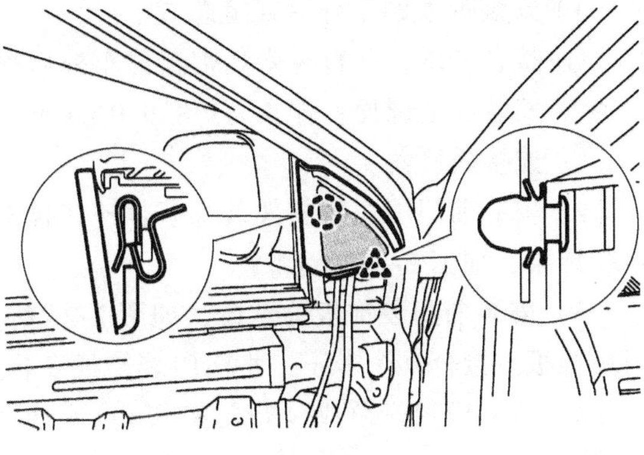

图 7-19

7）断开线束插接器，拆下3个固定螺栓，然后拆下带盖的车外后视镜总成，如图7-20所示。

2. 外后视镜检测

1）断开后视镜插接器。

2）向插接器端子施加蓄电池电压并检查后视镜的工作情况。正确的检查结果参考图7-21，如果结果不符合表7-2的规定，更换左侧车外后视镜总成。

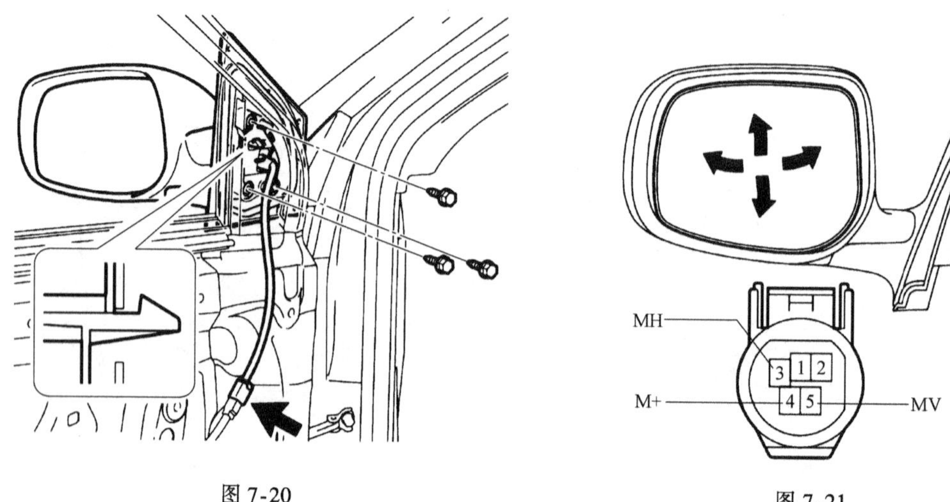

图 7-20

图 7-21

表 7-2

测量条件	规定状态
蓄电池正极(+)→端子5(MV) 蓄电池负极(-)→端子4(M+)	上翻
蓄电池正极(+)→端子4(M+) 蓄电池负极(-)→端子5(MV)	下翻
蓄电池正极(+)→端子3(MH) 蓄电池负极(-)→端子4(M+)	左转
蓄电池正极(+)→端子4(M+) 蓄电池负极(-)→端子3(MH)	右转

3. 外后视镜安装

1）安装带盖的车外后视镜总成。

① 接合卡爪，并暂时安装带盖的车外后视镜总成。

② 安装3个螺栓；拧紧力矩：9.0N·m，如图7-22所示。

③ 连接插接器。

2）安装前门下门框支架装饰条：连接插接器。接合卡子和卡夹，并安装前门下门框支架装饰条，如图7-23所示。

3）安装前门装饰板分总成，如图7-24所示。用前门玻璃内密封条上的5个卡爪接合前门装饰板。接合9个卡子，将前门装饰板安装到前门板上，安装两个螺钉，如图7-24所示。

4）安装门控灯总成（带门控灯）：连接插接器；接合卡爪，安装门控灯总成，如图7-25所示。

5）安装前扶手座上板：连接插接器；接合 2 个卡子和 6 个卡爪，安装前扶手座上板，如图 7-26 所示。

6）安装前门内把手框：接合 3 个卡爪，安装前门内把手框，如图 7-27 所示。

7）安装蓄电池负极电缆：使用正确工具将电缆连接到蓄电池负极端子。

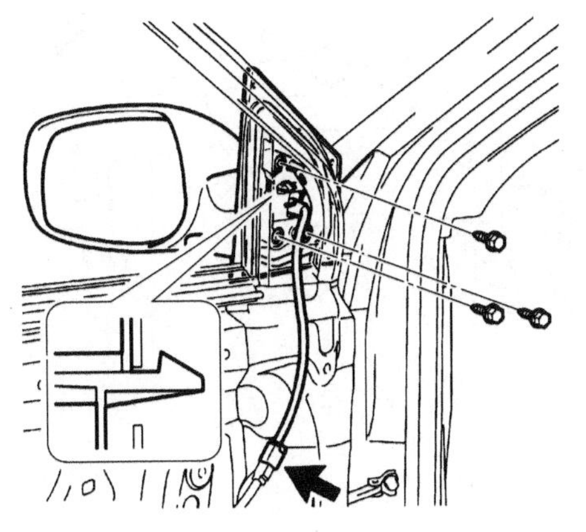

图 7-22

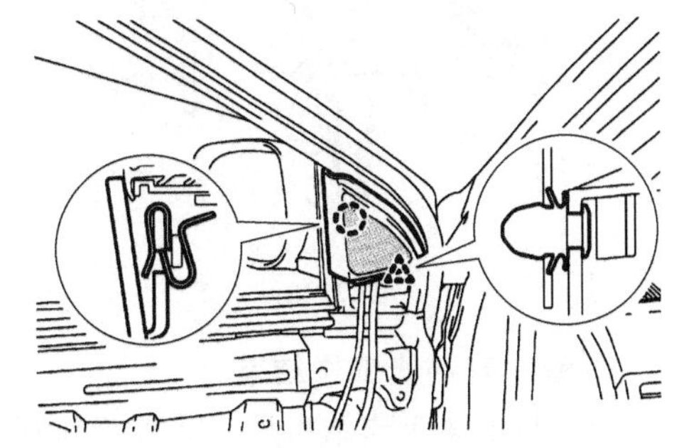

图 7-23

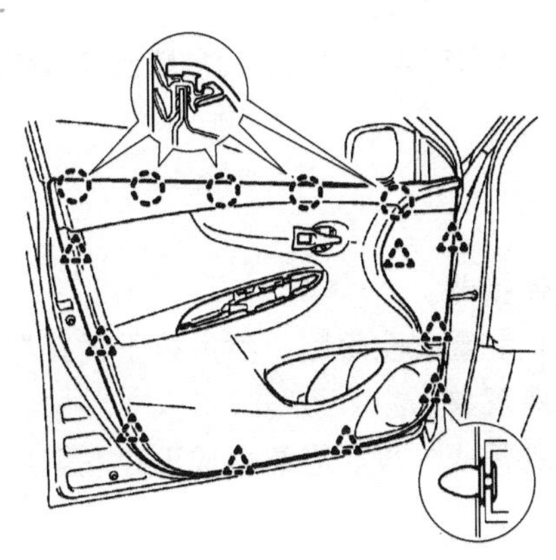

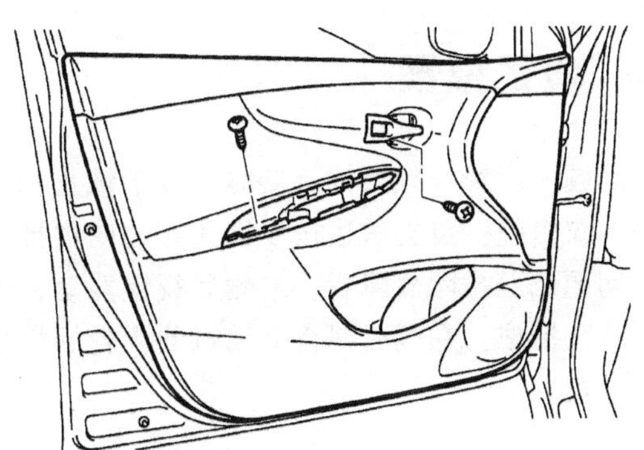

图 7-24

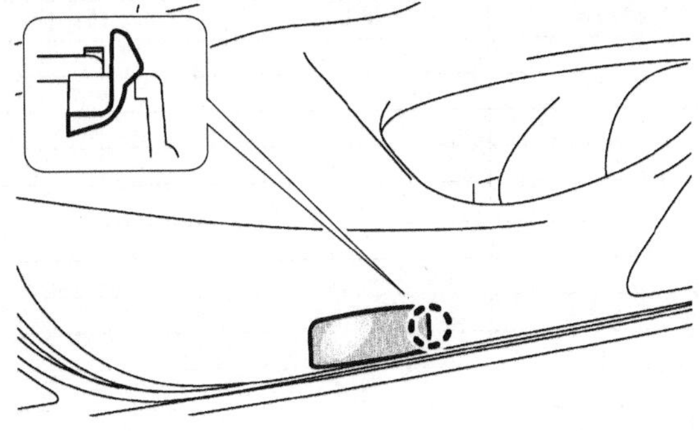

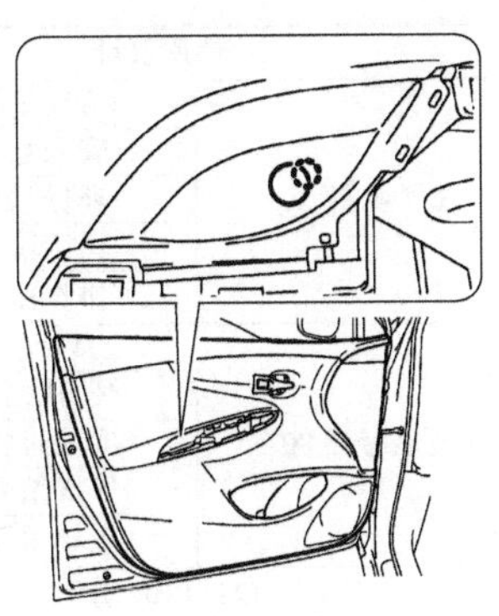

图 7-25

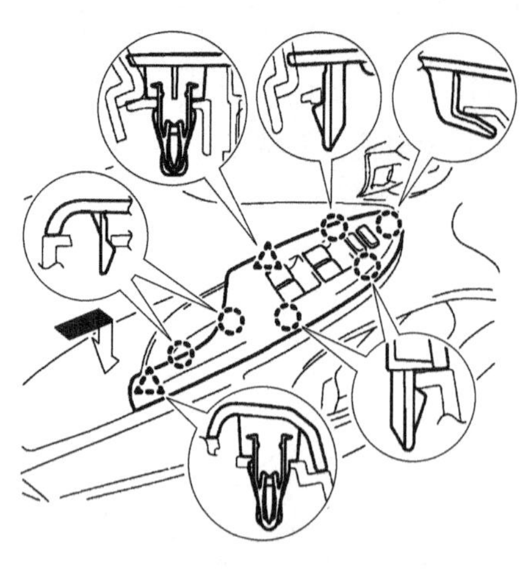

图 7-26

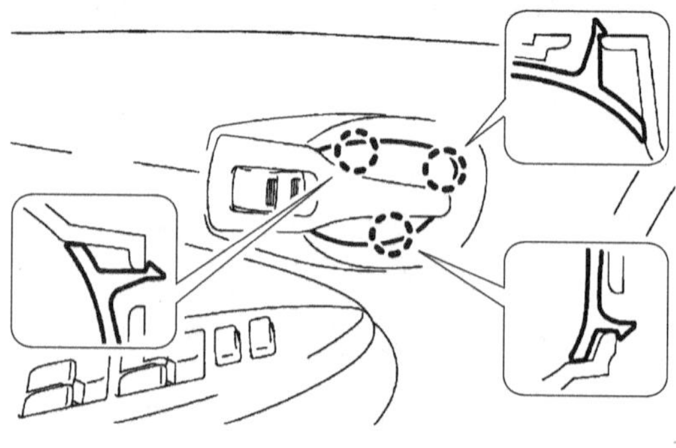

图 7-27

4. 诊断与维修工作结束

诊断与维修工作结束后，清理工作现场。

第四步　故障复查

打开电动后视镜开关，检查电动后视镜工作状态，工作状态正常，说明表面故障已经排除。

项目预案

问题一：断开线束插接器时，按下锁止扣却拔不出插接器。

解决措施：可尝试边按压锁止扣边向内推，直至锁止装置完全解除，然后拔下插接器。

问题二：排除故障后，左侧后视镜能动，但是有卡滞现象。

解决措施：左侧后视镜电动机的蜗轮蜗杆处，齿轮脏污或少齿。应清理或更换左侧后视镜电动机。

项目评价

考评项目		自我评价	小组互评	教师评价
素质考评 20	劳动纪律(4 分)			
	安全意识(4 分)			
	环保意识(4 分)			
	团队精神(4 分)			
	协作能力(4 分)			
技能考评 80	工具量使用(10 分)			
	任务方案(15 分)			
	实施过程(30 分)			
	完成结果(15 分)			
	工单填写(10 分)			
合计(100 分)				
综合评价(100 分)				

注意

发生重大事故（人身和设备安全事故）、严重违反维修原则和情节严重的粗暴操作行为等，采取一票否决制。

项目八 08

安全气囊电路识读及故障诊断

项目描述

一辆丰田汽车处于完全停止状态，车主将点火开关从 LOCK 置于 ON 档位，1min 过后，发现仪表盘上的安全气囊指示灯仍亮着。请根据故障现象对该车进行诊断与检测，并按技术要求予以维修。

学习目标

知识目标

1. 掌握安全气囊系统的结构和工作原理。
2. 能够正确识读安全气囊电路图。

技能目标

1. 掌握安全气囊故障现象的诊断思路与方法。
2. 能够按照正确方法和步骤对安全气囊进行检修。
3. 培养良好的安全文明操作习惯。

项目要求

1. 时间要求：建议 6 学时。

2. 质量要求：在满足厂家的生产规范及质量要求的前提下，能够熟练快速地诊断与排除故障。

3. 安全要求：严格按照安全操作规程进行项目作业。

4. 文明要求：自觉按照文明生产规则进行项目作业。

5. 环保要求：努力按照环境保护要求进行项目作业。

知识准备

1. 汽车安全气囊的作用

安全气囊系统（Supplemental Restraint System，SRS）是为了减少汽车发生碰撞时由于巨大惯性力所造成的对驾驶人和乘员的伤害而装设的一种被动安全系统。安全气囊安装于汽车驾驶人座前面和侧面、副驾驶人座前面和侧面以及乘员座两侧，如图 8-1 所示；其作用是在汽车发生强烈碰撞后，对驾驶人和乘客的头部和胸部进行保护，如图 8-2 所示。

图 8-1

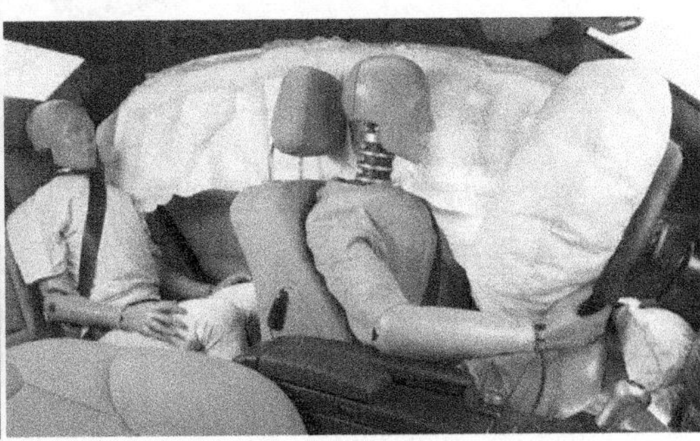

图 8-2

2. 汽车安全气囊系统的组成

安全气囊系统是一种辅助保护系统，主要由碰撞传感器（卡罗拉 1.6AT 车型有 6 个）、安全气囊控制器、SRS 指示灯和气囊组件四部分组成。其中 SRS 指示灯显示系统工作状态及故障码，电子控制装置（SRS ECU）中设有紧急辅助电源、中央加速度传感器、安全传感器等，以确保安全气囊系统工作的准确性和可靠性，如图 8-3 所示。

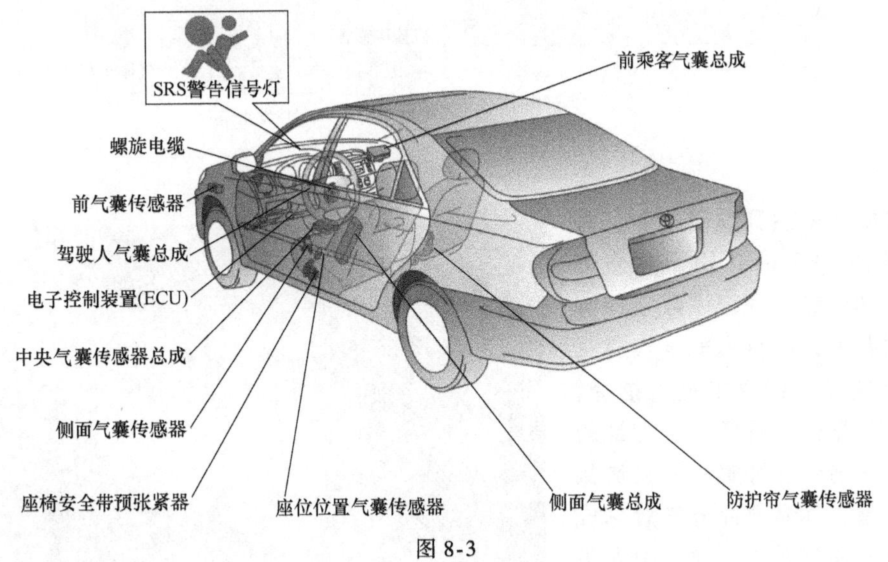

图 8-3

3. 汽车安全气囊总成的结构

安全气囊总成由点火器、气体发生剂、过滤器和气囊充气设备等组成，如图 8-4 所示。

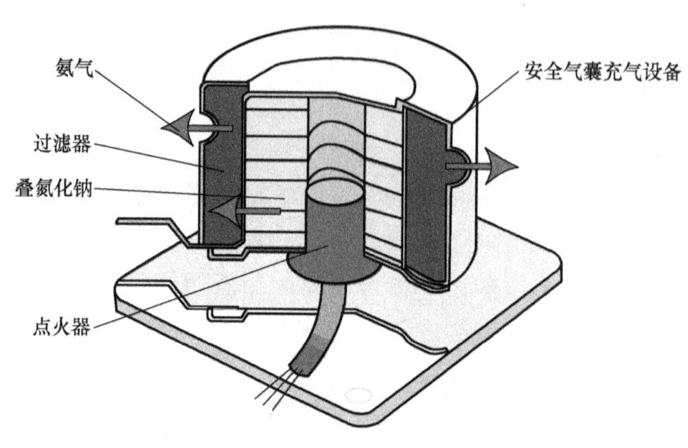

图 8-4

4. 汽车安全气囊系统的工作原理

碰撞传感器是安全气囊系统中主要的控制信号输入装置，作用是在汽车发生碰撞时，由碰撞传感器检测汽车碰撞的强度信号，并将该信号输入安全气囊控制器，安全气囊控制器根据碰撞传感器传送过来的信号，判断是否引爆充气元件以使气囊充气，如图 8-5 所示。

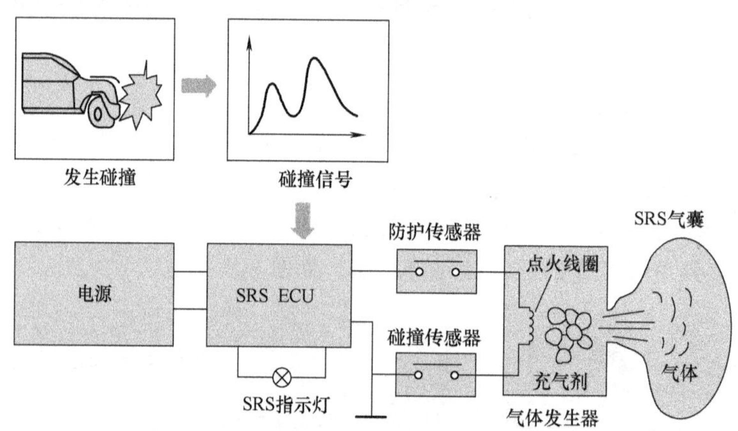

图 8-5

当碰撞强度达到设定值时，碰撞传感器向 SRS ECU 输入碰撞信号，SRS ECU 经内部程序数字计算和逻辑判断后，向点火安全气囊总成内的电热点火器发出点火指令，点火剂受热爆炸，瞬间产生大量的热量使充气剂受热分解释放大量氮气充入气囊，气囊便冲开气囊总成装饰盖板鼓向驾驶人，使驾驶人头部和胸部压在充满气体的气囊上，如图 8-6 所示。

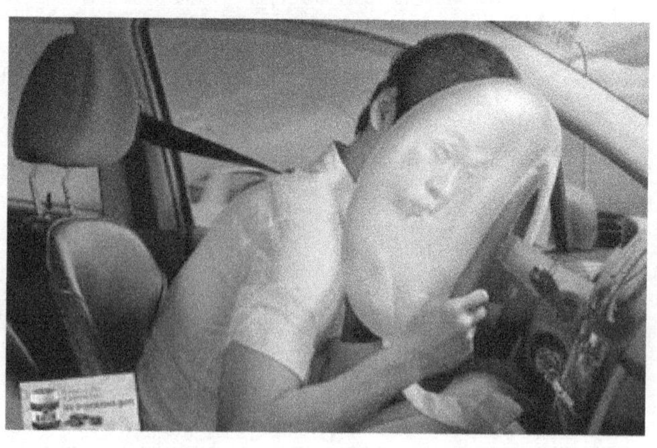

图 8-6

项目路径

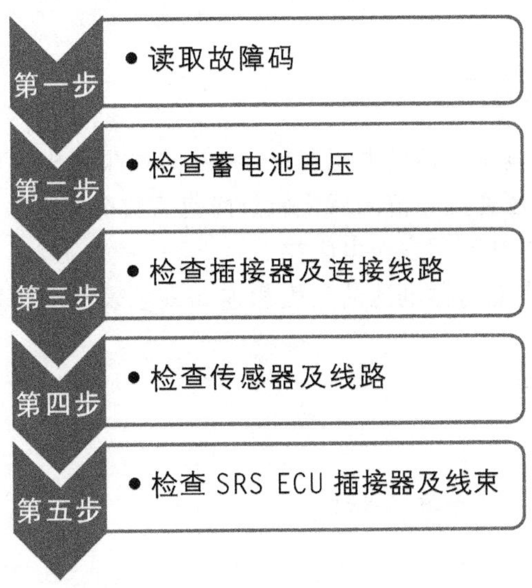

项目准备

1）场地：装有废气抽排系统和消防设施的实训维修车间。
2）常用工具套装。
3）汽车、维修作业台等。
4）量具：故障诊断仪 IT-II，万用表等。
5）耗材：清洁布、清洗液等。

项目实施

第一步　读取故障码

自诊断系统在控制 SRS 指示灯长亮或闪亮的同时，还会将所发现的故障编成代码存储在存储器中。检查或排除安全气囊系统故障时，按照故障码优先原则，首先使用故障诊断仪 IT-II 对车辆进行故障检查，读取故障码。

1）将诊断仪连接到 DLC3 插接器，点火开关置于 ON 位置，打开故障诊断仪。
2）选择以下菜单项：Powertrain/ Engine and ECT/ DTC。
3）起动发动机，然后将点火开关置于 ON 位置，读取诊断仪上的故障码。
4）清除故障码，再次读取故障码，检查故障码是否再次输出。
5）执行故障排除操作之后，重新起动发动机，将点火开关置于 ON 位置，读取诊断仪上的故障码。

6）清除故障码，再次读取故障码，检查故障码是否再次输出。

如果读取到故障码，则按故障码显示检修相应故障部位，然后进行维修检查，无故障码输出且故障指示灯在规定的时间后熄灭，说明故障排除。

如果故障诊断仪读取不到故障码，则根据故障诊断的一般原则，对车辆进行下一步的诊断作业。

第二步　检查蓄电池电压

用万用表测量蓄电池电压，标准电压：11～14V。如果蓄电池电压不在规定范围内，则检修蓄电池，使蓄电池电压在规定范围后检验故障是否排除。

1）选用万用表，并打开万用表至电阻档。

2）将万用表的红色表笔与蓄电池的正极相连，黑色表笔与蓄电池的负极相连，测量蓄电池电压，如图 8-7 所示。

检查电压时，正负极表笔不要接反。

3）若电压低于 11V，则对蓄电池充电或更换蓄电池。

4）蓄电池电压在规定范围后验证故障是否排除。

图 8-7

第三步　检查插接器及连接线路

1. 拆卸转向盘装饰盖

1）将电缆从蓄电池负极端子上断开。

断开电缆后等待 90s，防止气囊展开。

2）拆卸转向盘 3 号下盖：使用头部缠有保护性胶带的螺钉旋具，脱开卡爪并拆下转向

盘 3 号下盖。

3）拆卸转向盘 2 号下盖：使用头部缠有保护性胶带的螺钉旋具，脱开卡爪并拆下转向盘 2 号下盖。

4）拆卸转向盘装饰盖。

① 使用“TORX”梅花套筒（T30），松开 2 个“TORX”梅花螺钉，直至螺钉边沿的凹槽与螺钉座齐平。

② 从转向盘总成中拉出转向盘装饰盖，并且用一只手支撑转向盘装饰盖，如图 8-8 所示。

拆下转向盘装饰盖时，不要拉动气囊线束。

③将喇叭插接器从转向盘装饰盖上断开。

④使用头部缠有保护性胶带的螺钉旋具，断开气囊插接器并拆下转向盘装饰盖，如图 8-9 所示。

处理气囊插接器时，小心不要损坏气囊线束。

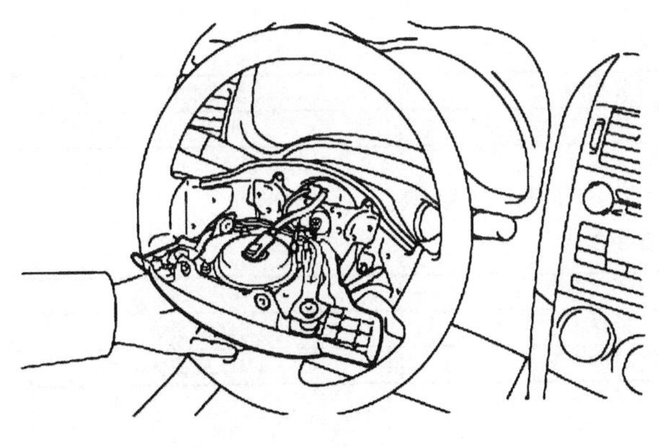

图 8-8

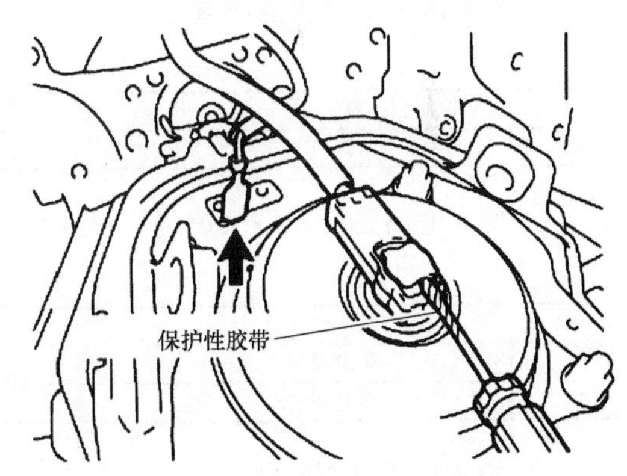

图 8-9

2. 检查插接器

1）将点火开关置于 OFF 位置。

2）断开蓄电池负极（－）电缆，等待至少 90s。

3）检查并确认插接器已正确连接至转向盘装饰盖、螺旋管线和 SRS ECU。

4）将插接器从转向盘装饰盖、螺旋管线和 SRS ECU 上断开。

5）检查并确认插接器端子是否损坏，如果结果不符合规定，则更换线束并检验故障是

否排除。

3. 检查气囊点火器连接线路

1）检查电路是否对 B＋短路。

①将负极（－）电缆连接至蓄电池。

②将点火开关置于 ON（IG）位置。

③根据表 8-1 中的值测量电压。

表 8-1

检测仪连接	开关状态	规定状态
Y3-1（D－）-车身搭铁	点火开关置于 ON（IG）位置	低于 1 V
Y3-2（D＋）-车身搭铁	点火开关置于 ON（IG）位置	低于 1 V

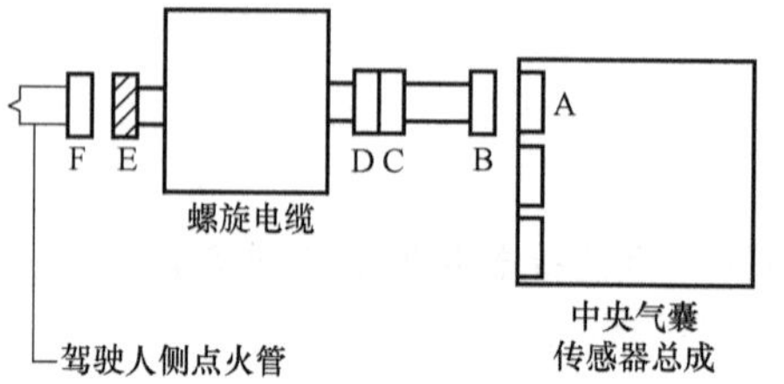

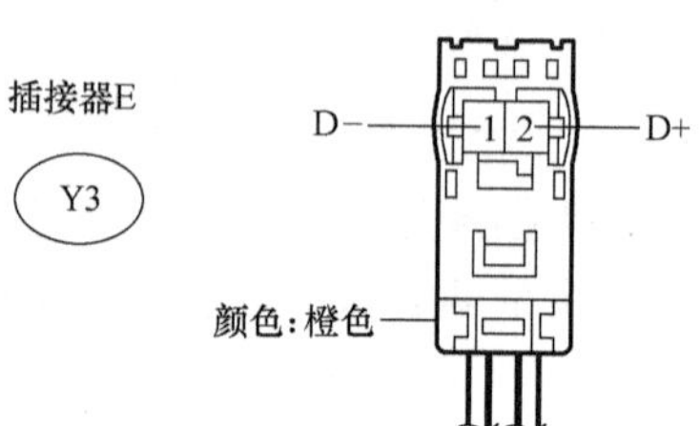

2）检查电路是否断路。

① 将点火开关置于 OFF 位置。

② 断开蓄电池负极（－）电缆，等待至少 90s。

③ 根据表 8-2 中的值测量电阻。

表 8-2

检测仪连接	开关状态	规定状态
Y3-1（D－）-Y3-2（D＋）	始终	小于 1Ω

3）检查电路是否对搭铁短路：根据表 8-3 中的值测量电阻。

表 8-3

检测仪连接	开关状态	规定状态
Y3-1（D－）-车身搭铁	始终	1MΩ 或更大
Y3-2（D＋）-车身搭铁	始终	1MΩ 或更大

4）检查电路是否短路。

① 解除内置于仪表板线束插接器中的防激活机构。

② 根据表 8-4 中的值测量电阻。

表 8-4

检测仪连接	开关状态	规定状态
Y3-1（D－）-Y3-2（D＋）	始终	1MΩ 或更大

5）如果检查结果不在规定范围内，则检查 SRS ECU。

6）按照拆卸的相反顺序安装转向盘装饰盖。

4. 检查组合仪表板线束

1）拆卸仪表板左下装饰板。

2）拆卸仪表板左端装饰板。

3）拆卸仪表组装饰板总成。

① 操作倾斜度调节杆以降下转向盘总成。

② 在图示位置粘贴保护性胶带，如图 8-10 所示。

③ 脱开导销、卡爪和 3 个卡子，并拆下仪表组装饰板总成。

4）拆卸组合仪表总成。

① 拆下 2 个螺钉。

② 脱开 2 个导销。

③ 拉出组合仪表总成，断开插接器，并拆下组合仪表总成，如图 8-11 所示。

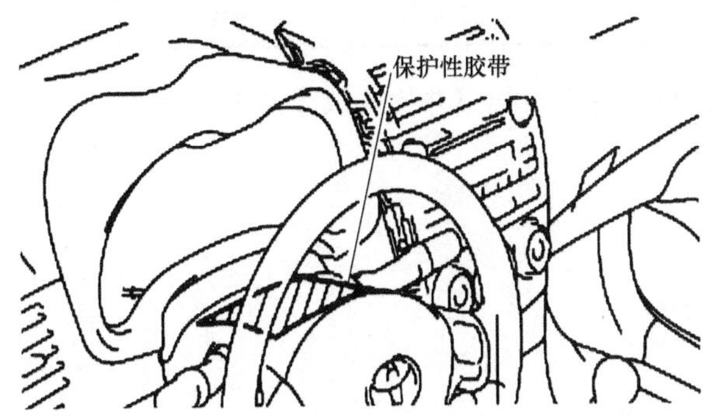

图 8-10

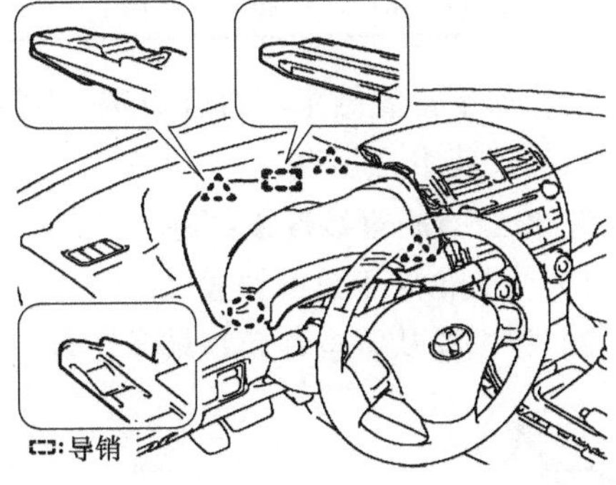

图 8-11

5）将内置于仪表板线束插接器中已解除的防激活机构恢复到原来状态。

6）检查电路是否对 B + 短路。

① 将负极（ - ）电缆连接至蓄电池。

② 将点火开关置于 ON（IG）位置。

③ 根据表 8-5 中的值测量电压，如图 8-12 所示。

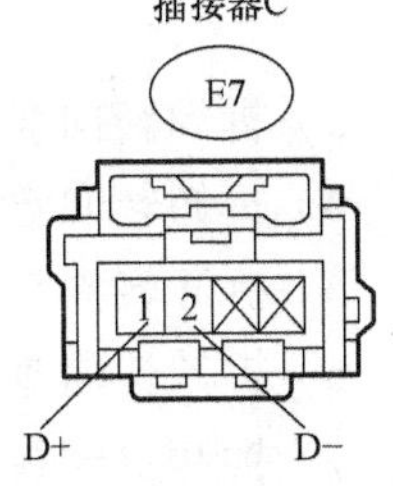

图 8-12

7）检查电路是否断路。

① 将点火开关置于 OFF 位置。

② 断开蓄电池负极（ - ）电缆，等待至少 90s。

③ 根据表 8-6 中的值测量电阻。

表 8-5

检测仪连接	开关状态	规定状态
E7-1（D + ）-车身搭铁	点火开关置于 ON（IG）位置	低于 1V
E7-2（D - ）-车身搭铁	点火开关置于 ON（IG）位置	低于 1V

表 8-6

检测仪连接	开关状态	规定状态
E7-1（D + ）-E7-2（D - ）	始终	小于 1Ω

8）检查电路是否对搭铁短路，根据表 8-7 中的值测量电阻。

表 8-7

检测仪连接	开关状态	规定状态
E7-1（D+）-车身搭铁	始终	1MΩ 或更大
E7-2（D-）-车身搭铁	始终	1MΩ 或更大

9）检查电路是否短路。

① 解除内置于仪表板线束插接器中的防激活机构。

② 根据表 8-8 中的值测量电阻。

表 8-8

检测仪连接	开关状态	规定状态
E7-1（D+）-E7-2（D-）	始终	1MΩ 或更大

10）如果检查结果不符合规定，则更换组合仪表板线束并检验故障是否排除。

11）安装组合仪表。

5. 检查螺旋管线连接线路

1）使前轮处于正前位置。

2）将电缆从蓄电池负极端子上断开。

断开电缆后等待 90s，防止气囊展开。

3）拆卸转向盘 3 号下盖。

4）拆卸转向盘 2 号下盖。

5）拆卸转向盘装饰盖。

6）拆卸转向盘总成。

7）拆卸仪表板 1 号底罩分总成。

8）拆卸仪表板下装饰板分总成。

9）拆卸扬声器按钮线束分总成。

10）拆卸下转向柱罩。

11）拆卸上转向柱罩。

12）拆卸螺旋电缆（不带驻车辅助监视系统）。

① 将插接器从螺旋电缆上断开。

处理气囊插接器时，小心不要损坏气囊线束。

② 脱开 3 个卡爪并拆下螺旋电缆。

13）拆卸带转向角传感器的螺旋电缆（带驻车辅助监视系统）。

①从带转向角传感器的螺旋电缆上断开插接器。

处理气囊插接器时，小心不要损坏气囊线束。

② 脱开 3 个卡爪，并拆下带转向角传感器的螺旋电缆。

14）拆卸螺旋电缆（带驻车辅助监视系统）：脱开 6 个卡爪和 2 个导销，并将螺旋电缆从转向角传感器上拆下，如图 8-13 所示。

15）检查电路是否对 B + 短路。

① 将负极（ - ）电缆连接至蓄电池。

② 将点火开关置于 ON（IG）位置。

③ 根据表 8-9 中的值测量电压，如图 8-14 所示。

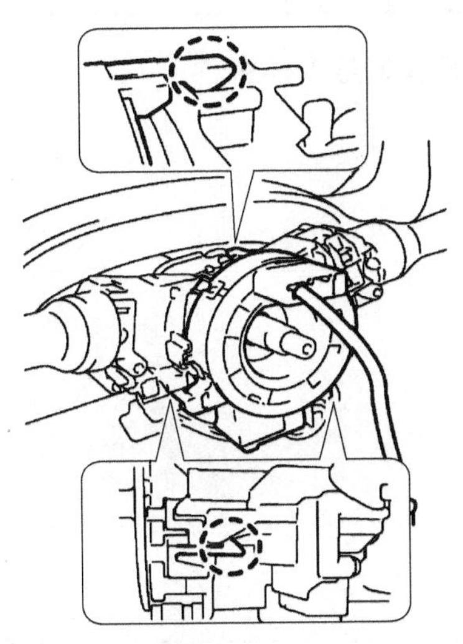

图 8-13

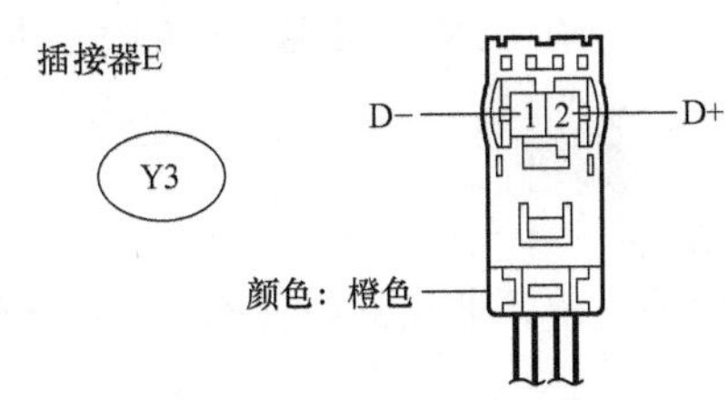

图 8-14

表 8-9

检测仪连接	开关状态	规定状态
Y3-1（D - ）-车身搭铁	点火开关置于 ON（IG）位置	低于 1V
Y3-2（D + ）-车身搭铁	点火开关置于 ON（IG）位置	低于 1V

16）检查电路是否断路。

① 将点火开关置于 OFF 位置。

② 断开蓄电池负极（ - ）电缆，等待至少 90s。

③ 根据表 8-10 中的值测量电阻。

表 8-10

检测仪连接	开关状态	规定状态
Y3-1（D－）-Y3-2（D＋）	始终	小于 1Ω

17）检查电路是否对搭铁短路，根据表 8-11 中的值测量电阻。

表 8-11

检测仪连接	开关状态	规定状态
Y3-1（D－）-车身搭铁	始终	1MΩ 或更大
Y3-2（D＋）-车身搭铁	始终	1MΩ 或更大

18）检查电路是否短路。

① 解除内置于仪表板线束插接器中的防激活机构。

② 根据表 8-12 中的值测量电阻。

表 8-12

检测仪连接	开关状态	规定状态
Y3-1（D－）-Y3-2（D＋）	始终	1MΩ 或更大

19）如果检查结果不符合规定，则更换螺旋管线并检验故障是否排除。

20）按照拆卸相反顺序安装螺旋管线。

第四步　检查左前传感器及传感器线路

1. 拆卸左前气囊传感器

1）拆卸散热器上空气导流板。

2）将电缆从蓄电池负极端子上断开。

注意

断开电缆后等待 90s，防止气囊展开。

3）拆卸散热器格栅防护罩。

4）拆卸前保险杠总成。

5）排放清洗液（带前照灯清洗器系统）。

6）拆卸前照灯总成。

7）拆卸前气囊传感器。

① 将螺栓和前气囊传感器从车身上拆下。

注意

由于前气囊传感器销（止动块）容易损坏，固定侧气囊传感器时松开螺栓。

② 将插接器从前气囊传感器上断开。

处理气囊插接器时，小心不要损坏气囊线束。

2. 检查左前传感器插接器

1）将点火开关置于 OFF 位置。

2）断开蓄电池负极（－）电缆，等待至少 90s。

3）检查并确认插接器是否已正确连接到 SRS ECU 和左前气囊传感器上，并且检查连接发动机室主线束和仪表板线束的插接器是否连接正确。

4）将插接器从 SRS ECU 和左前气囊传感器上断开，并断开连接发动机室主线束和仪表板线束的插接器。

5）检查并确认插接器端子是否损坏。如果有损坏，则更换线束并检验故障是否排除。

3. 检查左前传感器电路

（1）检查电路是否断路

1）连接发动机室主线束和仪表板线束的插接器。

2）使用 SST，连接仪表板线束插接器 B 的端子 30（＋SL）和 28（－SL），如图 8-15 所示。

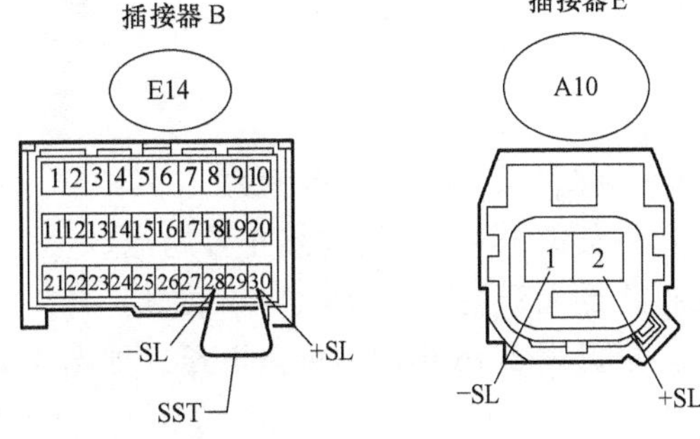

图 8-15

3）根据表 8-13 中的值测量电阻。

4）如果检查结果不符合规定，则检查仪表板线束是否存在断路。

表 8-13

检测仪连接	开关状态	规定状态
A10-2（＋SL）-A10-1（－SL）	始终	小于 1Ω

（2）查电路是否短路

1）将 SST 从插接器 B 上断开。

2）根据表 8-14 中的值测量电阻。

表 8-14

检测仪连接	开关状态	规定状态
A10-2（＋SL）-A10-1（－SL）	始终	1MΩ 或更大

（3）检查电路是否对 B＋短路

1）将负极（－）电缆连接至蓄电池。

2）将点火开关置于 ON（IG）位置。

3）根据表 8-15 中的值测量电压，如图 8-16 所示。

4）如果检查结果不符合规定，则检查仪表板线束是否存在对 B + 短路。

表 8-15

检测仪连接	开关状态	规定状态
A10-2（+SL）-车身搭铁	点火开关置于 ON（IG）位置	低于 1V
A10-1（-SL）-车身搭铁	点火开关置于 ON（IG）位置	低于 1V

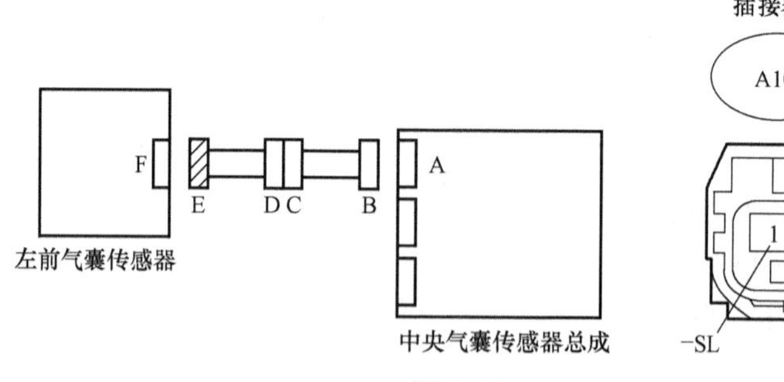

图 8-16

（4）检查电路是否对搭铁短路

1）将负极（-）电缆连接至蓄电池。

2）将点火开关置于 ON（IG）位置。

3）根据表 8-16 中的值测量电压，如图 8-17 所示。

表 8-16

检测仪连接	开关状态	规定状态
A10-2（+SL）-车身搭铁	始终	1MΩ 或更大
A10-1（-SL）-车身搭铁	始终	1MΩ 或更大

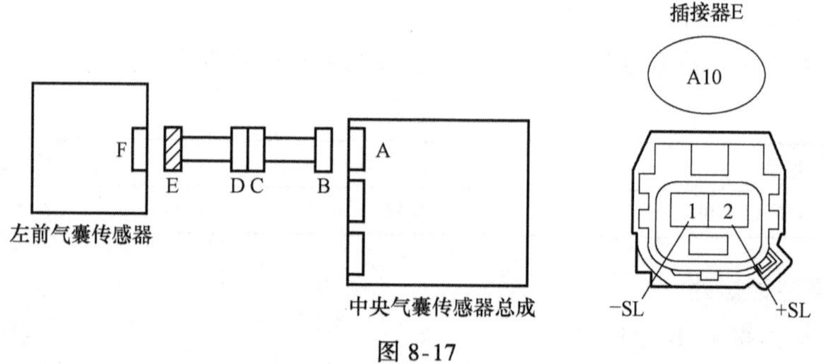

图 8-17

4. 检查仪表板线束

（1）检查电路是否断路

1）将仪表板线束插接器从发动机室主线束上断开。

2）使用 SST，连接仪表板线束插接器 B 的端子 30（+SL）和 28（-SL）。

3）根据表 8-17 中的值测量电阻，如图 8-18 所示。

4）如果检查结果不符合规定，则更换仪表板线束，否则更换发动机室主线束。检验故障是否排除。

表 8-17

检测仪连接	开关状态	规定状态
AE4-1(+SL)-AE4-2(-SL)	始终	小于 1Ω

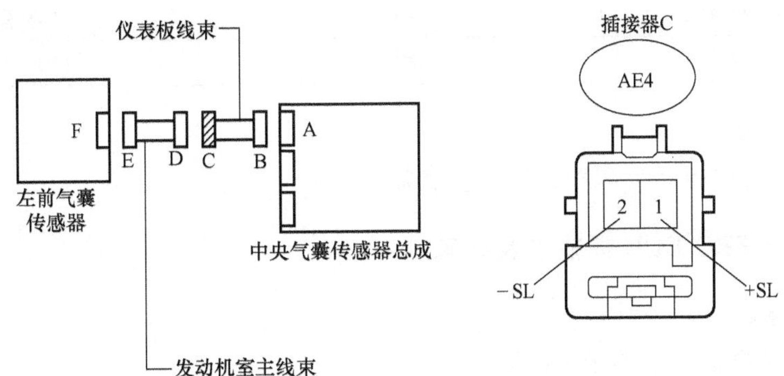

图 8-18

(2) 检查电路是否短路

1) 将仪表板线束插接器从发动机室主线束上断开。

2) 根据表 8-18 中的值测量电阻；如有异常，更换仪表板线束。

3) 如果检查结果不符合规定，则更换仪表板线束，否则更换发动机室主线束。检验故障是否排除。

表 8-18

检测仪连接	开关状态	规定状态
AE4-1(+SL)-AE4-2(-SL)	始终	1MΩ 或更大

(3) 检查电路是否对 B + 短路

1) 将点火开关置于 OFF 位置。

2) 断开蓄电池负极 (-) 电缆，等待至少 90s。

3) 将仪表板线束插接器从发动机室主线束上断开。

4) 将负极 (-) 电缆连接至蓄电池。

5) 将点火开关置于 ON (IG) 位置。

6) 根据表 8-19 中的值测量电压。

7) 如果检查结果不符合规定，则更换仪表板线束，否则更换发动机室主线束。检验故障是否排除。

表 8-19

检测仪连接	开关状态	规定状态
AE4-1(+SL)-车身搭铁	点火开关置于 ON (IG) 位置	低于 1V
AE4-2(-SL)-车身搭铁	点火开关置于 ON (IG) 位置	低于 1V

(4) 检查电路是否对搭铁短路

1) 将仪表板线束插接器从发动机室主线束上断开。

2) 根据表 8-20 中的值测量电阻。

3) 如果检查结果不符合规定，则更换仪表板线束，否则更换发动机室主线束。检验故

障是否排除。

表 8-20

检测仪连接	开关状态	规定状态
AE4-1(+SL)-车身搭铁	始终	1MΩ 或更大
AE4-2(-SL)-车身搭铁	始终	1MΩ 或更大

5. 安装仪表板线束

按照拆卸仪表板线束相反顺序，安装仪表板线束。

第五步　检查 SRS ECU 插接器及线束

1. 拆卸 SRS ECU

1）将电缆从蓄电池负极端子上断开。

断开电缆后等待 90s，防止气囊展开。

2）拆卸仪表板左下装饰板。
3）拆卸仪表板右下装饰板。
4）拆卸换档杆把手分总成（手动传动桥）。
5）拆卸换档杆把手分总成（自动传动桥）。
6）拆卸中央仪表组装饰板总成（手动传动桥）。
7）拆卸中央仪表组装饰板总成（自动传动桥）。
8）拆卸仪表盒总成。
9）拆卸前 1 号地板控制台嵌入件。
10）拆卸前 2 号地板控制台嵌入件。
11）拆卸地板控制台上面板分总成。
12）拆卸地板控制台毡垫。
13）拆卸后地板控制台总成（手动传动桥）。
14）拆卸后地板控制台总成（自动传动桥）。
15）拆卸 SRS ECU。
① 翻起地毯。
② 断开固定座（带有插接器）。
③ 拆下 3 个螺栓和 SRS ECU。

处理气囊插接器时，小心不要损坏气囊线束。

2. 检查插接器

1）将点火开关置于 OFF 位置。

2）断开蓄电池负极（－）电缆，等待至少 90s。

3）检查并确认插接器是否正确连接至中央气囊传感器总成。

4）将插接器从 SRS ECU 上断开。

5）检查并确认插接器端子是否损坏。如果有损坏，则更换线束并检验故障是否排除。

3. 检查 SRS ECU 与车身搭铁

1）将负极（－）电缆连接至蓄电池。

2）将点火开关置于 ON（IG）位置。

3）操作电气系统的所有部件（除雾器、刮水器、前照灯、加热器鼓风机等）。

4）根据表 8-21 中的值测量电压，如图 8-19 所示。

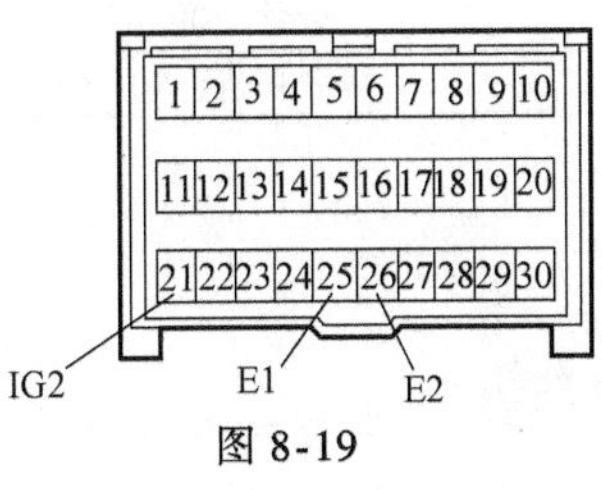

图 8-19

表 8-21

检测仪连接	开关状态	规定状态
E14-21(IG2)-车身搭铁	点火开关置于 ON(IG)位置	8～16V

5）将点火开关置于 OFF 位置。

6）根据表 8-22 中的值测量电阻。

7）如果检查结果不符合规定，则更换线束并检验故障是否排除。

表 8-22

检测仪连接	开关状态	规定状态
E14-25(E1)-车身搭铁	始终	小于 1Ω
E14-26(E2)-车身搭铁	始终	小于 1Ω

4. 安装 SRS ECU

按照与拆卸相反的顺序安装座椅部件。

第六步　故障检查

作业结束后，将点火开关置于 ON 位置，仪表板上的安全气囊指示灯是否亮 6s 后自动熄灭；读取故障码检查，如果无故障码输出且故障指示灯在规定的时间后熄灭，说明故障排除；然后进行车辆最终检查。

项目评价

考评项目		自我评价	小组互评	教师评价
素质考评 20	劳动纪律(4 分)			
	安全意识(4 分)			
	环保意识(4 分)			
	团队精神(4 分)			
	协作能力(4 分)			

（续）

考评项目		自我评价	小组互评	教师评价
技能考评 80	工具量使用(10 分)			
	任务方案(15 分)			
	实施过程(30 分)			
	完成结果(15 分)			
	工单填写(10 分)			
合计(100 分)				
综合评价(100 分)				

注意

发生重大事故（人身和设备安全事故）、严重违反维修原则和情节严重的粗暴操作行为等，采取一票否决制。

项目九

汽车空调系统电路识读及故障诊断

项目描述

夏天的一个炎热的早上，小张驾车去上班。在路上，他和往常一样习惯地打开了空调开关，空调刚吹了几股冷风，渐渐就不制冷了，小张重新打开空调开关好几次，空调依然不制冷，确认空调系统坏了。

学习目标

知识目标

1. 了解汽车空调系统的组成、功用和类型。
2. 熟悉汽车空调制冷系统的组成、原理和功用。
3. 掌握识读空调系统工作电路的方法。
4. 掌握空调不制冷的故障原因。

技能目标

1. 能够对空调制冷系统进行故障检修。
2. 能够正确测量空调制冷系统压力。
3. 培养良好的安全文明操作习惯。

项目要求

1. 时间要求：建议 6 学时。

2. 质量要求：在满足厂家的生产规范及质量要求的前提下，能够熟练快速地诊断与排除故障。

3. 安全要求：严格按照安全操作规程进行项目作业。

4. 文明要求：自觉按照文明生产规则进行项目作业。

5. 环保要求：努力按照环境保护要求进行项目作业。

知识准备

1. 汽车空调系统的组成与功用

汽车空调系统主要由制冷系统、采暖装置、通风和空气净化装置四部分组成，如图 9-1 所示；其在汽车中的分布位置如图 9-2 所示。

1）制冷装置：主要用于在炎热天气下对车内空气或外部进入车厢内的新鲜空气进行降温不除湿，使车厢内凉爽。

2）暖风装置：主要用于对冬季车厢内空气或进入车厢内的新鲜空气进行加热或除湿，达到供暖效果。

3）通风装置：主要对车内引入的新鲜空气进行强制性通风和换气，保证车内空气清洁和对流。

4）空气净化装置：用于除去车厢内的异味和尘埃，使空气清新。

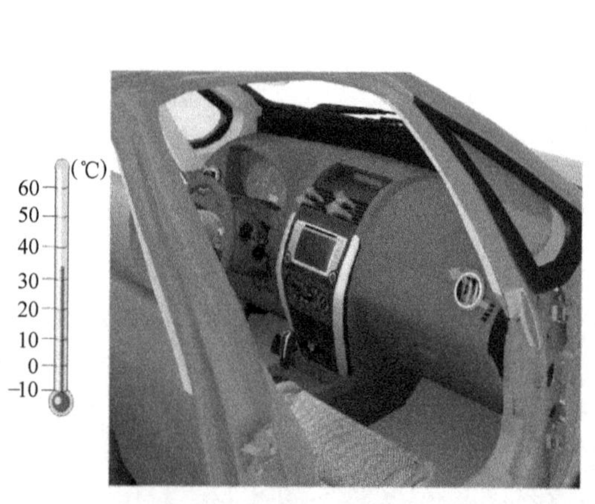

图 9-1

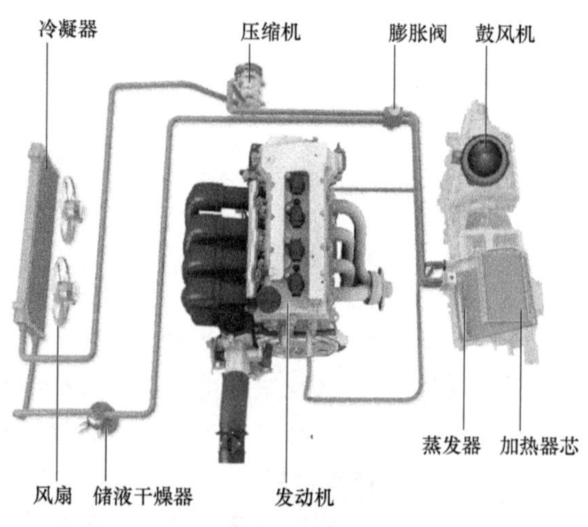

图 9-2

2. 汽车空调系统的类型

1）按驱动方式分为独立式空调（专用一台发动机驱动压缩机，制冷量大，工作稳定，但成本高，体积及质量大，多用于大、中型客车）和非独立式空调（空调压缩机由汽车发动机驱动，制冷性能受发动机工作影响较大，稳定性差，多用于小型客车和轿车）。

2）按控制方式分为手动式（拨动控制板上的功能键对温度、风速、风向进行控制，如图 9-3 所示）和自动调节式（利用真空控制机构，当选好空调功能键时，就能在预定温度内自动控制温度和风量，如图 9-4 所示）。自动空调和手动空调的机械部分基本是一样的，机械部分的故障诊断方法也是相同的。

手动式与自动式空调的区别如下：

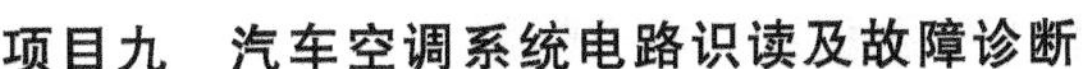

1）空调控制系统的区别：自动空调比手动空调增加了许多传感器，所有的执行部件如水阀、风门都由电动机驱动，由计算机统一控制，而且自动空调也可以像手动空调一样使用。

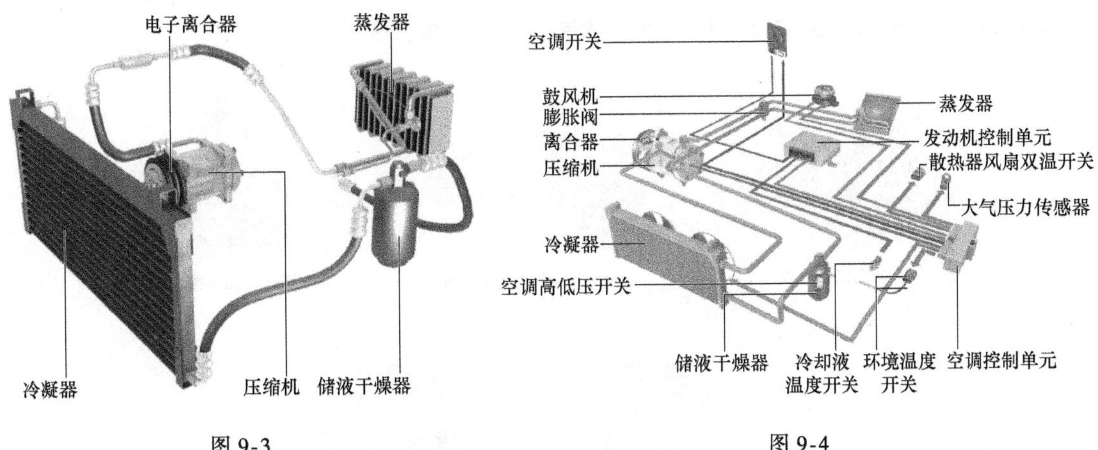

图 9-3　　　　图 9-4

2）空调操作的区别：汽车空调的控制因素主要有两个，一是通过调节空气混合控制风门及其联动的水阀控制开关的位置来控制出风口的温度；二是调节鼓风机的转速来控制出风口的风量。手动空调是按照驾驶人设定的出风口温度和固定的鼓风机转速而不断工作的。自动空调通过检测车内温度、车外温度和太阳辐射等，根据驾驶人设定的温度值自动调节空气混合控制风门及水阀的位置（即调节出风口的温度）、鼓风机的转速，将车内温度保持在设定值，同时，自动空调能控制内、外循环。

3）自动空调系统具有自诊断功能：能与故障诊断仪器进行连接，进入自动空调系统后能执行读取故障码、传感器和执行器的动态数据以及对执行器进行不解体的主动测试等功能，而手动空调系统无此项功能。

4）温度设定值含义的区别：手动空调系统是通过手动改变风板和水阀的位置而改变温度值，变风板和水阀的位置一经设定就不会改变，而且出风温度是模糊的感觉温度，不能设定准确出风温度的具体值。自动空调的设定值是给系统设定一个准确的温度参数，自动空调会调节所有部件的协调工作，调节风板、水阀的位置以及鼓风机的转速围绕着设定值不断调整，驾驶人只需直接设定需要的温度。

3. 汽车空调制冷系统的组成

如图 9-5 所示，制冷系统主要由压缩机、冷凝器、储液干燥剂、膨胀阀、蒸发器等组成的循环部分和电控部分组成。循环部分由耐压金属管路或耐压耐氟橡胶管路依次连接而成。

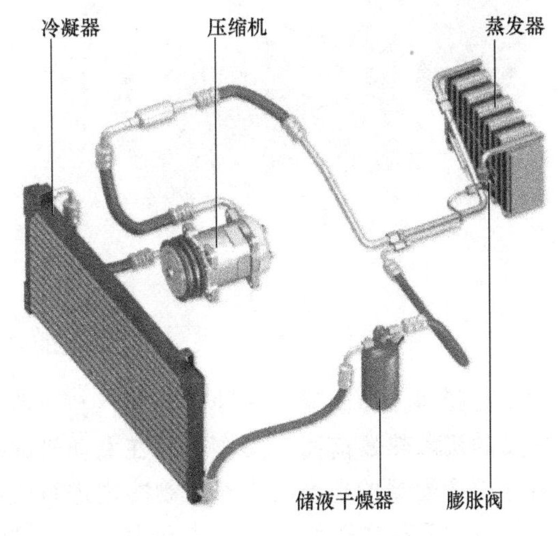

图 9-5

(1) 压缩机　压缩机是整个制冷循环系统中的动力装置，其作用是压缩蒸发器送过来的低压制冷剂，提高气态制冷剂的压力和温度，送进冷凝器。压缩机按工作方式可以分为往复式空调压缩机（曲柄连杆式、轴向活塞斜盘式、摇盘式）和旋转式空调压缩机（涡旋式、旋叶式），如图 9-6 所示。卡罗拉车型空调压缩机为涡旋式，其结构包括带轮、动涡旋体、静涡旋体缸体、钢球、进气口、排气口、排气阀，如图 9-7 所示。

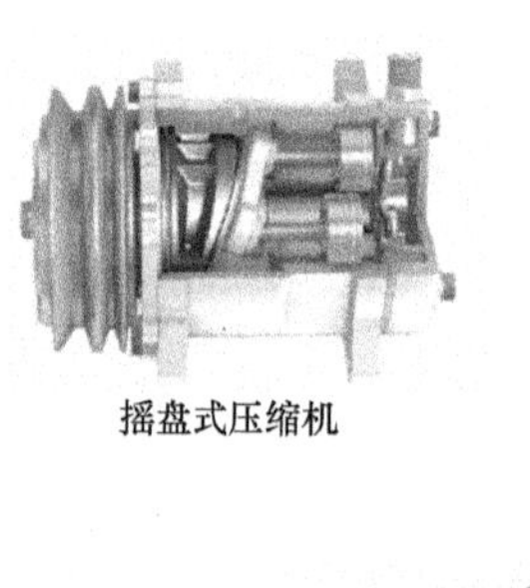
摇盘式压缩机

轴向活塞斜盘式压缩机

曲柄连杆式压缩机

往复式

涡旋式压缩机

旋叶式压缩机

旋转式

图 9-6

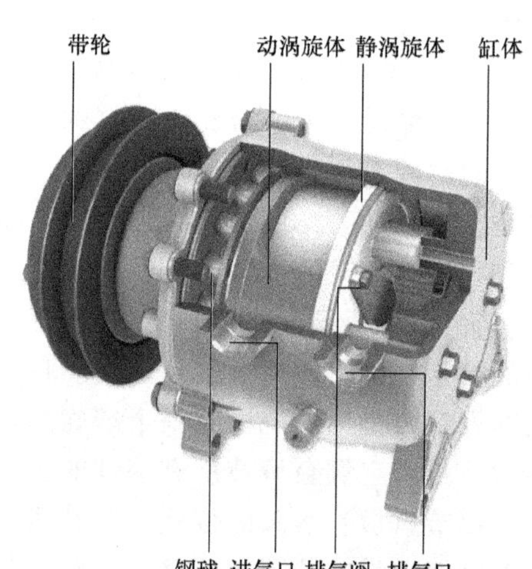

图 9-7

(2) 冷凝器　冷凝器是一种散热器，与一般散热器相似，但承受压力比散热器高，一般安装在发动机散热器前面。其作用是在发动机的冷却风扇和汽车行驶时产生的自然风的作用下，将送进冷凝器的高温高压气体制冷剂进行强制冷却，成为低温高压液体制冷剂。

汽车空调系统中广泛采用强制通风式冷凝器，其类型主要有管片式、管带式，如图 9-8、图 9-9 所示。

(3) 储液干燥器　储液干燥器安装在冷凝器和膨胀阀之间，结构如图 9-10 所示；其作用是过滤杂质，吸收水分，防止堵塞管路，另外临时储存从冷凝器流出的制冷剂液体，以便在制冷负荷发生变化时及时补充和调整供给膨胀阀的制冷剂数量，以保障制冷剂系统工作的稳定性，如图 9-11 所示。

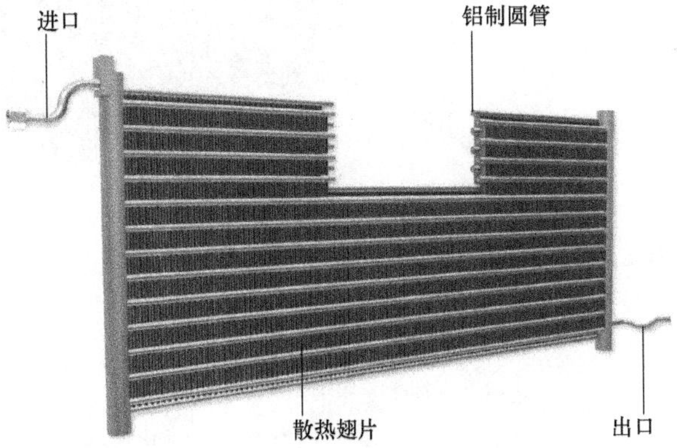

图 9-8

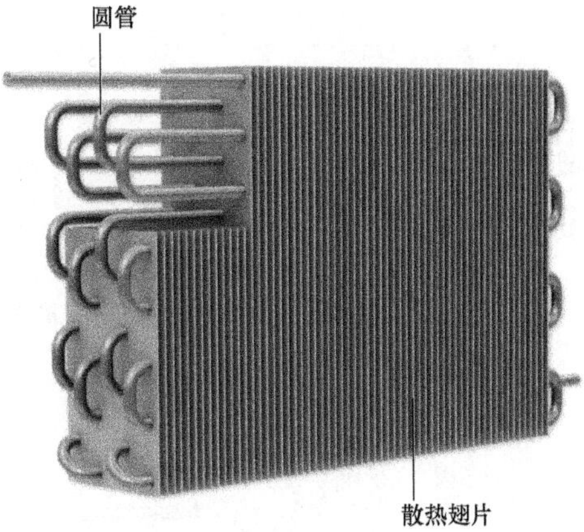

图 9-9

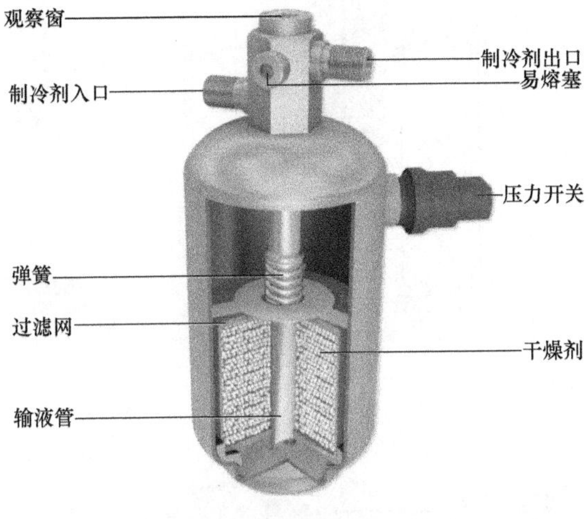

图 9-10

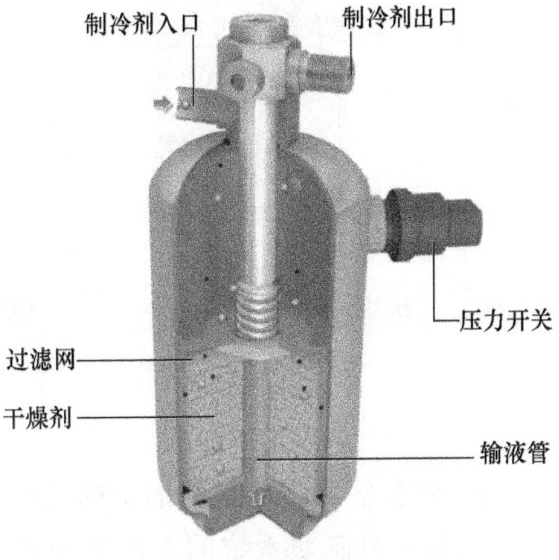

图 9-11

(4) 蒸发器　蒸发器类似于冷凝器，也是一种热交换器，其作用与冷凝器相反，蒸发器使低温的液态制冷剂蒸发，吸收车厢热量而制冷，同时具有减小湿度的作用，如图 9-12 所示。其结构类似于冷凝器，用铜管或铝管绕制散热片而成，如图 9-13 所示。常见的蒸发器有管带式蒸发器、圆管式蒸发器、层叠式蒸发器。

(5) 膨胀阀　膨胀阀常见的有内平衡（见图 9-14a）、外平衡感温式（见图 9-14b）和 H 型热力膨胀阀。丰田卡罗拉车型的制冷系统膨胀阀（H 型热力膨胀阀）结构如图 9-15 所示。膨胀阀安装在蒸发器附近，通过节流作用降低制冷剂的压力，便于液态制冷剂在蒸发器中蒸发成气态，吸收热量；自动调节供给蒸发器的制冷剂流量，随制冷负载的变化而变化；通过感温包控制蒸发器的出口过热，防止空调压缩机出现液击现象，如图 9-16 所示。

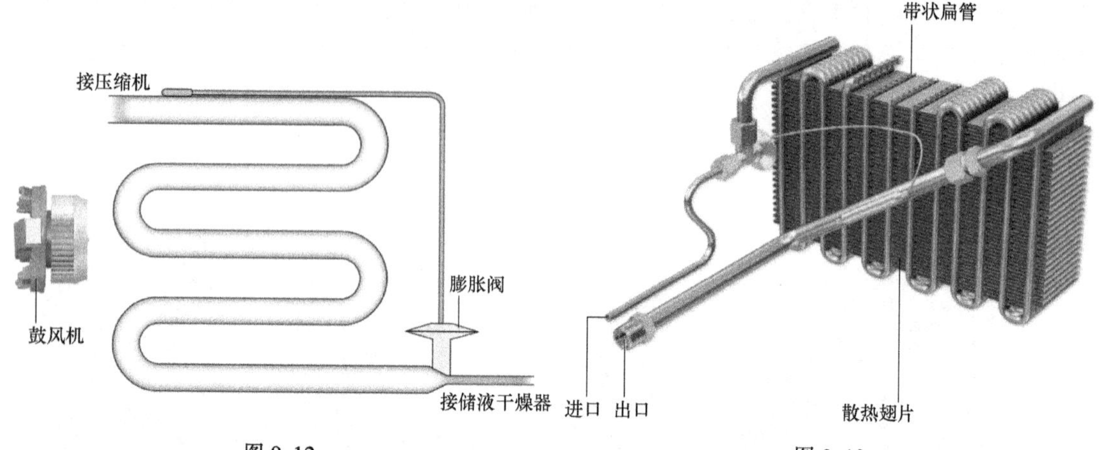

图 9-12　　　图 9-13

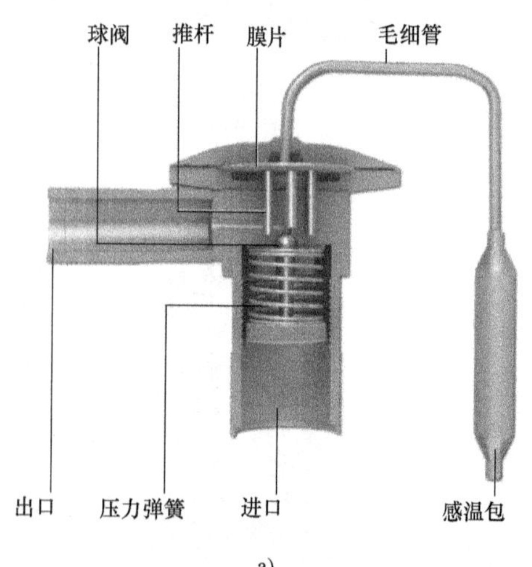

a)

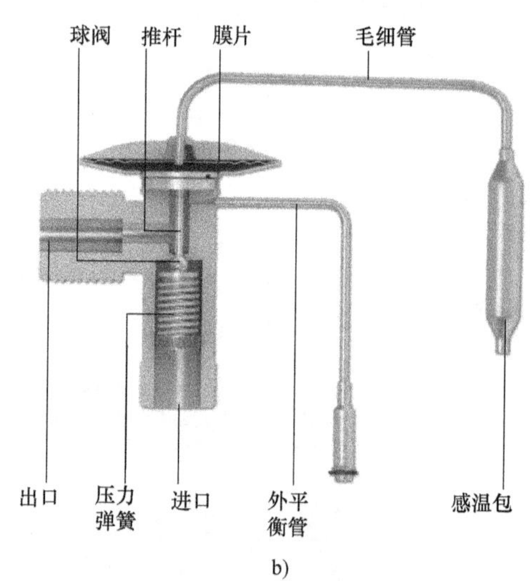

b)

图 9-14

4. 汽车空调制冷系统的工作原理

汽车空调制冷系统的工作原理如图 9-17 所示。

（1）压缩过程　压缩机吸入蒸发器出口处的低温低压的制冷剂气体，把它压缩成高温高压的气体排出压缩机。

（2）散热过程　高温高压的过热制冷剂气体进入冷凝器，由于压力及温度的降低，制冷剂气体冷凝成液体，并排出大量的热量。

（3）干燥过程　高温高压的液态制冷剂在储液干燥过滤器内得以储存、干燥水分、过滤杂质。

（4）节流过程　温度和压力较高的制冷剂液体通过膨胀装置后体积变大，压力和温度急剧下降，

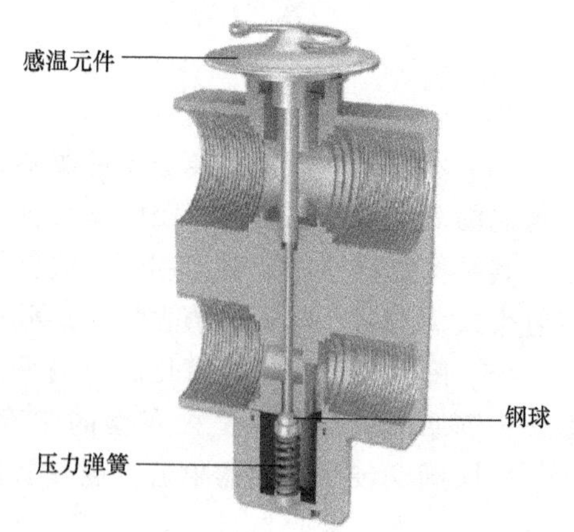

图 9-15

以雾状（细小液滴）排出膨胀装置。

（5）（蒸发）吸热过程　雾状制冷剂液体进入蒸发器，因此时制冷剂沸点远低于蒸发器内温度，故制冷剂液体蒸发成气体。在蒸发过程中大量吸收周围的热量，而后低温低压的制冷剂蒸气又进入压缩机。

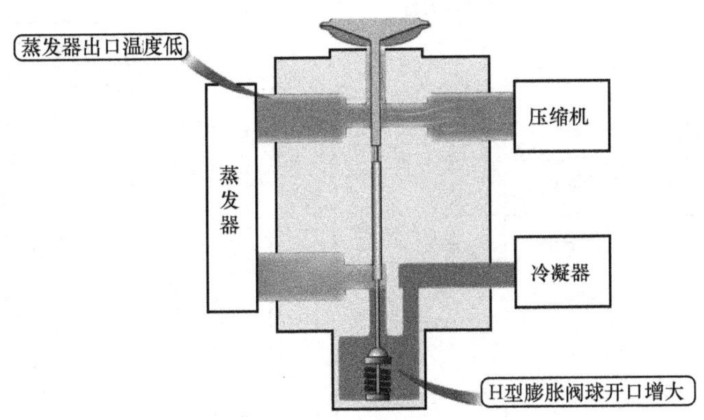

图 9-16

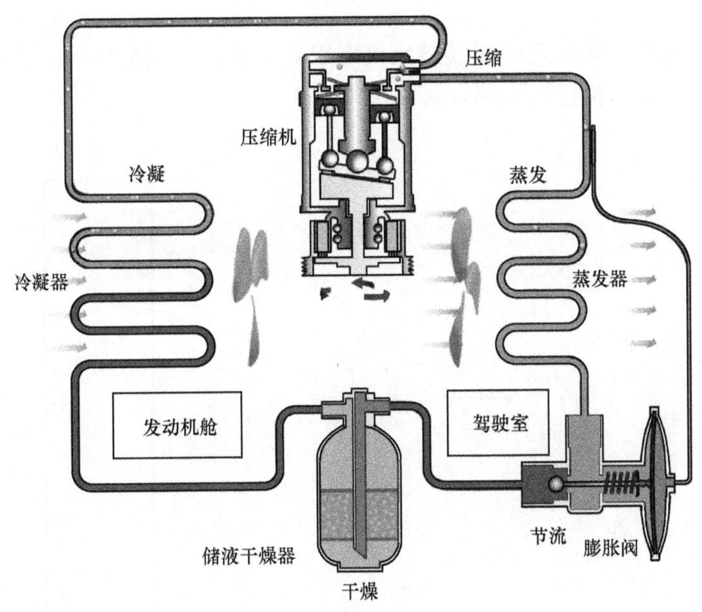

图 9-17

上述过程循环往复地进行，以此达到制冷的目的。

5. 汽车空调系统的电路识读

空调鼓风机电路如图 9-18 所示。

操作鼓风机开关时，HTR 继电器将起动以允许电流流向鼓风机电动机，然后电动机开

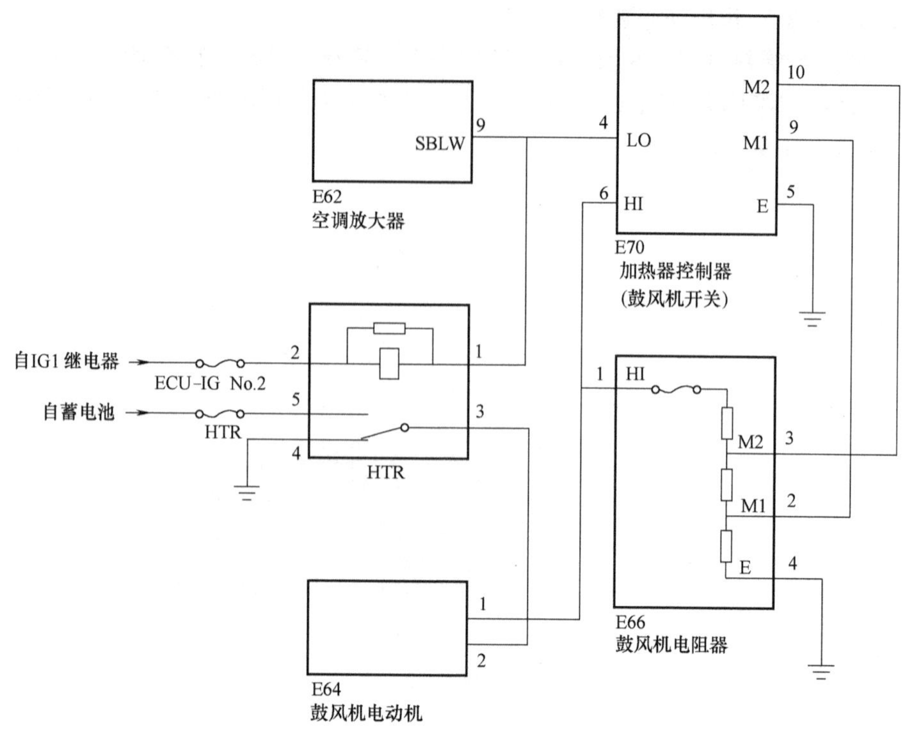

图 9-18

始转动。通过操作鼓风机开关可以切换鼓风机电阻器和搭铁之间的电流，以此来改变鼓风机电动机的转速；空调压缩机控制电路如图 9-19 所示。

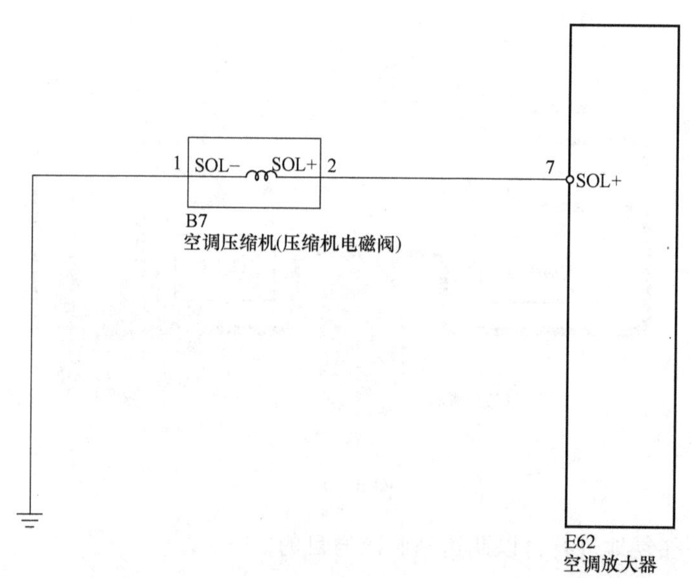

图 9-19

在该电路中，压缩机接收来自空调放大器的制冷剂压缩请求，电流经过空调放大器到压

缩机电磁阀，最终搭铁回到蓄电池负极。

故障分析

本项目以丰田卡罗拉车空调系统不制冷为例，进行所有可能原因的分析。当空调系统不制冷时，主要的故障原因可能有：压缩机和电磁离合器故障；制冷系统压力不正常；冷凝器故障；鼓风机或鼓风机控制电路故障。

一、压缩机和电磁离合器故障分析

空调压缩机是空调制冷系统的心脏，其作用是维持制冷剂在制冷系统中的循环流动，吸入来自蒸发器的低温低压气体制冷剂，压缩成高温高压状态并送往冷凝器。压缩机的运转是由电磁离合器控制的，离合器吸合，压缩机开始运转，离合器分离，压缩机停止工作。如果压缩机不工作，制冷剂将无法循环，空调系统也就无法制冷。造成压缩机不工作的故障可能有：压缩机损坏、电磁离合器线圈或控制电路断路、传动带松旷或断裂等。

二、制冷系统压力故障分析

制冷剂蒸发会吸收大量的热，为了重复利用，可以用压缩机压缩已蒸发的制冷剂气体，使其重新还原成液体，进行下一次蒸发，这就要求空调制冷系统中保持一定的压力。如果压力过低，将不能使制冷剂保持为液体状态，就会过早蒸发掉；压力过高则不利于蒸发。若制冷剂不足、空调系统的管路泄漏或堵塞、膨胀阀损坏、蒸发器损坏或堵塞、干燥器堵塞、冷凝器损坏或堵塞都将对空调制冷系统压力造成影响，使空调系统制冷效果不良或不制冷。

三、冷凝器故障分析

冷凝器的主要作用是散热。压缩机传递出的高温高压气体制冷剂，在冷凝器中经过散热，转化成为高温高压的液体制冷剂流向蒸发器，然后在蒸发器中蒸发吸收环境中的热量。如果冷凝器堵塞或者散热不良，则转化出的高温高压液体的量会减少，到蒸发器中蒸发时，吸收的热量也会减少，制冷效果将大大减弱，严重时有可能造成空调系统不制冷。

四、鼓风机及其控制电路故障分析

鼓风机负责将蒸发器周围的冷空气吹进风道，冷空气沿风道进入车内，如果鼓风机不工作，则失去了风源，冷空气无法进入汽车内部，空调制冷就失去了作用。鼓风机可能出现的故障有：电动机损坏、风扇损坏或卡滞、控制电路短路或断路、熔断器烧损等。

项目路径

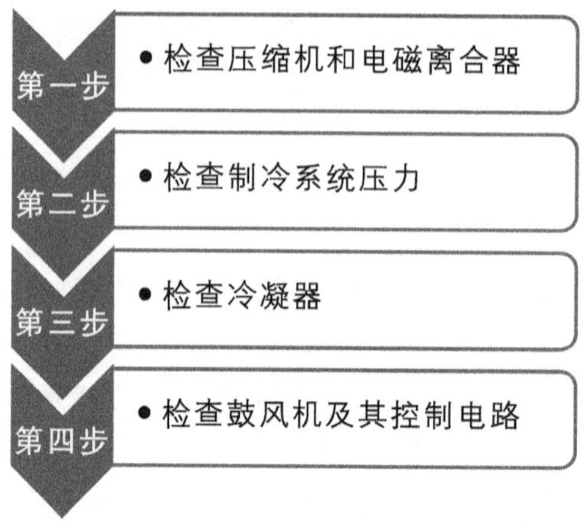

项目准备

1）设备：

① 歧管压力表组件。

② 玻璃棒温度计和干湿球温度计。

③ 漏气检测器、制冷剂电子检漏仪。

④ 数字万用表。

⑤ TORX 套筒扳手。

2）技术标准要求：正常工作的 R134a 空调制冷系统，低压侧压力为 0.15～0.25MPa，高压侧压力为 1.37～1.57MPa。

项目实施

首先要了解故障情况。对于自动空调系统有电子控制单元的汽车，用诊断仪读取故障码，按照故障码指示的相应系统进行故障排除。对于手动空调系统的汽车，按以下步骤进行故障诊断与排除。

第一步　检查压缩机和电磁离合器

1. 就车检查

1）检查在空调开关打开和压缩机运行时，压缩机是否有金属噪声，如果有金属噪声，则更换压缩机和带轮。

2）使用漏气检测仪检查制冷剂是否泄漏，如果有泄漏，则更换压缩机。

3）起动发动机，检查压缩机轴是否与带轮一起转动，如果没有一起转动，则检查传动带是

否松旷或损坏，如果是，则进行调整或更换，如果传动带没有问题，则更换压缩机和带轮。

2. 拆卸检查（如果不需更换压缩机，则不需要拆卸）

（1）断开吸入软管分总成

1）拆下螺栓并将吸入软管分总成从压缩机和带轮上断开，如图 9-20 所示。

2）将 O 形圈从冷却器 1 号制冷剂吸入软管上拆下，然后用聚氯乙烯绝缘带密封断开部件的开口处，防止湿气和异物进入。

（2）断开排放软管分总成

1）拆下螺栓并将排放软管分总成从压缩机和带轮上断开，如图 9-21 所示。

2）从排放软管分总成上拆下 O 形圈，然后用聚氯乙烯绝缘带密封断开部件的开口处，防止湿气和异物进入。

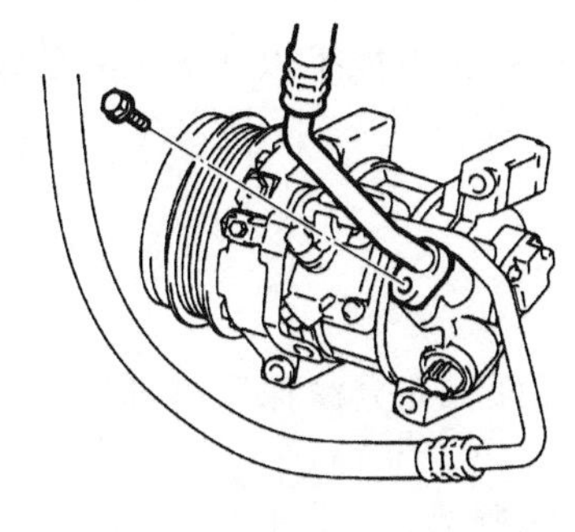

图 9-20

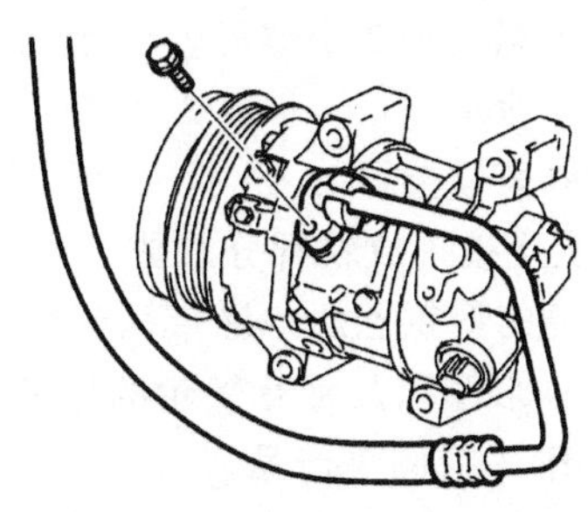

图 9-21

（3）拆卸带有带轮的压缩机总成

1）断开线束插接器。

2）拆下 2 个螺栓和 2 个螺母，如图 9-22 所示。

3）使用"TORX"套筒扳手拆下 2 个双头螺栓和带有带轮的压缩机总成。

（4）检查压缩机和带轮　选用数字万用表，检测并记录线束接口两端子之间的电阻值，如图 9-23 所示。20℃时，标准电阻值为 10～11Ω，若测得的阻值不符合标准，则更换压缩机与带轮。

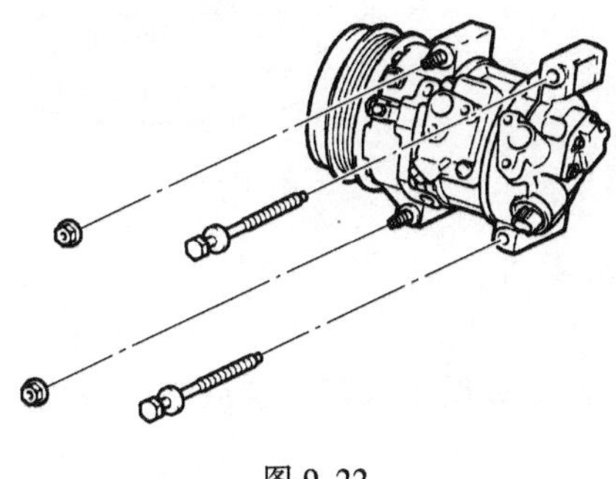

图 9-22

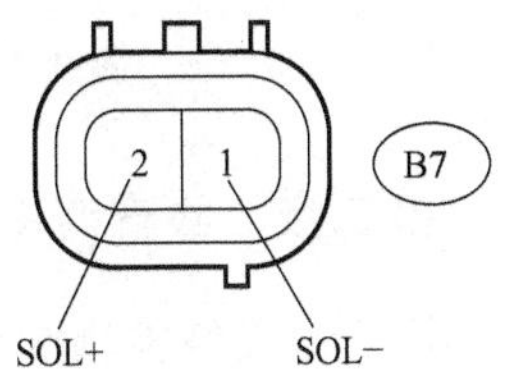

图 9-23

（5）排出前调节压缩机机油　在更换新的冷却器压缩机总成时，将惰性气体（氦）从维修阀中逐渐排出，并在安装前将剩余机油从通风管中排出。

1）如果安装新的压缩机时没有排出残留在车辆管路中的一些机油，油量将会过量。这会妨碍制冷剂循环的热交换，导致制冷系统失效。

2）如果拆下的压缩机中残余的油量过少，检查是否漏油。

3）确保使用 ND-OIL 8 或同等产品作为压缩机机油。

（6）安装带有带轮的压缩机总成

1）使用“TORX”梅花套筒扳手，用 2 个双头螺栓安装压缩机总成，选用扭力扳手以 9.8N·m 的拧紧力矩紧固螺栓。

2）将 2 个螺栓和 2 个螺母安装到压缩机总成，选用扭力扳手以 25N·m 的拧紧力矩紧固，如图 9-24 所示。

3）连接线束插接器。

（7）安装连接排放软管分总成

1）将缠绕的聚氯乙烯绝缘带从软管上拆下。

2）在新 O 形圈以及带有带轮的压缩机总成的装配面上充分涂抹压缩机机油；压缩机机油选用 ND-OIL 8 或同等产品。

3）将 O 形圈安装到排放软管分总成上，如图 9-25 所示。

4）用螺栓将排放软管分总成安装到带有带轮的压缩机总成上，选用扭力扳手，以 9.8N·m的拧紧力矩紧固螺栓。

5）以同样的方法连接吸入软管分总成。

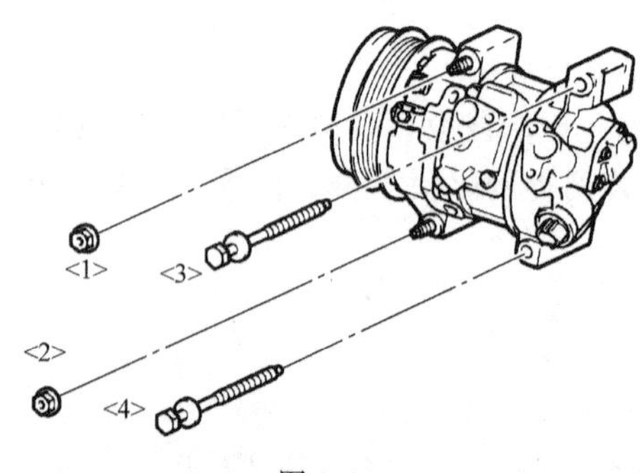

图 9-24

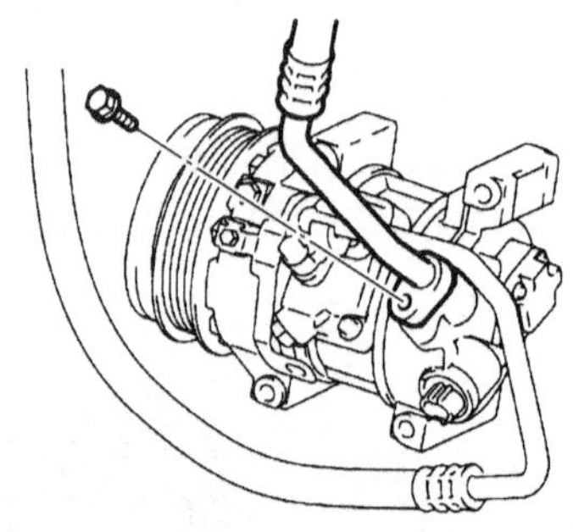

图 9-25

第二步　检查制冷系统压力

用压力表组检测空调系统压力，根据检测到的高、低压数据值来判断空调制冷系统可能出现的故障。

起动发动机保持其运转速度为 1500r/min，打开空调开关，鼓风机转速控制开关置于“HI”位置，温度调节旋钮置于“COOL”位置，将车门全部打开。连接压力表组，正常情况下，低压侧压力为 0.15～0.25MPa，高压侧压力为 1.35～1.75MPa，若测得的压力值不在正常范围内，则根据以下条件判断可能的故障原因。

1）高、低压表的指示同时比正常值低。这可能是因为制冷剂不足，检查时，可发现高压管微热，低压管微冷，但温差不大，从视镜中可以观察到每隔 1～2s 就有气泡出现。这时应先检查有无泄漏点，补漏后再补足制冷剂。

2）低压表指示比正常值低很多。这时，视镜内可见模糊雾流，高、低压管无温差，冷气不冷，说明制冷剂严重泄漏。

3）低压表指示接近零，高压表指示比正常值低。这时，空调系统常表现为出风不冷、膨胀阀前后的管路上结霜。其原因，一方面可能是膨胀阀结霜堵塞，使得制冷剂在系统中无法循环，此时应反复抽真空，重新添加制冷剂；另一方面可能是膨胀阀感温包损坏，造成膨胀阀未开启，此时应检查感温包。

4）低压表指示较低，高压表指示过高。这种现象一般是制冷系统堵塞，堵塞经常在制冷系统通道截面积较小的位置发生，易于堵塞的部件绝大部分处于制冷系统的高压侧，例如干燥过滤器、膨胀阀滤网等，而且堵塞现象一般是由制冷剂所含有的水分、尘埃等脏物造成的，堵塞部位经常有结霜现象。找到堵塞部位后，拆下堵塞的部件进行清除或更换，堵塞严重时，应将制冷系统全部拆卸，分段清洗。

5）低压表指示过高，高压表指示过低。这种现象常常表明压缩机内部有泄漏，应更换或修理压缩机。

6）低压表指示略高，高压表指示略低。无冷气，压缩机吸气管出现凝结水分或有一层霜，可能是膨胀阀损坏，需要更换膨胀阀，充入制冷剂。

1. 仪器（AC350）检查与空调管路连接

1）检查高低压阀门是否处于关闭位置，管内制冷剂压力是否在 0.7MPa 以上，冷冻油是否清洁充足。

2）连接仪器电源线，打开电源开关，按下排气键排除管路内的气体，听到有排气的声音说明排气成功。

3）佩戴护目镜和防护手套，用手逆时针拧下高、低压阀盖，然后用压缩空气清洁阀口，如图 9-26 所示。

图 9-26

4）将蓝色低压快速接头连接到空调制冷管路的低压阀口上，拧开低压快速接头阀门。

5）将红色高压快速接头连接到空调制冷管路的高压阀口上，拧开高压快速接头阀门，如图 9-27 所示；观察并记录显示屏中剩余的制冷剂数值，如图 9-28 所示。

图 9-27

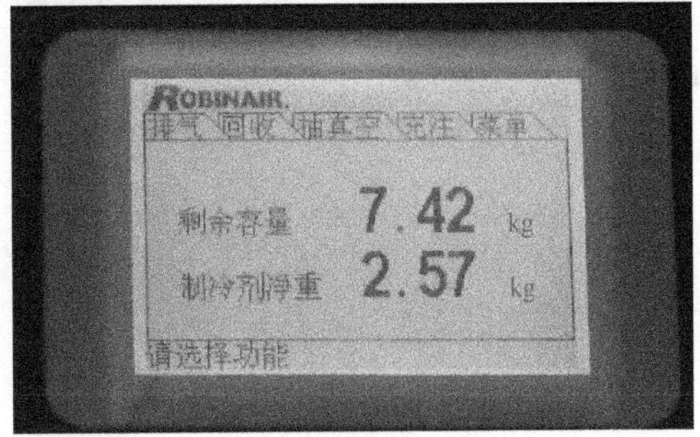

图 9-28

2. 回收制冷剂

1）单击操作面板上的回收按钮，打开高、低压阀，按下开始按钮，如图 9-29、图 9-30 所示；

2）管路自清理 1min 后，自动开始回收制冷剂。

3）制冷剂回收的标准是低压表指针降到 –67kPa 后，等待 5 ~ 10s，按下停止键停止回收，如图 9-31 所示。

1）制冷剂回收没有到 –67kPa 压力时，无法进行抽真空作业。

2）回收时如果低压表指针降到 –67kPa 超过 10s，若不及时停机，将损坏压缩机。

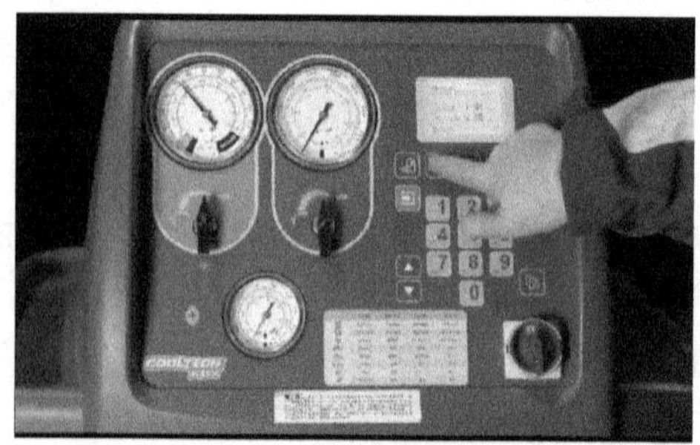
图 9-29

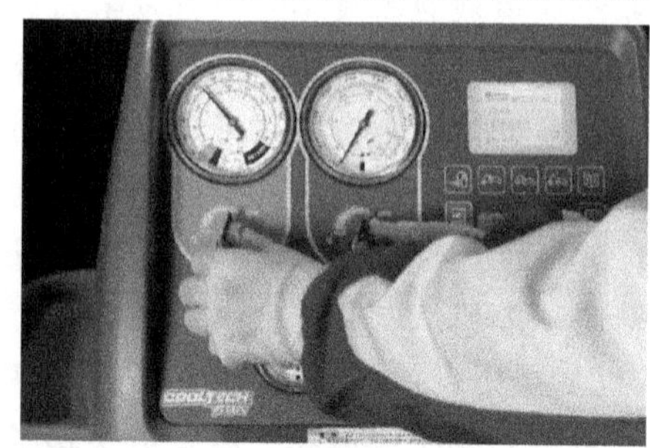
图 9-30

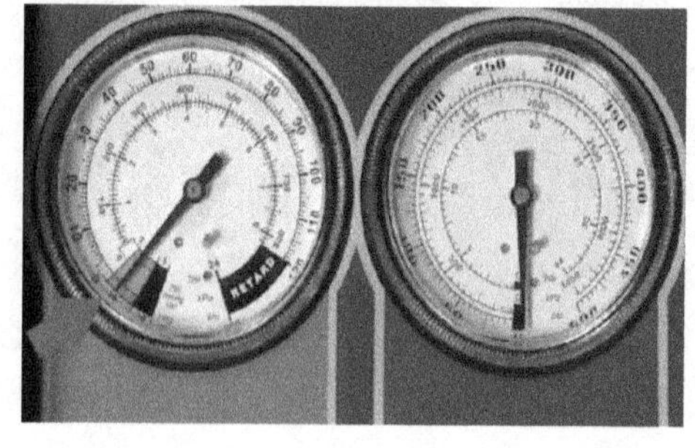
图 9-31

3. 系统抽真空

1）当操作界面出现“下一步，排油”时，按下面板上的开始按钮，如图 9-32 所示。

2）排油完成后，等待 30s 的时间，计算排油量，如图 9-33 所示。

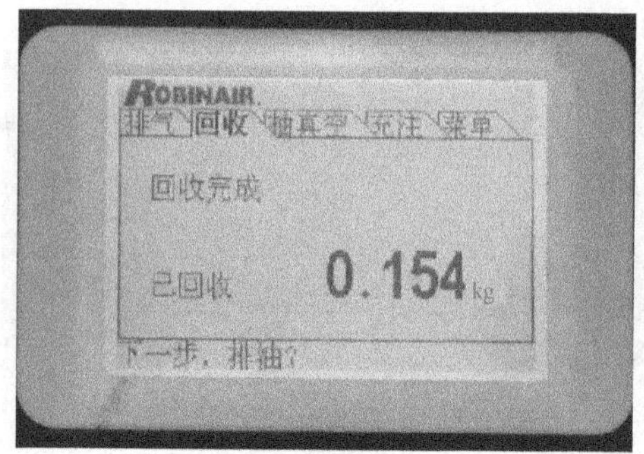

图 9-32

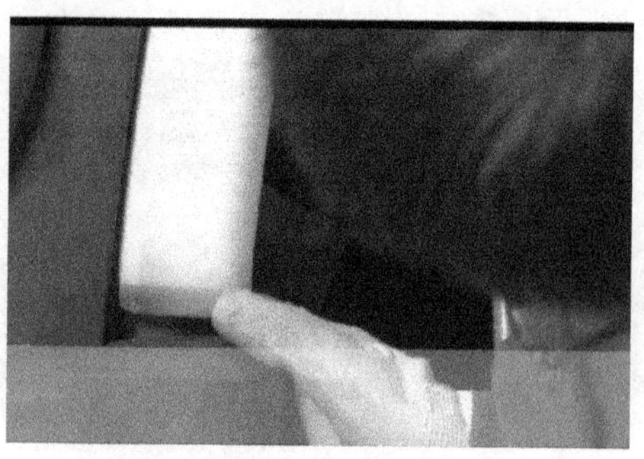
图 9-33

3）当操作界面出现“下一步，抽真空”时，按下数字键，设定第一次抽真空时间为3min，然后按下开始按钮，如图9-34所示。

4）3min后，自动停止抽真空，观察低压表是否在-90kPa，然后关闭高、低压阀，如图9-35所示。

注意

刚排出的冷冻油带有气泡，所以要等待30s后记录，才是真实的排油量。

在抽真空过程中，如果出现压力指针一直不能到负值黑色区域，应立即停止抽真空程序，避免损坏压缩机。

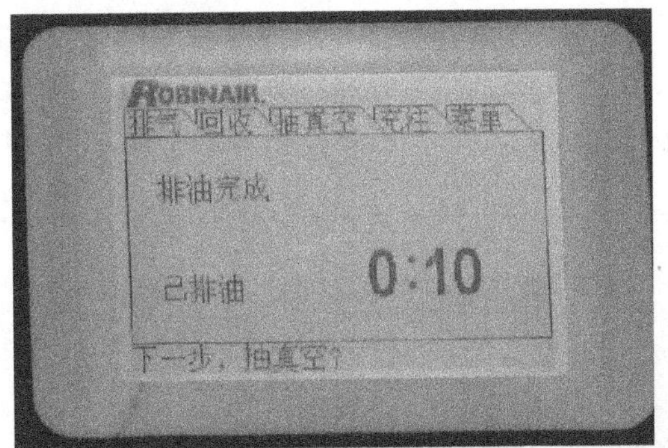

图9-34

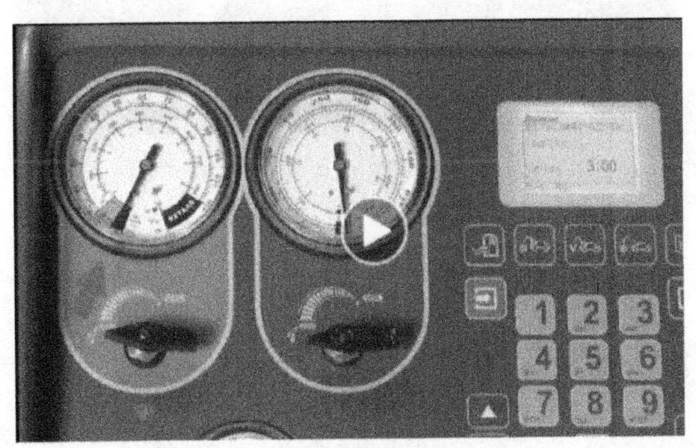

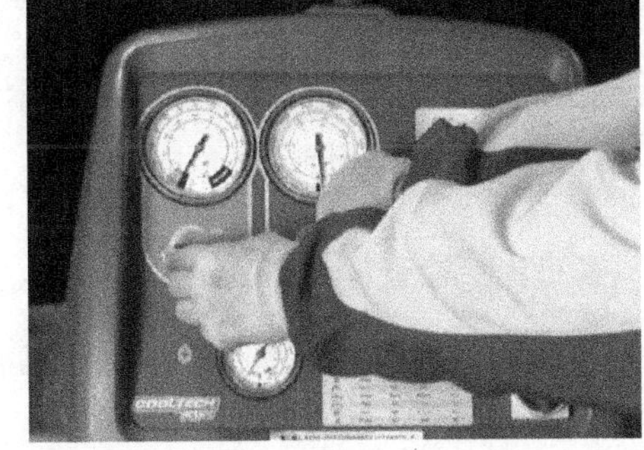

图9-35

5）打开高压阀，当操作界面出现“下一步，注油”时，按下开始按钮。

6）垂直观察冷冻油的下降量，当注油瓶内的液位接近设定的注油量时，再次按下开始按钮停止注油。

7）按下取消键回到初始界面，按下抽真空键，关闭高压阀，打开低压阀，设定抽真空时间为5min。

8）抽真空结束后，观察低压表是否在-90kPa，然后关闭低压阀。

9）当操作界面出现“下一步，保压”时，按下开始按钮，保压时间1min，结束后按下取消键。

4. 冲注制冷剂

1）确认制冷剂的型号和冲注量。

2）单击冲注键，用数字键设定冲注量，打开高压阀，关闭低压阀。

3）按下开始按钮，自动开始按量冲注。

4）冲注结束后，关闭低压阀，然后将快速接头从空调制冷系统管路上取下。

5）打开面板上的高、低压阀门，当界面上出现“下一步，管路清理”时，按下开始按钮，自动开始清理管路。

6）清理结束后，关闭高、低压阀，然后退回初始界面，关闭仪器电源开关，断开电源线。

5. 检漏作业

选用制冷剂电子检漏仪，对制冷系统管路高、低压阀口进行检查，如图9-36所示。如发现有泄漏，则进行维修处理；用压缩气体枪清洁高、低压阀口，然后拧上阀盖，如图9-37所示。

检测时电子检漏探头离阀口的距离应小于30mm之内，且探头不要碰到接口。

图9-36

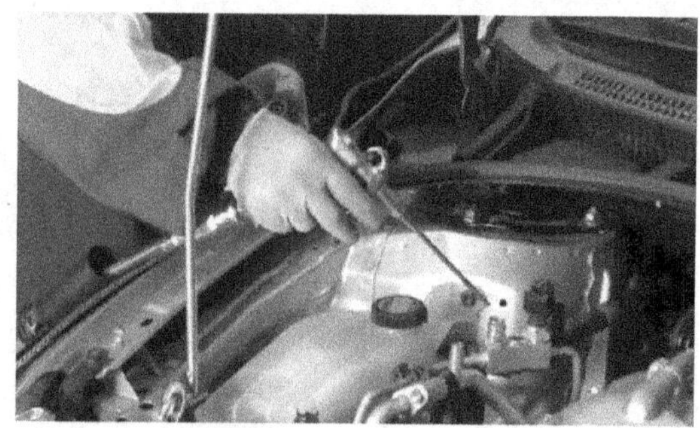

图9-37

第三步　检查冷凝器

1）检查冷凝器外观是否完整，如果有损伤，则更换冷凝器。

2）检查冷凝器表面是否生锈或脏污，如果是，则进行清洗并用压缩空气吹干净。

3）检查冷凝器安装是否正确，有没有倾斜或不稳，如果有，则重新安装。

1. 拆卸冷凝器

1）拆下螺栓并将排放软管分总成从冷凝器上断开，如图9-38所示。

2）从排放软管分总成上拆下O形圈，然后用聚氯乙烯绝缘带密封断开部件的开口处，防止湿气和异物进入。

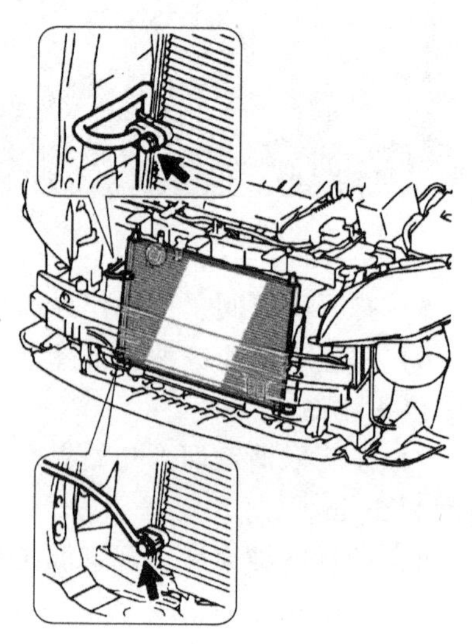

图9-38

3）拆下螺栓，并将空调管和附件总成从冷凝器上断开。

4）将 O 形圈从空调管和附件总成上拆下，然后用聚氯乙烯绝缘带密封断开部件的开口处，防止湿气和异物进入。

5）拆下冷凝器总成。

2. 安装冷凝器

按照拆卸相反顺序进行安装，紧固螺栓所需的拧紧力矩为 5.4N · m。

第四步　检查鼓风机及其控制电路

1）起动发动机，打开空调，检查各出风口是否有风，如果没有，则拆卸检查鼓风机。

2）打开发动机舱盖，从发动机室继电器盒中拆下鼓风机熔断器，检查是否被熔断，如已熔断则更换熔断器。

3）拆下鼓风机，用手转动风扇，检查风扇是否卡滞或损坏，如果有则更换鼓风机；检查鼓风机电动机是否正常运转，如果不正常，则更换鼓风机。

4）检查鼓风机电阻器是否完好，如果不正常，则更换鼓风机电阻器。

1. 拆卸鼓风机电动机

1）拆卸仪表板 2 号底罩分总成。

2）拆下快速加热器插接器螺钉。

3）断开插接器。

4）拆下 4 个螺钉和鼓风机电动机分总成，如图 9-39 所示。

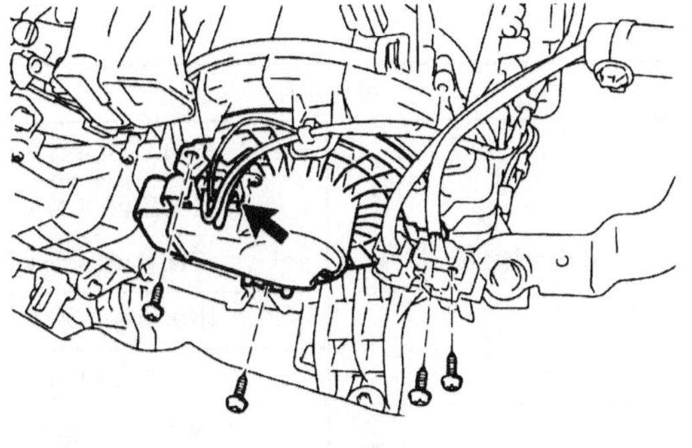

图 9-39

2. 检查鼓风机电动机

1）将插接器从鼓风机电动机上断开。

2）将蓄电池的正极引线与端子 2 相连，负极引线与端子 1 相连，检查并确认鼓风机电动机运转平稳，如果检查结果不符合规定，则更换鼓风机电动机。

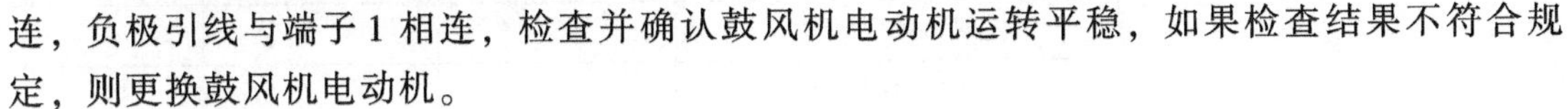

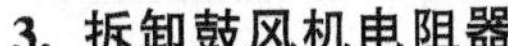

3. 拆卸鼓风机电阻器

1）拆卸仪表板 2 号底罩分总成，如图 9-40 所示

2）断开插接器，拆下 2 个螺钉和鼓风机电阻器，如图 9-41 所示。

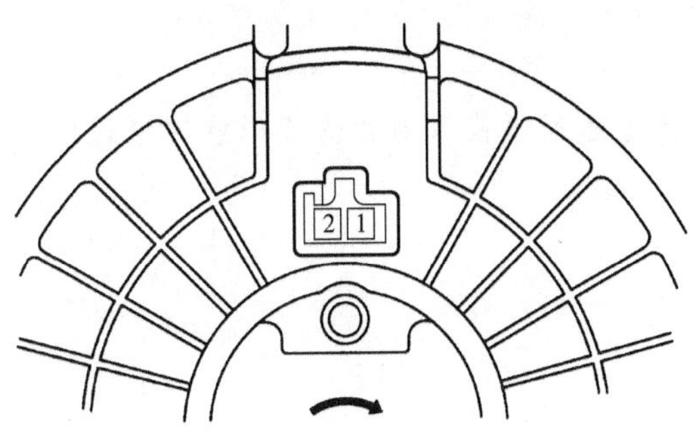

图 9-40

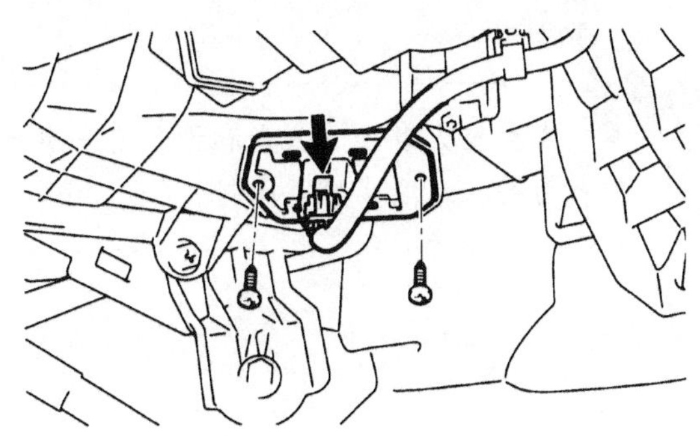

图 9-41

4. 检查鼓风机电阻器

选用数字万用表，测量鼓风机电阻器各端子（见图9-42）之间的电阻值：

端子1和4之间的电阻值应为3.12～3.60Ω；

端子2和4之间的电阻值应为1.67～1.93Ω；

端子3和4之间的电阻值应为2.6～3.0Ω。

若测得的阻值不符合标准，则更换鼓风机电阻器。

图9-42

5. 安装

按照拆卸相反顺序进行安装，紧固螺栓所需的拧紧力矩为5.4N·m。

6. 故障复查

打开空调系统，检查空调系统故障是否已解决。

项目评价

考评项目		自我评价	小组互评	教师评价
素质考评20	劳动纪律(4分)			
	安全意识(4分)			
	环保意识(4分)			
	团队精神(4分)			
	协作能力(4分)			
技能考评80	工具量使用(10分)			
	任务方案(15分)			
	实施过程(30分)			
	完成结果(15分)			
	工单填写(10分)			
合计(100分)				
综合评价(100分)				

注意

发生重大事故（人身和设备安全事故）、严重违反维修原则和情节严重的粗暴操作行为等，采取一票否决制。

10

项目十

发电机拆装检修

项目描述

张先生驾驶一辆丰田卡罗拉轿车，途中他发现充电指示灯一直亮着，之前从没出现过这样的现象，张先生怀疑发电机可能有故障，于是他将车开往4S店进行检查，本次任务请您根据现象为张先生解决这一问题。

学习目标

知识目标

1. 了解发电机的功用。
2. 掌握发电机的结构和原理。
3. 能够读懂发电机电路图。

技能目标

1. 能够对发电机故障进行诊断。
2. 能够对发电机进行检修。
3. 培养良好的安全文明操作习惯。

项目要求

1. 时间要求：建议6学时。
2. 质量要求：在满足厂家的生产规范及质量要求的前提下，能够熟练快速地诊断与排除故障。
3. 安全要求：严格按照安全操作规程进行项目作业。
4. 文明要求：自觉按照文明生产规则进行项目作业。

5. 环保要求：努力按照环境保护要求进行项目作业。

知识准备

1. 交流发电机的作用

发电机是汽车的主要电源，其作用是在发动机正常运转时向所有用电设备供电，同时向蓄电池充电，如图 10-1 所示。其原理是使用多槽传动带把发动机旋转的机械能传输给传动带轮，带动转子转动，产生旋转磁场，于是在定子绕组中产生感应电流。

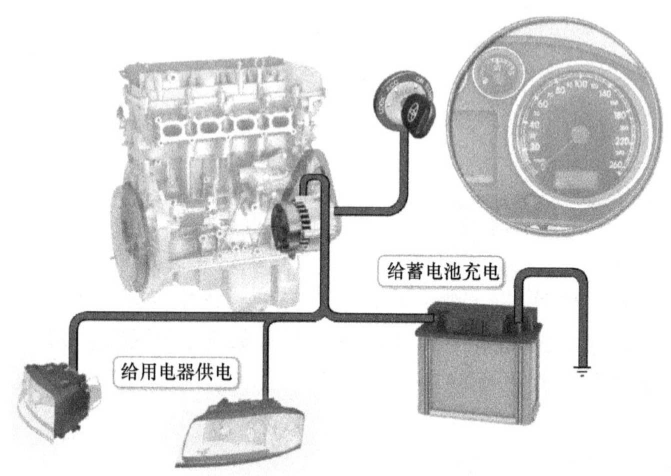

图 10-1

2. 交流发电机的类型

按总体结构分为以下几种：

1）普通交流发电机：无特殊装置，无特殊功能。

2）整体式交流发电机：发电机和调节器制成一个整体式发电机，比如卡罗拉，本项目以整体式交流发电机为例进行介绍。

3）带泵交流发电机：发电机和汽车制动系统用真空助力泵安装在一起的发电机。

4）无刷交流发电机：不需要电刷的发电机。

5）永磁交流发电机：磁极为永磁铁制成的发电机。

3. 交流发电机的结构

交流发电机主要由转子、定子、整流器和端盖四部分组成，如图 10-2 所示。

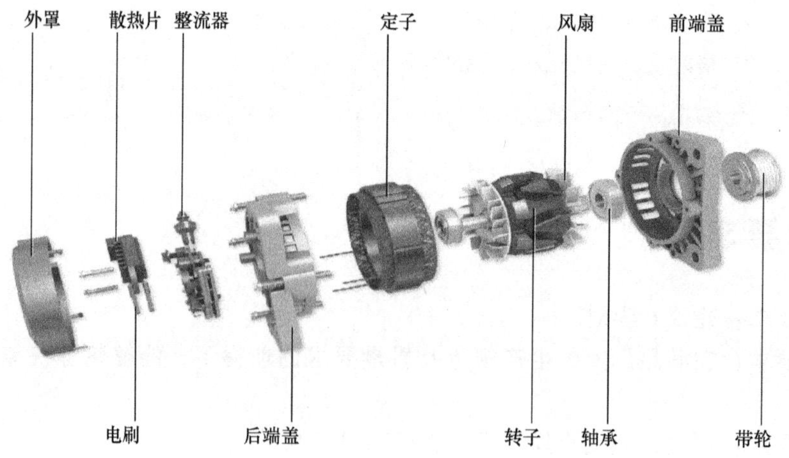

图 10-2

(1) 转子　转子的功用是产生磁场；其结构由磁极（爪极或极心）、励磁绕组、集电环、电刷、转子轴和风扇等组成，如图 10-3 所示。

转子轴上压装着两块磁极，每块上都有 6 个呈鸟嘴形状的爪极，空腔内装有励磁绕组和磁轭。集电环由两个彼此绝缘的铜环组成，压装在转子轴上并与轴绝缘，两个集电环分别与励磁绕组的两端相连。当给两集电环通入直流电时，励磁绕组中就有电流通过，并产生轴向磁通，使爪极一块被磁化为 N 极，另一块被磁化为 S 极，从而形成六对（或八对）相互交错的磁极。当转子转动时，就形成了旋转的磁场，如图 10-4 所示。

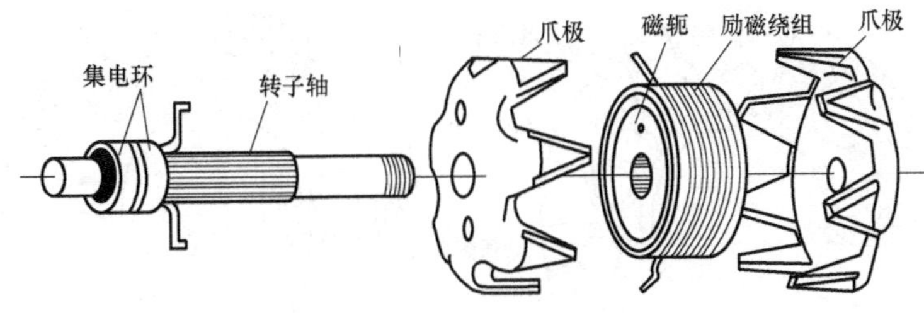

图 10-3

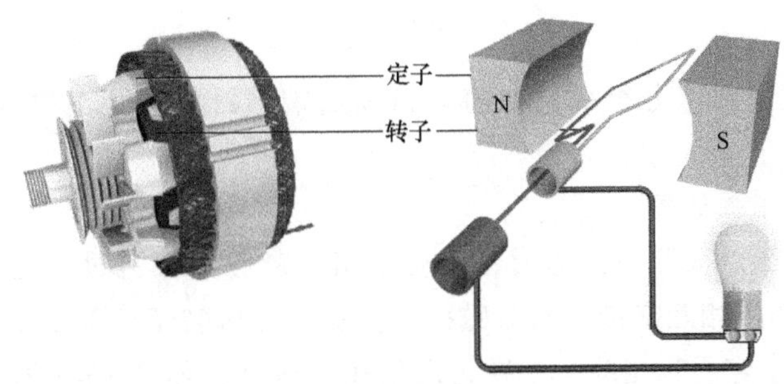

图 10-4

转子两端的风扇用来冷却励磁绕组，集电环由两个彼此绝缘的铜环组成，装在转子轴上且与轴绝缘。

(2) 定子　定子（见图 10-5）又称电枢，由定子铁心和定子绕组组成；其功用是产生三相交流电。定子铁心由内圈带槽的环状硅钢片叠成，定子绕组为三相对称绕组，安放在定子铁心的槽内。三相绕组的接法有星形联结（每相绕组的首端分别与整流器相连，每相绕组的尾端连接在一起，大多车型采用此接法）和三角形联结（少数车型采用）。

(3) 整流器　整流器的功用是把定子绕组产生的三相交流电变为直流电，并阻止蓄电池通过发电机放电。

图 10-5

整流器由整流板和整流二极管组成，6 管交流发电机的整流器是由 6 只硅整流二极管分别压装（或焊装）在相互绝缘的两块板上组成的，如图 10-6 所示；其中一块为正极板（带有输出端螺栓），另一块为负极板，负极板和发电机外壳直接相连（搭铁），也可以将发电机的后盖直接作为负极板。6 只整流二极管分为正极管和负极管两种。引出电极为正极的称为正极管，3 只正极管安装在正极板上；引出电极为负极的称为负极管，3 只负极管安装在负极板上，也可直接安装在后盖上。

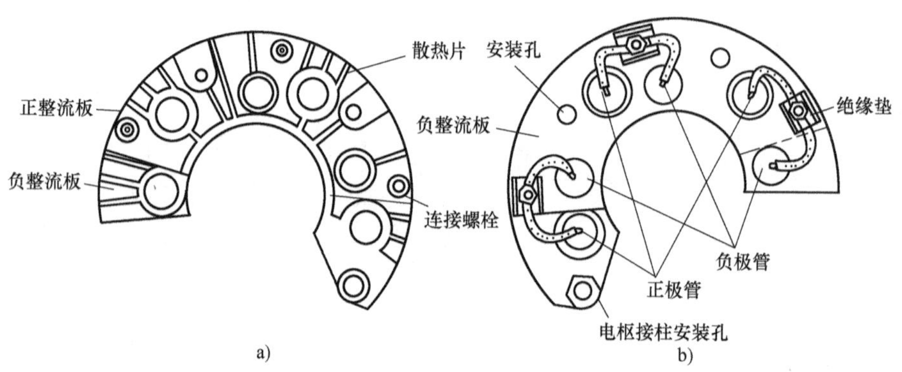

图 10-6

（4）端盖　端盖由两部分组成，即前端盖和后端盖；作用是支撑和固定转子、定子、整流器和电刷组件。

4. 交流发电机的工作原理

（1）发电原理　当点火开关接通时，励磁绕组中就有电流流过，此时转子的两块磁极被磁化，形成了 N、S 极相互交错的六对磁极。交流发电机转子外部是三相绕组，当转子转动时，磁场同时转动，定子三相绕组与磁场发生相对运动，如图 10-7 所示；定子绕组切割磁感线，穿过导线中的磁通量不断发生变化，在三相绕组中分别产生不断变化的交流电流。当三相绕组与整流器连接在一起时，三相绕组向整流器输出三相交流。

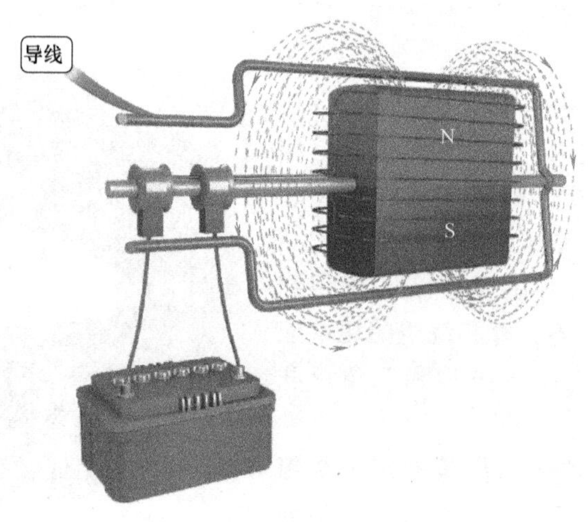

图 10-7

三相定子绕组产生的电流频率相同、最大值相同、相位差120°的正弦交流电动势，如图10-8所示。

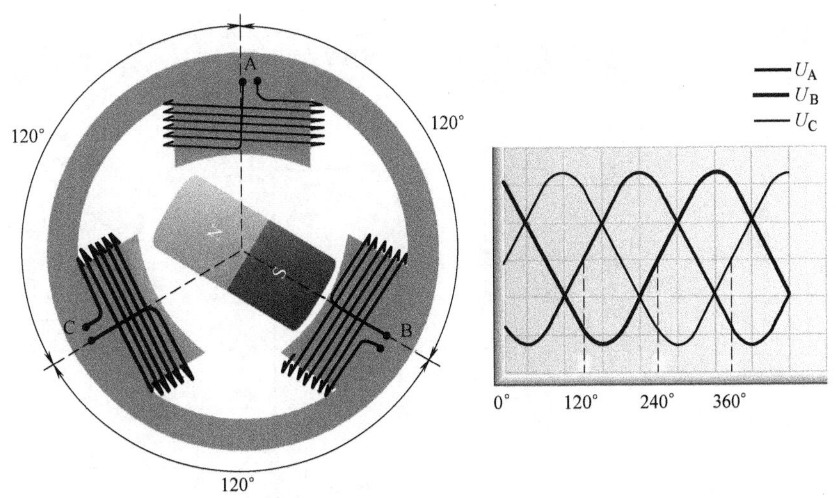

图10-8

(2) 交流发电机整流原理　三相交流电通过六个整流二极管组成的三相桥式全波整流电路，将每相定子绕组流向整流二极管的电流整流为极性不变的脉动波形。在整流电路中正极接绕组始端的二极管为正极管，负极接绕组始端的二极管为负极管；在交流发电机运转过程的每一段时间区间，总有一相绕组电压最高，另一相绕组电压最低，即整流器的六只二极管始终保持两个二极管（一正一负）导通，于是将电枢线圈产生的三相交流电转换成脉动的直流电，如图10-9所示。

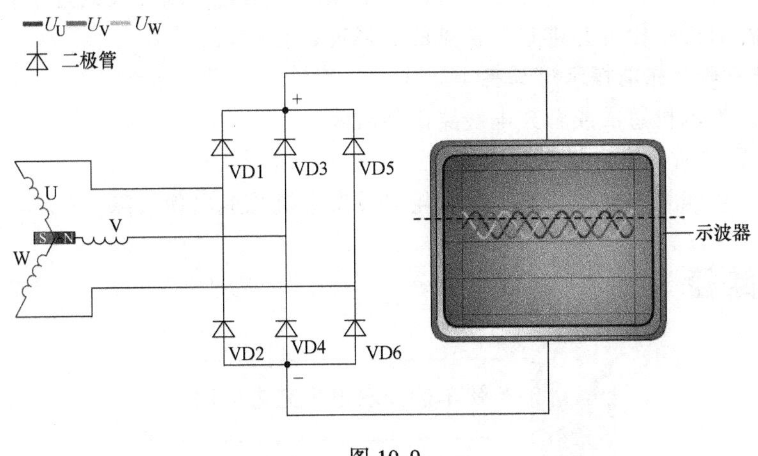

图10-9

(3) 交流发电机励磁电路　给交流发电机转子绕组供电使之产生磁场，称为励磁；励磁有他励和自励两种方式，如图10-10所示。

1) 他励：在发电机低速，发电机电压低于蓄电池电压时，采用他励供电；即励磁电流由蓄电池供给，使发电机很快建立磁场，电压迅速升高。

2) 自励：当发电机电压略高于蓄电池电压时，发电机向蓄电池充电，同时向自身励磁

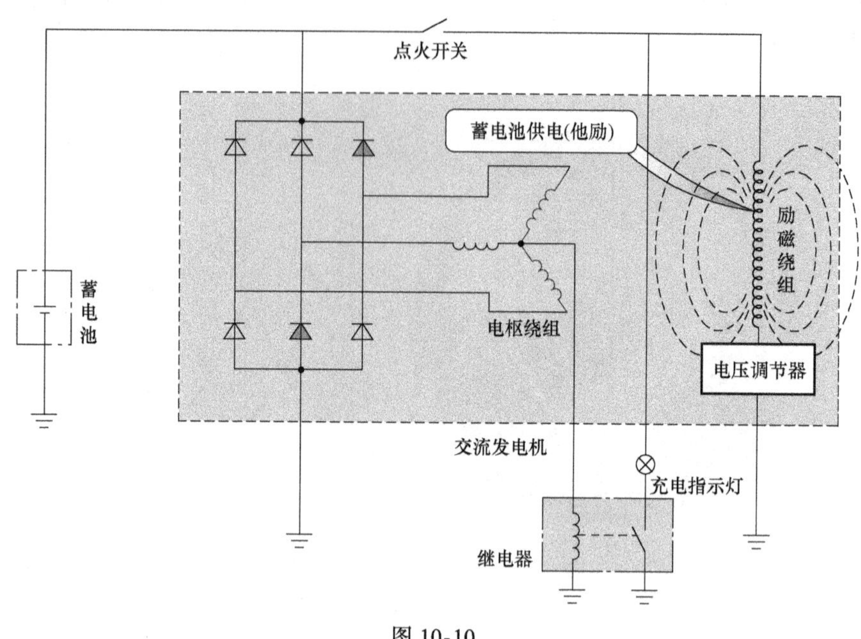

图 10-10

绕组提供励磁电流。

故障分析

发动机运转时，由发电机、调节器、蓄电池等组成的充电系统，可通过充电指示灯或电流表来判断其是否工作正常。当充电系统出现不充电、充电电流过大或过小、充电电流不稳等故障时，应及时进行检查并排查。常见的故障现象有：

1. 在驾驶车辆时充电指示灯长亮

故障原因：发电机总成或者充电线路出现故障。

2. 发动机运转时，发电机有异响声音

故障原因：可能是多楔带、离合器带轮以及发电机总成出现故障。

项目路径

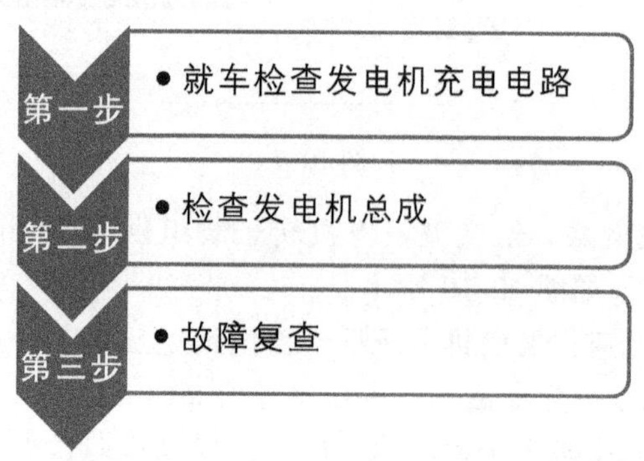

项目实施

在对发电机进行解体检测之前，首先需要对发电机的充电电路进行就车检查，即对发电机的输出电压和输出电流进行检测。

第一步 就车检查发电机充电电路

1. 将电压表和电流表连接至充电电路

1）将配线从发电机端子 B 上断开，并将其连接到电流表的负极（－）引线上，如图 10-11所示。

2）将电流表的正极（＋）引线连接至发电机的端子 B，如图 10-12 所示。

3）将电压表的正极（＋）引线连接至蓄电池的正极（＋）端子，如图 10-13 所示。

4）将电压表负极（－）引线搭铁。

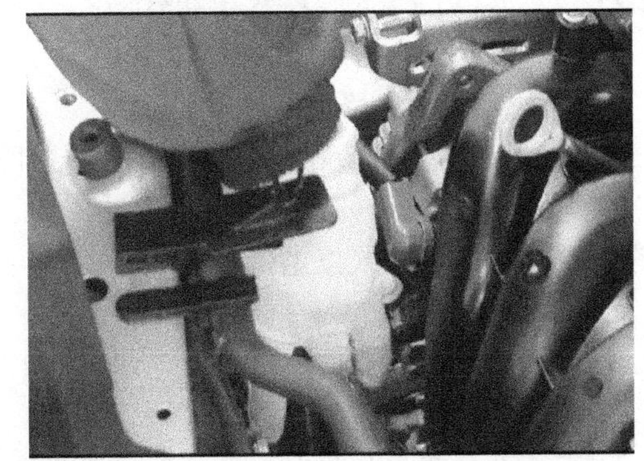

图 10-11

图 10-12

图 10-13

2. 检查充电电路（不带负载）

将发动机转速保持在 2000r/min，检查电流表和电压表的读数，如图 10-14 所示。标准电流：10A 或更小；标准电压：13.2～14.8V。如果结果不符合规定，则更换发电机。

如果蓄电池没有充满电，则电流表读数有时会大于标准电流。

图 10-14

3. 检查充电电路（带负载）

1）保持发动机转速在2000r/min，打开远光前照灯并将加热器鼓风机开关转至 HI 位置。

2）检查电流表的读数。标准电流：30 A 或更大，如图 10-15 所示。如果电流表读数小于标准电流，则更换发电机。

如果蓄电池已充满电，电流表读数有时会小于标准电流。在此情况下，运行刮水器电动机和车窗除雾器等设备以增加负载，然后再检查充电电路。

图 10-15

第二步　检查发电机总成

1. 拆卸

1）从蓄电池负极端子断开电缆，如图 10-16 所示。

2）拆卸散热器上的空气导流板，如图 10-17 所示。

图 10-16

图 10-17

3）拆卸 2 号气缸盖罩，如图 10-18 所示。

4）拆卸多楔带，如图 10-19 所示。

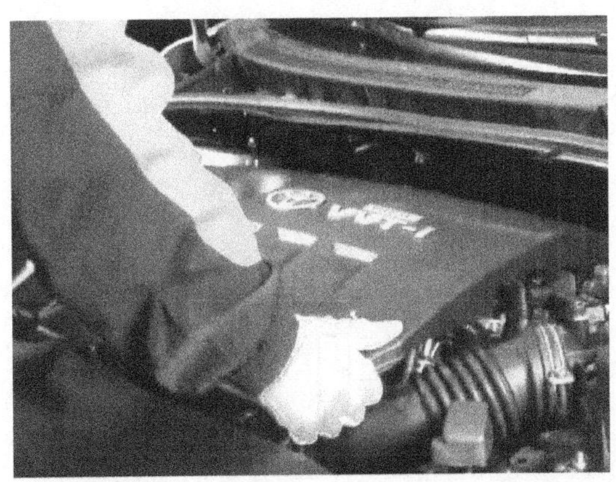

图 10-18

图 10-19

5）拆卸发电机总成。

① 拆下端子盖，如图 10-20 所示。

图 10-20

② 拆下螺母并将线束从端子 B 断开。

③ 断开插接器和线束卡夹。

④ 拆下 2 个螺栓和发电机总成，如图 10-21 所示。

⑤ 拆下螺栓和线束卡夹支架。

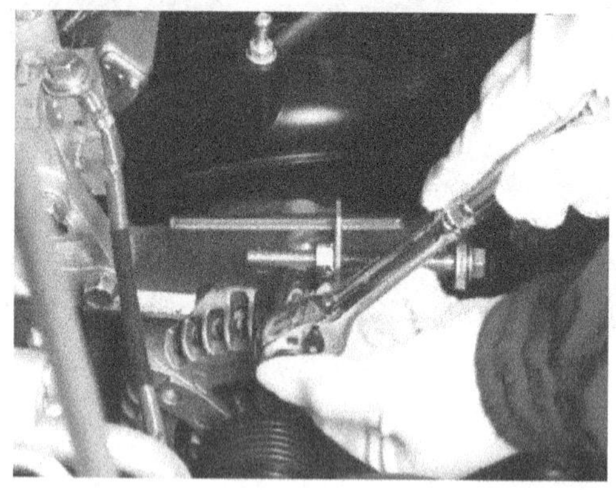

图 10-21

6）拆卸发电机离合器带轮。

① 用螺钉旋具拆下发电机带轮盖，如图 10-22 所示。

② 设置 SST（A）和（B），如图 10-23 所示。

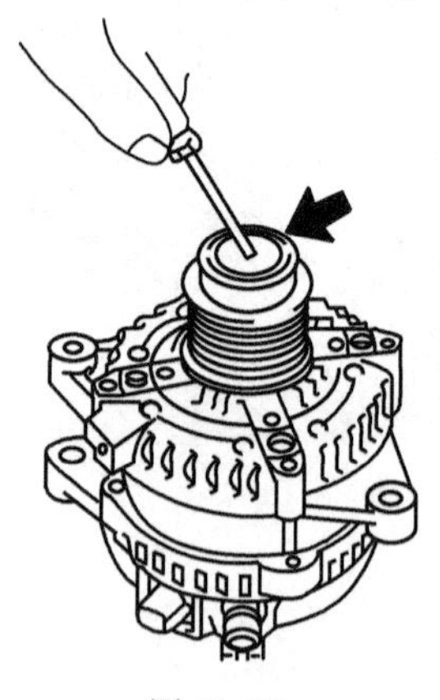

图 10-22

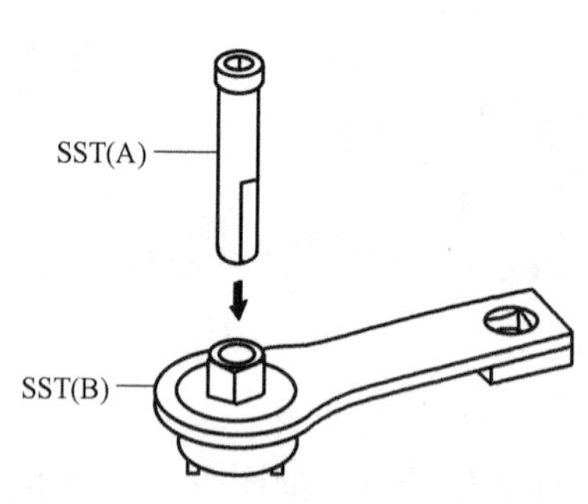

图 10-23

③ 将 SST（A）安装到离合器带轮上；将离合器带轮从转子轴上拆下，如图 10-24 所示。

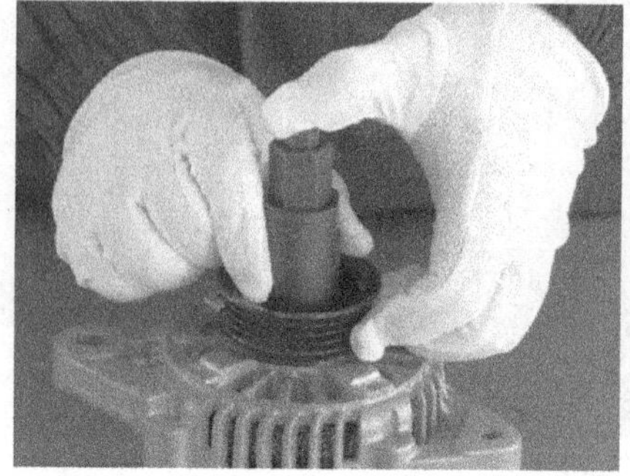

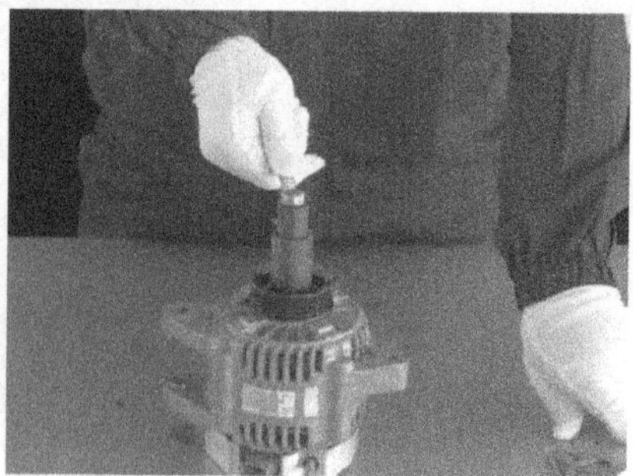

图 10-24

7）拆卸发电机后端盖。

① 将发电机总成放在台虎钳上。

② 拆下 3 个螺母和发电机后端盖，如图 10-25 所示。

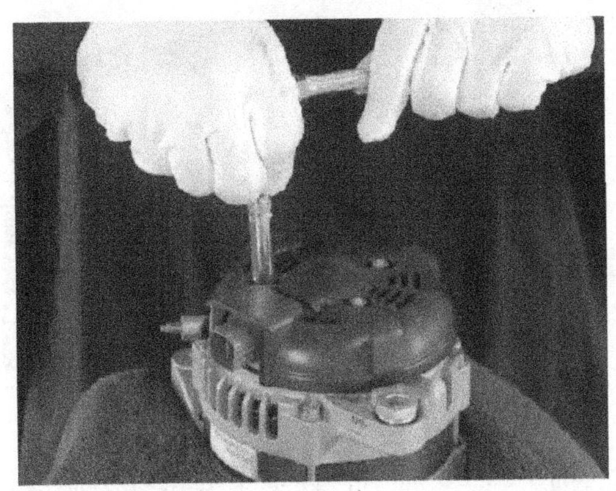

图 10-25

8）拆卸发电机电刷架总成：从发电机线圈上拆下 2 个螺钉和电刷架，如图 10-26 所示。

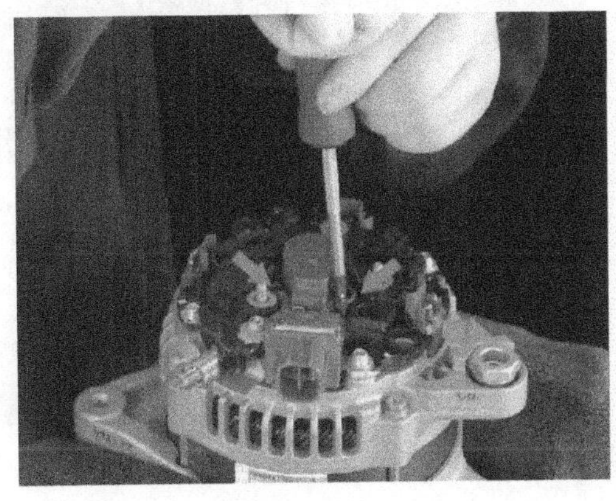
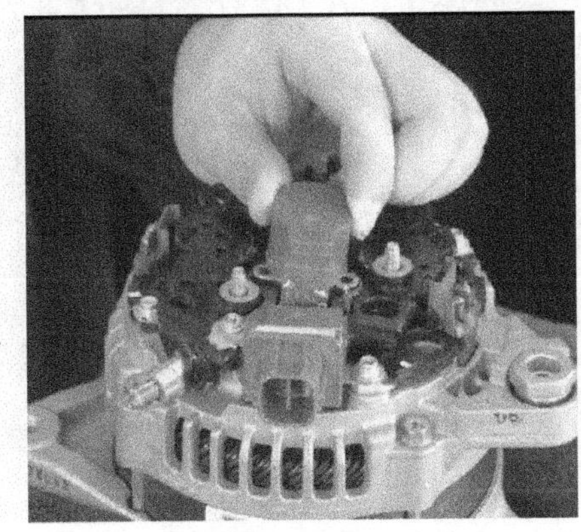

图 10-26

9）拆卸发电机线圈总成。

① 拆下 4 个螺栓，如图 10-27 所示。

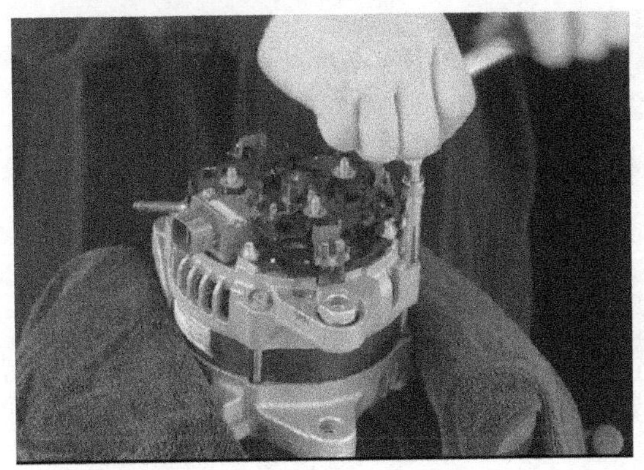
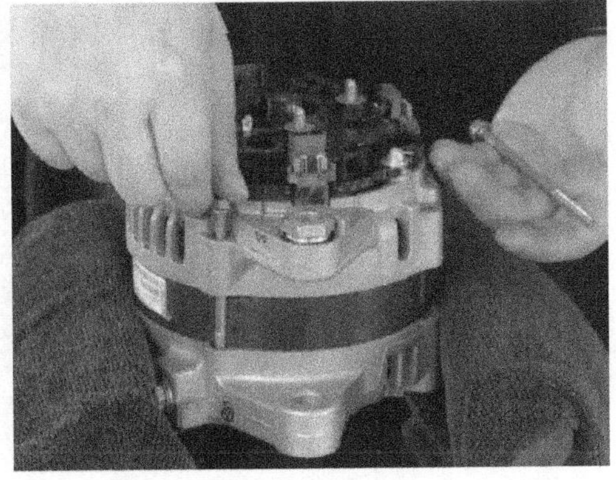

图 10-27

② 用 SST 拆下发电机线圈总成，如图 10-28、图 10-29 所示。

图 10-28

图 10-29

10）拆卸发电机转子总成：拆下发电机垫圈，如图 10-30 所示；拆下发电机转子总成，如图 10-31 所示。

图 10-30

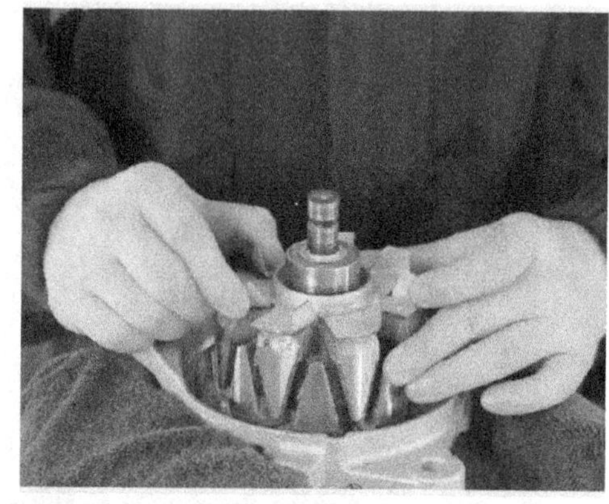

图 10-31

11）拆卸发电机驱动端端盖轴承。

① 从驱动端端盖上拆下 4 个螺钉和挡片，如图 10-32 所示。

② 用 SST 和锤子，从驱动端端盖中敲出驱动端端盖轴承。

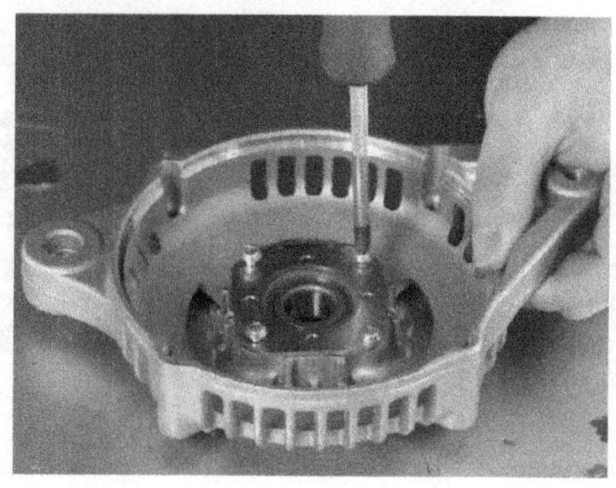

图 10-32

2. 检查

1）检查发电机离合器带轮。

固定带轮中心，确认外锁环只能逆时针转动而不能顺时针转动，如图 10-33 所示。如果结果不符合规定，则更换离合器带轮。

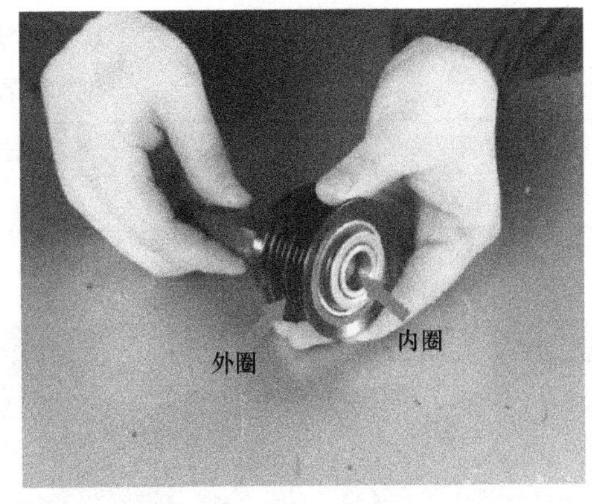

图 10-33

2）检查发电机电刷架总成：利用游标卡尺测量电刷的外露长度，如图 10-34 所示。标准外露长度：9.5 ~ 11.5mm，最小外露长度：4.5mm；

如果外露长度小于最小值，则更换电刷架总成。

测量电刷长度时，内测量爪必须靠近电刷中心线，如图 10-35 所示。

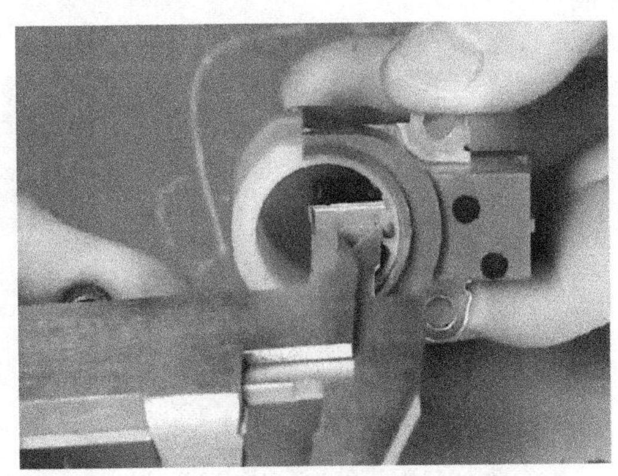

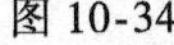

图 10-34

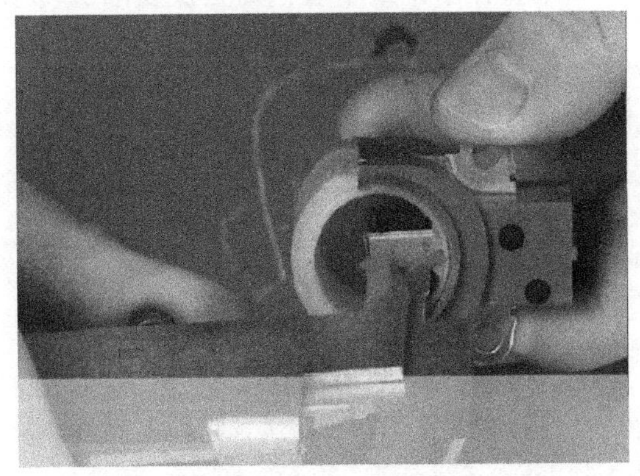

图 10-35

3）检查发电机转子总成。

① 检查发电机转子是否断路；用欧姆表测量集电环之间的电阻，如图 10-36 所示。如果结果不符合表 10-1 规定，则更换发电机转子总成。

表 10-1

检测仪连接	条件	规定状态
集电环-集电环	约 20℃	2.3～2.7Ω

② 检查转子是否对搭铁短路：使用欧姆表测量其中一个集电环与转子之间的电阻，如图 10-37 所示。如果结果不符合表 10-2 规定，则更换发电机转子总成。

表 10-2

检测仪连接	条件	规定状态
集电环-转子	—	1MΩ 或更大

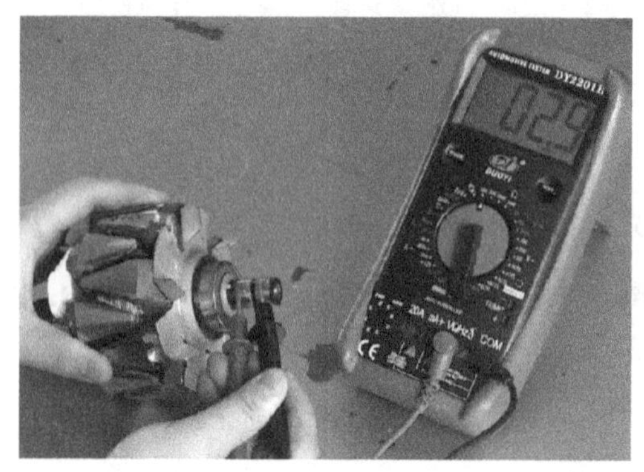

图 10-36

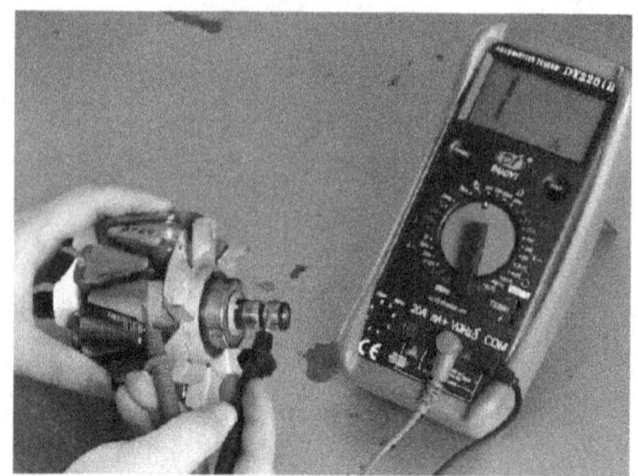

图 10-37

③ 检查并确认发电机转子轴承没有变粗糙或磨损；如有必要，则更换发电机转子总成。

④ 用游标卡尺测量集电环直径，如图 10-38、图 10-39 所示。标准直径：14.2～14.4mm；最小直径：14.0mm；

如果直径小于最小值，则更换发电机转子总成。

图 10-38

图 10-39

4）检查发电机驱动端端盖轴承。检查并确认轴承没有变粗糙或磨损，如图 10-40 所示；如有必要，则更换发电机驱动端端盖轴承。

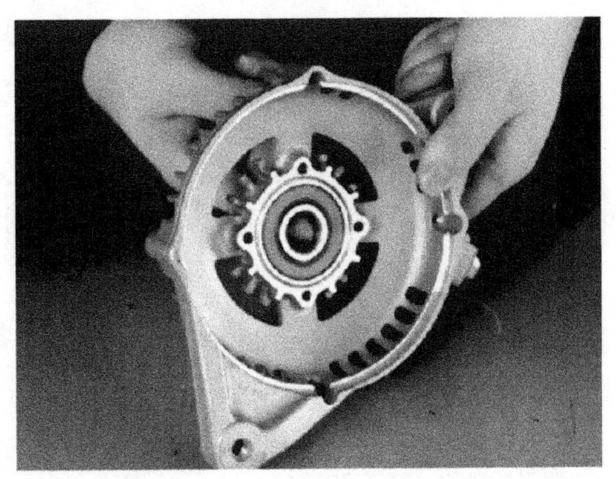

图 10-40

3. 安装

按照拆卸发电机总成的相反顺序安装发电机总成。

第三步　故障复查

起动发动机，检查发电机故障是否解决。

项目评价

考评项目		自我评价	小组互评	教师评价
素质考评 20	劳动纪律(4 分)			
	安全意识(4 分)			
	环保意识(4 分)			
	团队精神(4 分)			
	协作能力(4 分)			
技能考评 80	工具量使用(10 分)			
	任务方案(15 分)			
	实施过程(30 分)			
	完成结果(15 分)			
	工单填写(10 分)			
合计(100 分)				
综合评价(100 分)				

注意

发生重大事故（人身和设备安全事故）、严重违反维修原则和情节严重的粗暴操作行为等，采取一票否决制。

项目十一 11

起动机电路识读及故障诊断

项目描述

王小姐的卡罗拉轿车无法起动，被送到4S店检修，维修人员将点火钥匙旋至ST档，车辆无任何反应，听不到起动机声音。几次试验，均如此，初步判断起动系统出现故障，请进一步检查并排除故障。

学习目标

知识目标

1. 了解起动机的功用。
2. 熟悉起动系统的组成和电路原理。

技能目标

1. 掌握起动机的故障诊断和检查方法。
2. 能够对起动机进行拆装检修。
3. 培养良好的安全文明操作习惯。

项目要求

1. 时间要求：建议6学时。
2. 质量要求：在满足厂家的生产规范及质量要求的前提下，能够熟练快速地诊断与排除故障。
3. 安全要求：严格按照安全操作规程进行项目作业。
4. 文明要求：自觉按照文明生产规则进行项目作业。
5. 环保要求：努力按照环境保护要求进行项目作业。

知识准备

1. 起动系统的组成与功用

汽车发动机由静止状态变为运转状态的过程称为起动，发动机的起动必须借助外力来带动曲柄连杆机构运动，完成可燃混合气的压缩，才能开始点火燃烧，能够使发动机从静止进入工作状态的系统装置，即是发动机起动系统。

起动系统由一般由蓄电池、起动机、点火开关、起动继电器、飞轮等组成，如图 11-1 所示。

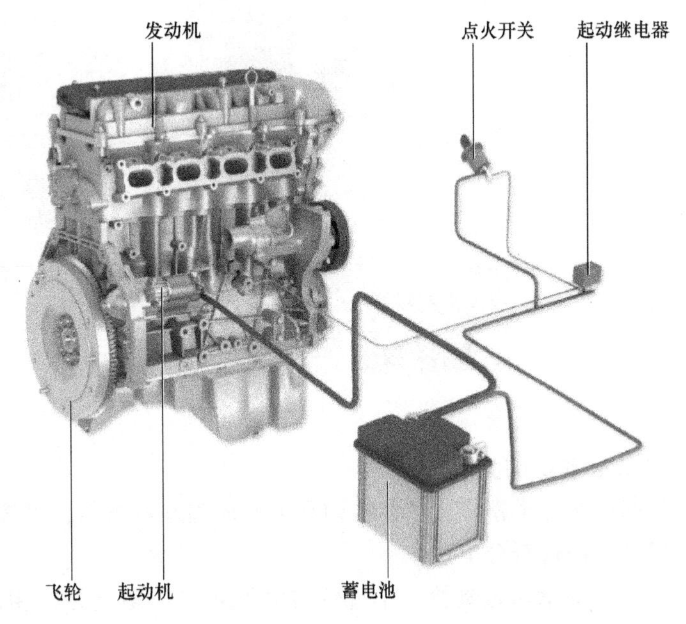

图 11-1

2. 起动系统电路原理

当点火开关处于 ST 位置时，起动机电磁开关中的吸引线圈和保持线圈同时通电，两个线圈产生的磁场力吸引铁心移动，带动拨叉使小齿轮移出与飞轮齿圈啮合。当铁心移动到使接触片闭合位置时，吸引线圈被短路，失去作用；保持线圈所产生的磁力继续保持铁心位置。

当点火开关回到 ON 位时，电路断开，在回位弹簧作用下，铁心复位，小齿轮移出且停止转动，起动机停止工作，如图 11-2 所示。

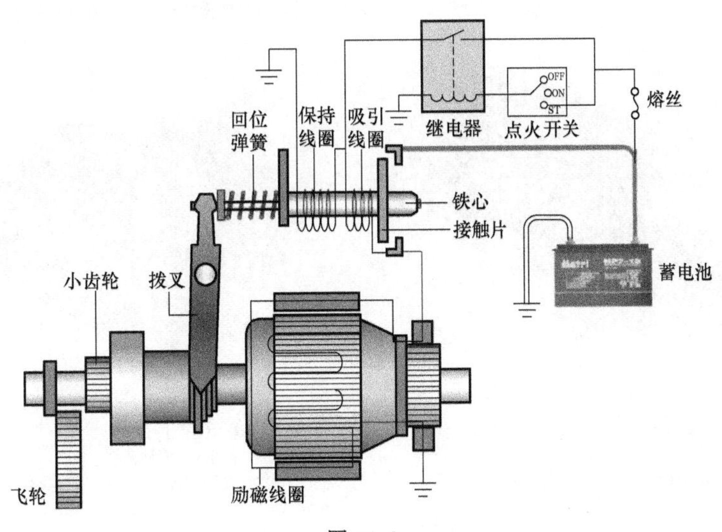

图 11-2

3. 起动机的功用

起动机是起动系统中最为关键的部件，其作用是将蓄电池电能转化为机械能驱动飞轮运转，带动曲柄连杆机构运动，使发动机从静止进入工作状态，如图 11-3 所示。

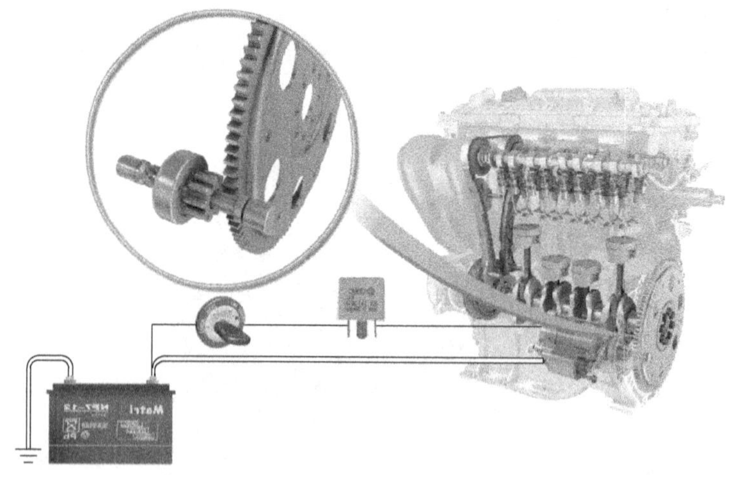

图 11-3

4. 起动机的类型

起动机种类繁多，具体结构和工作原理基本类似，可按照直流电动机、传动机构、控制装置的不同进行分类。

（1）普通型起动机　小齿轮与电枢在同一轴上并以相同转速旋转；由电磁开关插入件上的传动杆控制小齿轮与飞轮齿圈啮合或脱开，如图 11-4a 所示。

（2）减速型起动机　减速型起动机使用一台紧凑的高速直流电动机；通过减速齿轮降低电枢的转速以增加小齿轮的旋转力矩；电磁开关的活动铁心直接推动同一轴上的小齿轮与齿圈啮合或脱开，如图 11-4b 所示。

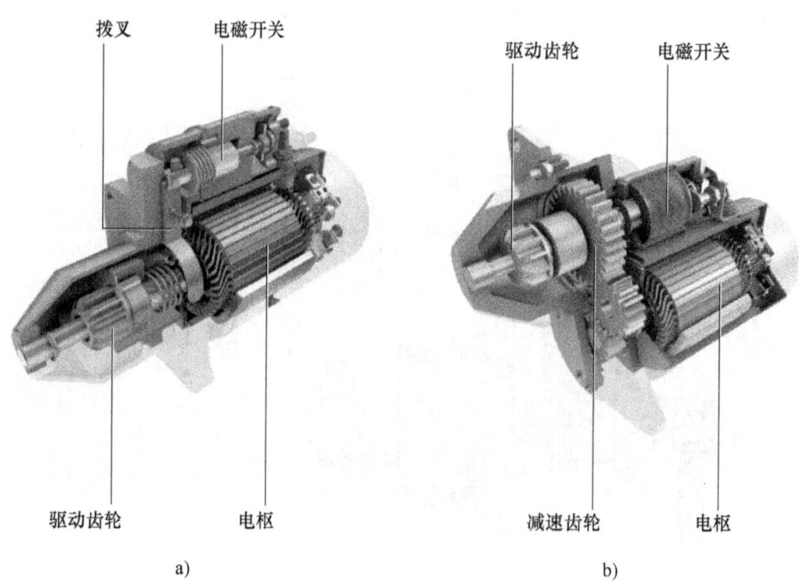

图 11-4

(3) 行星齿轮减速起动机（卡罗拉）　行星齿轮减速起动机有一行星齿轮传动机构，用来降低电枢的转速；小齿轮通过传动杆与飞轮齿圈啮合或脱开，如卡罗拉车型的起动机就是该种类型，其结构如图 11-5 所示。

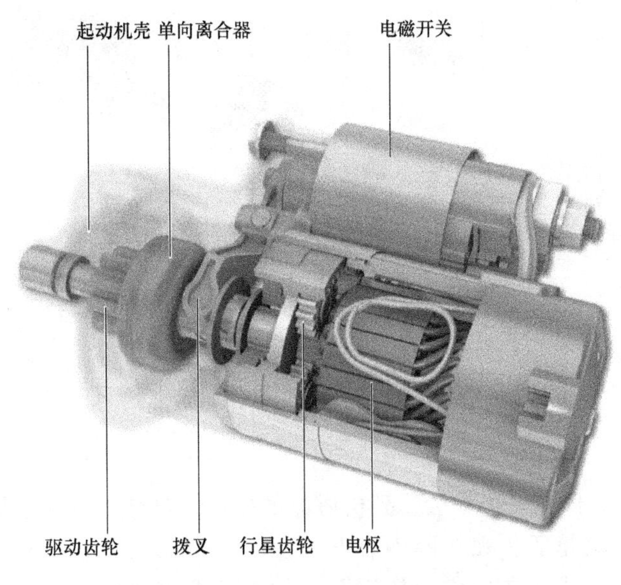

图 11-5

5. 行星齿轮减速起动机的组成

起动机是起动系统中重要的组成部分，一般由串励直流电动机、传动机构、控制装置（目前汽车大多采用电磁式控制装置即电磁开关）等组成，如图 11-6 所示。

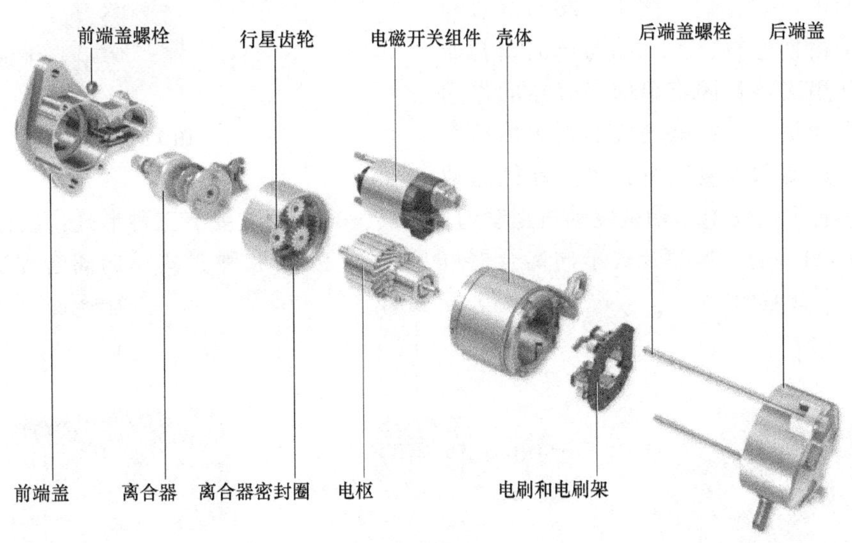

图 11-6

(1) 串励直流电动机　其结构主要由壳体、磁极、电枢、转向器、电刷及电刷架、端盖组成，如图 11-7 所示；其作用是产生起动转矩。

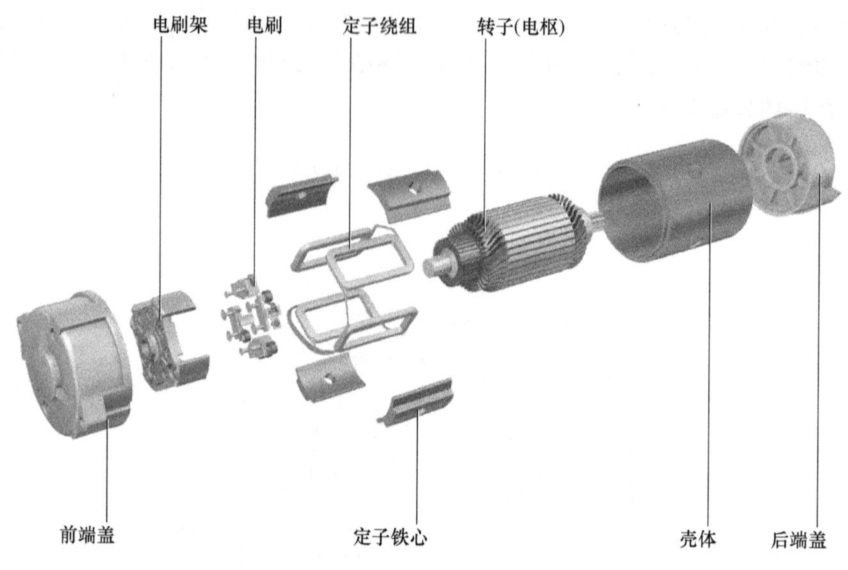

图 11-7

工作原理：通电导体在磁场中会受到电磁力的作用，电磁力方向遵循左手定则。当蓄电池电流经过电刷引入电枢后，在线圈中有电流流过，产生电磁力，线圈在电磁力作用下产生旋转运动，由左手定则可知线圈转动方向为顺时针，实现了电能与机械能的转变，如图 11-8 所示。

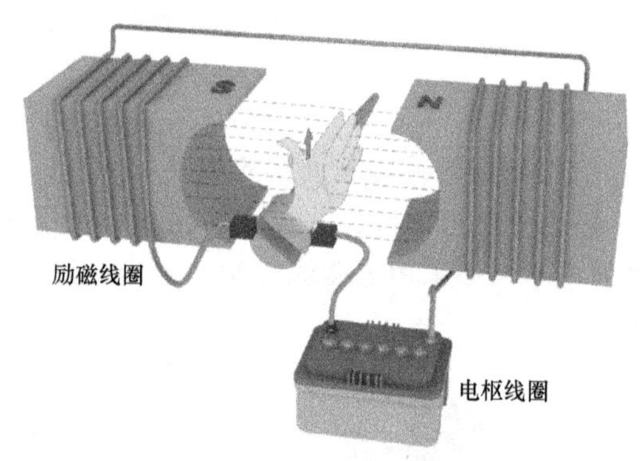

图 11-8

（2）传动机构　起动机的传动机构主要包括拨叉和单向离合器。拨叉一端与电磁开关中的移动衔铁连接，另一端与单向离合器相连，中间用连接片固定单向离合器的作用是在起动发动机时，将电动机的转矩传给发动机曲轴，进而起动发动机；当发动机起动后，能自动打滑防止电枢轴被发动机拖动超速旋转。离合器主要有三种形式：滚柱式单向离合器（见图 11-9a）、摩擦片式单向离合器（见图 11-9b）和弹簧式单向离合器（见图 11-

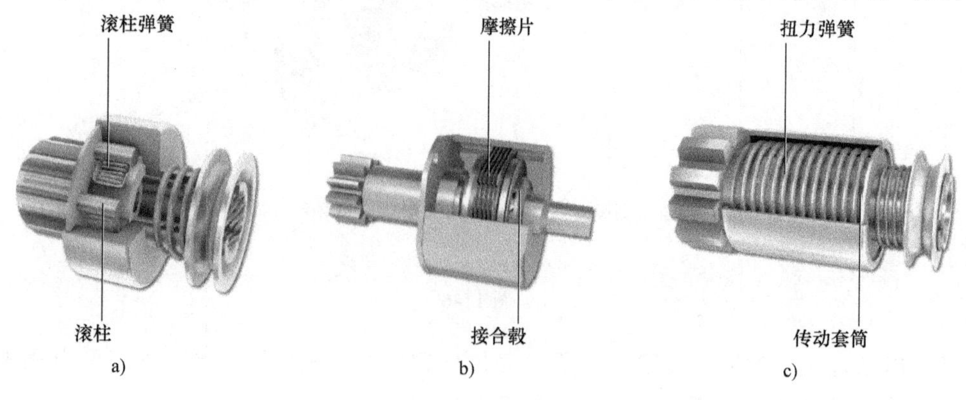

a)　b)　c)

图 11-9

9c)。目前国产汽车多采用滚柱式单向离合器。

(3) 电磁开关　电磁开关（电磁式控制装置）的作用是控制驱动齿轮与飞轮齿圈的啮合与分离、控制电动机电路的接通与切断。电磁开关主要包括吸引线圈、保持线圈、静铁心、动铁心、回位弹簧和接触片等，如图 11-10 所示。

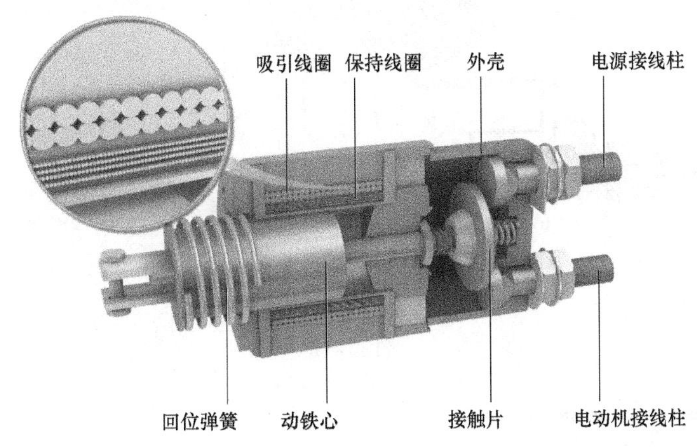

图 11-10

工作原理：当起动电路接通后，保持线圈和吸引线圈产生的电磁力克服回位弹簧弹力使铁心左移，并带动齿轮右移，如图 11-11 所示；起动后，起动电路断开，铁心在回位弹簧作用下右移，并带动齿轮回位，如图 11-12 所示。

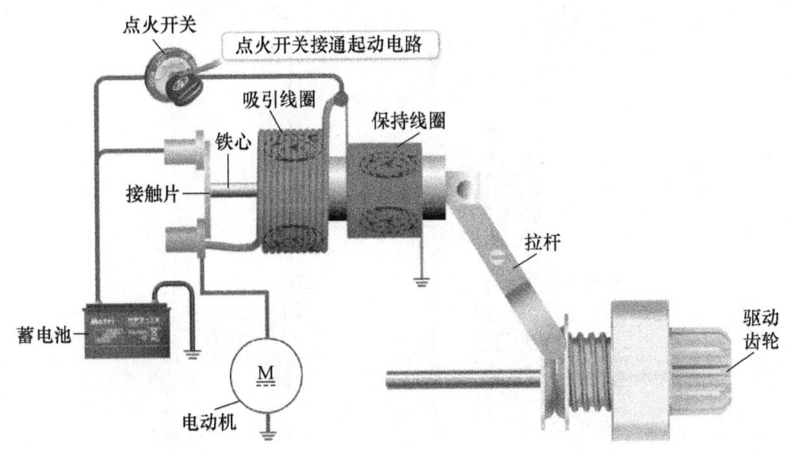

图 11-11

6. 起动机的电路识读

起动机电路如图 11-13 所示。

点火开关打到起动（START）档，电流才能够从蓄电池正极出发，首先到达熔丝(30A)、熔丝（7.5A)→起动开关总成→中间插接器→驻车与空档行程开关组件→系统继电器→搭铁→蓄电池负极，形成回路。电流产生磁场使继电器开关闭合→电流到达起动机总成→电流产生磁场，使起动机电磁开关闭合；当电磁开关接通后，电流自蓄电池→电磁开关接触盘→起动机→接地，形成回路，起动机运转。起动系统工作流程如图 11-14 所示。

点火开关
起动电路断开
铁心
吸引
线圈
反向电流消磁
保持线圈
接触片
拉杆
蓄电池
驱动
齿轮
M
电动机

图 11-12

30A
AM2
熔丝
7.5A
AM1
熔丝
起动
开关总成
ACC
IG1
ST1
AM1
AM2
IG2
ST2
AE1
AE3
中间插接器
系统
继电器
BA2
驻车与空
档行程开
关组件
4A
25
2E
起动
机总
成
(BAT)
蓄电池
STAR
STA
电子控制模块STAR柱接
B线束的52号脚，STA柱
接A线束的48号脚
E1

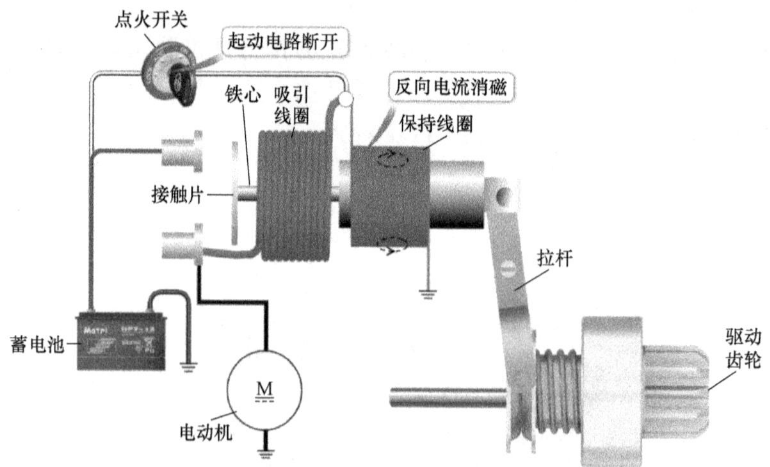

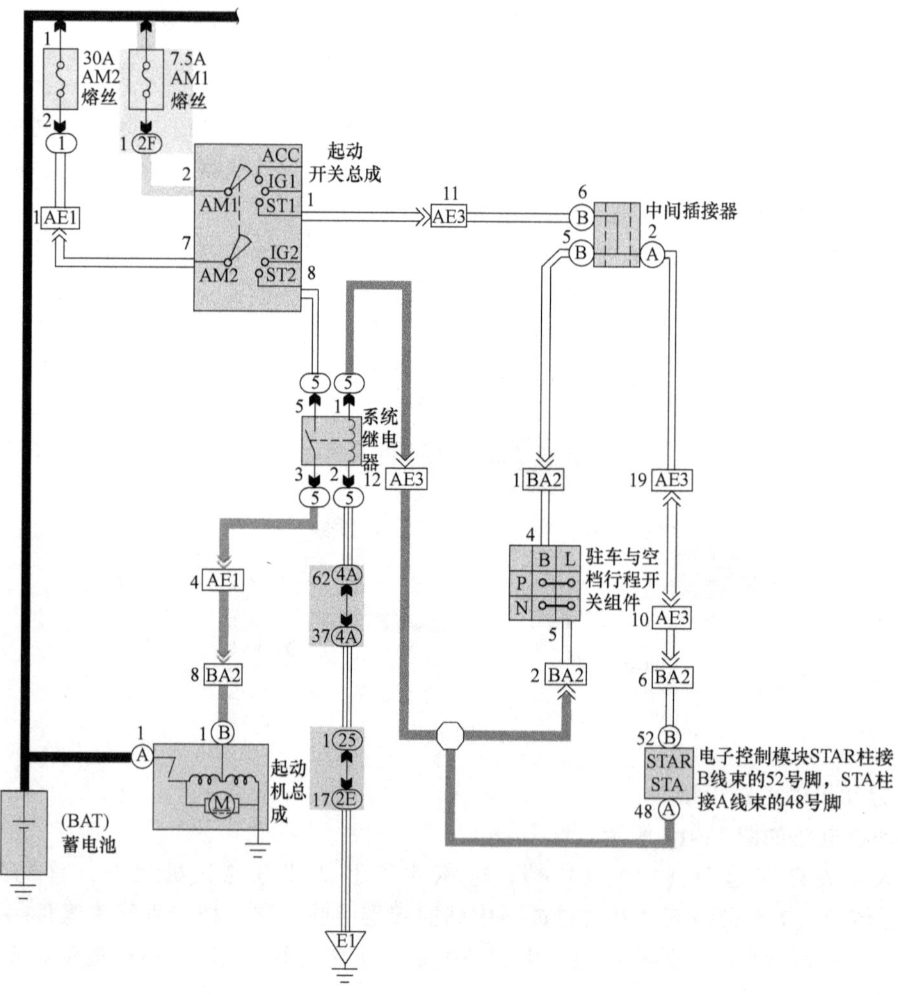

图 11-13

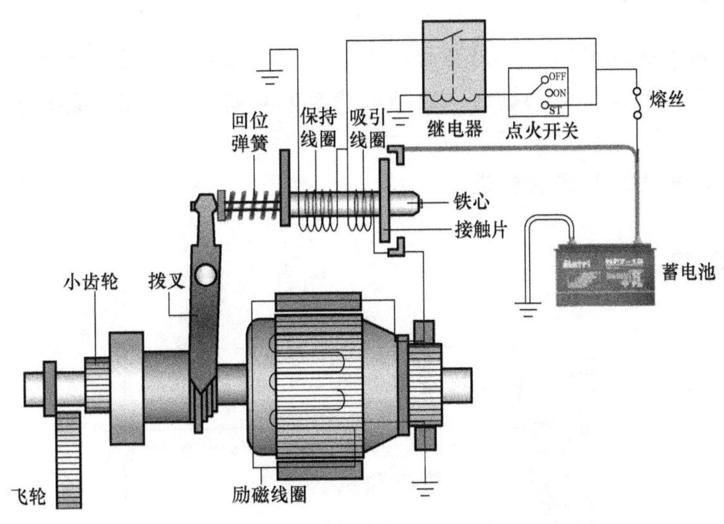

图 11-14

故障分析

汽车起动系统常见的故障有起动机不转、起动机起动无力和起动机空转等现象。

一、起动机不转

故障现象：起动时，起动机不转动，无动作迹象。

故障原因：

(1) 电源故障　蓄电池严重亏电或极板硫化、短路等，蓄电池极柱与线夹接触不良，起动电路导线连接处松动而接触不良等。

(2) 起动机故障　换向器与电刷接触不良，励磁绕组或电枢绕组有断路或短路，绝缘电刷搭铁，电磁开关线圈断路、短路、搭铁或其触点烧蚀而接触不良等。

(3) 起动继电器故障　起动继电器线圈断路、短路、搭铁或其触点接触不良。

(4) 点火开关故障　点火开关接线松动或内部接触不良。

(5) 起动系统线路故障　起动系统线路中有断路、导线接触不良或松脱等。

二、起动机起动无力

故障现象：起动机带动发动机曲轴转动，转速很低或短暂停转。

故障原因：

(1) 电源故障　电源故障有蓄电池亏电或极板硫化短路、起动电源导线连接处接触不良等。

(2) 起动机故障　起动机故障有换向器与电刷接触不良、电磁开关接触盘和触点接触不良、电动机励磁绕组或电枢绕组有局部短路等。

三、起动机空转

故障现象：接通起动开关后，只有起动机快速旋转而发动机曲轴不转。

故障原因：表明起动机电路畅通，故障可能是单向离合器打滑、起动机驱动齿轮无法与飞轮齿圈啮合。

本项目以起动机不转故障为例进行检测。

项目路径

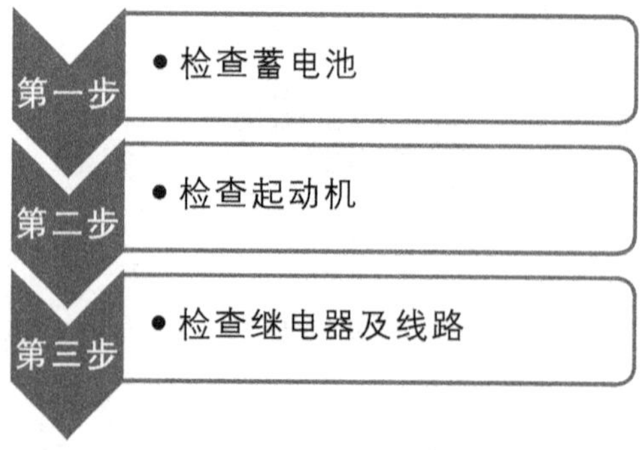

项目实施

首先将点火开关旋至 START 档，起动车辆，确认故障现象。尝试多次后，如果车辆仍不能起动，按以下步骤依次检查蓄电池、起动机和起动电路。

第一步　检查蓄电池

1. 前期准备

确认点火开关处于关闭状态，检查灯光、空调等所有用电设备处于关闭状态，拉起驻车制动器，将换档杆置于 P 位置。

2. 外观检查

1）打开发动机舱盖检查蓄电池壳体是否有裂纹、渗漏电解液现象，如果有，则更换蓄电池。

2）检查蓄电池正负极柱是否有腐蚀物，如果有，用铜丝刷子清洁。

3）检查蓄电池电缆接头与极柱、连接导线有无松动，如有，应紧固或更换电缆接头。

3. 电压检查

选用数字万用表并打开，调至直流电压 20V 档位，将红、黑表笔分别与蓄电池正、负极柱顶端连接，观察并记录电压读数，若所测电压值不在蓄电池正常电压范围内，则需要充电。蓄电池电压值正常为 12 ~ 12.6V。

蓄电池充电方式有：定压充电、定流充电、快速充电、去硫化充电。最常见的充电方法是定压充电。下面就以定压式蓄电池充电为例，详细讲解充电过程。

1）用“棘轮扳手、短接杆、10mm 长套筒”组合工具拧松蓄电池上方压板的 2 个固定螺母，用手取下外侧的压板固定螺母，用手拧松内侧的压板固定螺母，将压板和钩形螺杆一同取下，并放置于工具车上，如图 11-15 所示。

2）用 10mm 梅花扳手拧松蓄电池负极接线柱固定螺母，取下负极电缆，并放置于合适位置。

3）取出蓄电池，放置于工作台上。

4）将充电机输出电缆线正极与蓄电池正极相接，输出电缆线负极与蓄电池负极相接，如图 11-16 所示。

5）将充电机接在 220V 的交流电源上。

注意

充电规范有初充电和补充充电两种，下面用到的是补充充电，分两个阶段对蓄电池进行充电。

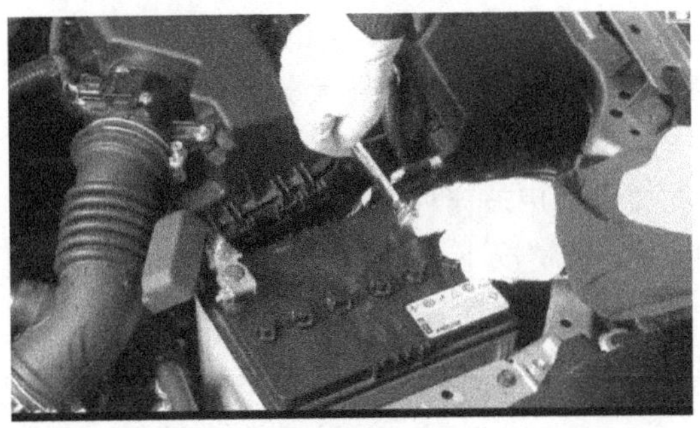

图 11-15

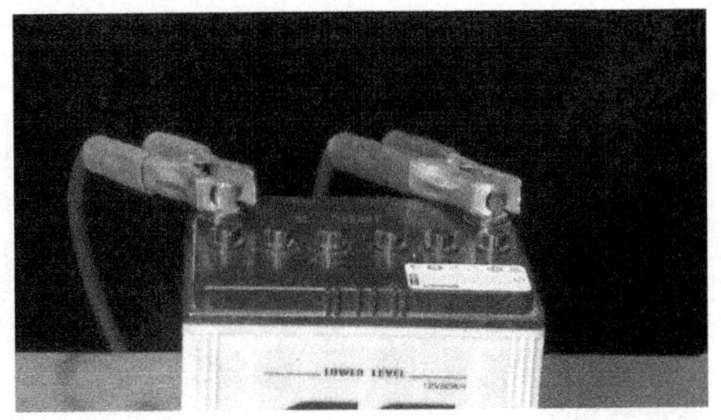

图 11-16

6）选择 12V 电压，将充电电流调到最小值，然后打开充电电源开关，如图 11-17 所示。

7）先选择额定电流的 1/10 进行充电 8 ~ 10h。

8）然后调整为额定电流的 1/15 进行充电 2 ~ 4h。

9）蓄电池充电检测。

用万用表测量端电压是否上升到最大值，且 2 ~ 3h 内不再下降。观察电解液中产生大量气泡，呈沸腾状态，记录读数，如图 11-18 所示。

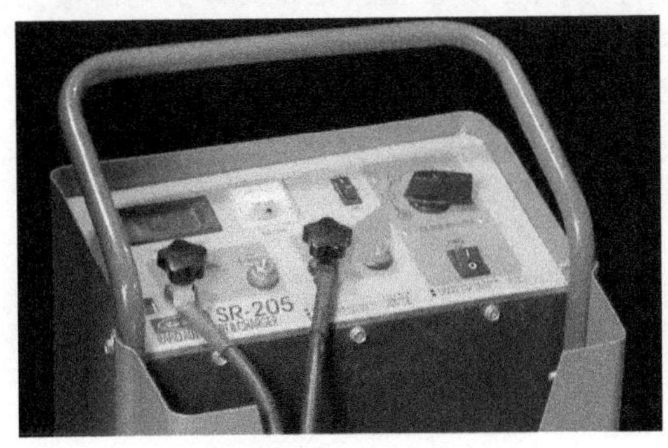

图 11-17

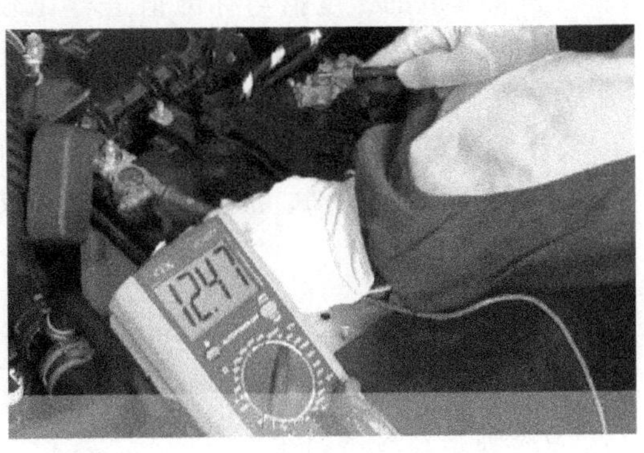

图 11-18

电解液密度检查。若所测电压值和电解液密度不在标准范围内，则说明蓄电池有故障，需检修。若正常，执行下一步。

10）充电完毕，关闭充电机的电源开关。

11）将充电机与220V的交流电源断开。

12）将充电机的输出电缆线负极与蓄电池负接线柱分离，充电机的输出电缆线正极与蓄电池正接线柱分离。

13）整理充电机，放置于指定位置。

- 充电时，附近不能有火花，禁止抽烟。
- 打开充电机的电源开关前，要确定充电电流调到最小值。

4. 电解液检查

（1）检查电解液液位　电解液液位检查方法，需要根据蓄电池的类型来选择：

1）蓄电池外壳为透明壳体。目测电解液液面高度是否在最小和最大刻度线范围内。如果不符合规定，加注蒸馏水至最大刻度。加注完毕后，检查电解液密度。

2）蓄电池外壳为不透明壳体。用手拧下加液孔盖，选用玻璃杆，插入蓄电池内部至蓄电池底板，然后取出，观察玻璃杆上液体浸入的高度。正常情况下，电解液液面高于底板至少10mm位置。如异常，需适当加注蒸馏水至电解液上刻度线，加注完毕后，检查电解液密度。

3）免维护蓄电池。可通过电量指示器观察颜色。绿色表示正常，红色表示亏电，白色表示需更换蓄电池。

（2）检查电解液密度

1）选用密度计，掀起盖板，用专用清洁布清洁汽车多用途密度计的棱镜表面。

2）在棱镜表面的中间位置滴一滴蒸馏水进行校零。

3）用吸管从蓄电池的一个单格中蘸少许电解液滴在棱镜表面的中间位置，合上盖板轻轻按压。

4）将密度计对向明亮处，旋转目镜使视场内刻度线清晰，读取标尺上的密度值，如图11-19所示。

5）将读取的密度值与标准值进行比较，如果读数低于标准值，则需要添加电解液原液；若读数高于标准值，需要添加蒸馏水（20℃时，电解液密度标准值为1.25～1.29g/L）。

6）按照上述同样方法，测量蓄电池其他单格的电解液密度。

7）测试完毕，将吸管用纸巾擦干净放回包装盒内；先用纸清洁棱镜表面和盖板，接着再用干净的布进行清洁，清洁完毕后将其放回包装盒内，如图11-20所示。

注意

在测量电解液密度时，要防止电解液沾在皮肤和眼睛上，以免烧伤；如果沾上，应立即用苏打水洗净。

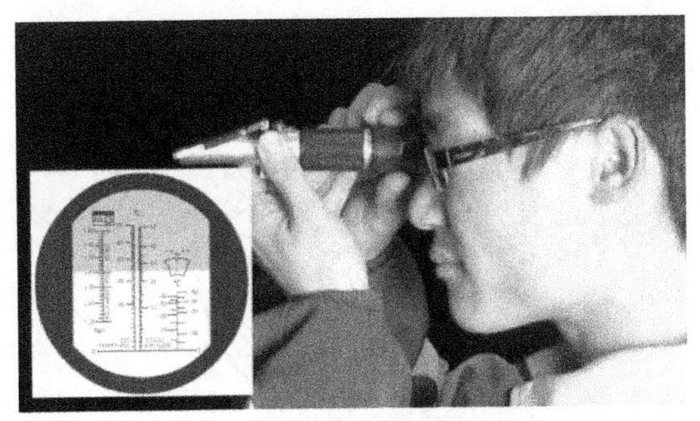

图 11-19

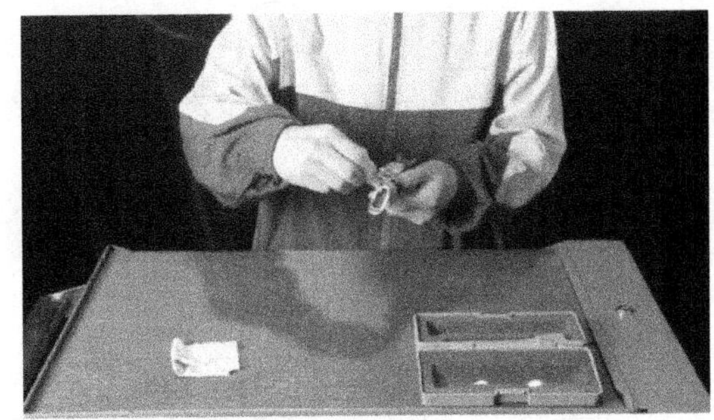

图 11-20

第二步　检查起动机

1. 拆卸磁力起动机开关总成

1）拆下螺母，然后从磁力起动机开关总成上断开引线，如图 11-21 所示。

2）固定磁力起动机开关总成时，从起动机驱动端壳总成上拆下 2 个螺母。

3）拉出磁力起动机开关总成，并且在提起磁力起动机开关总成前部时，从驱动杆和磁力起动机开关总成上松开铁心挂钩，如图 11-22 所示。

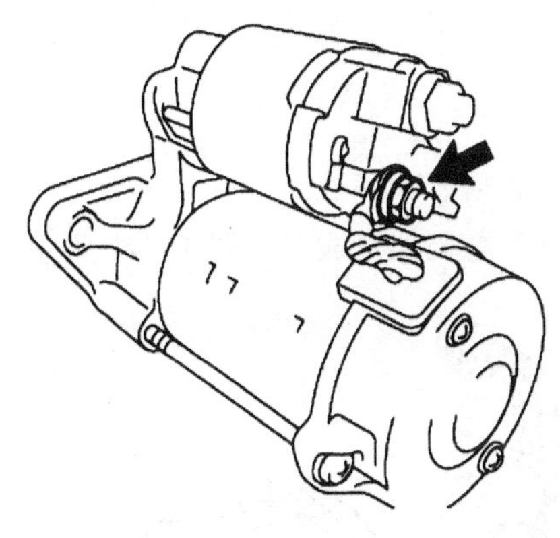

图 11-21

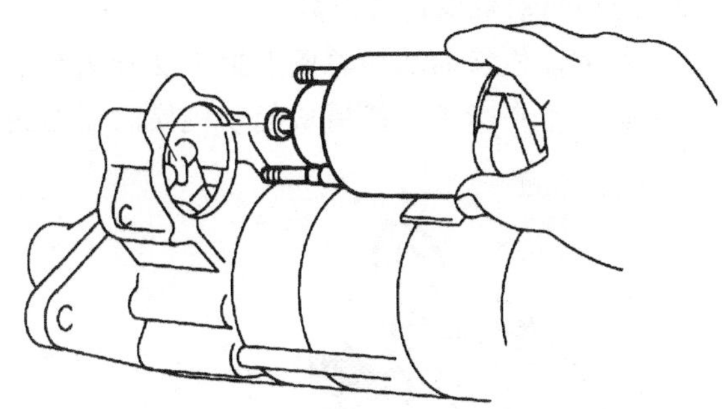

图 11-22

2. 拆卸起动机磁轭总成

1）拆下 2 个螺钉，如图 11-23 所示。

2）将起动机磁轭和起动机换向器端架总成一起拉出。

3）从起动机换向器端架总成上拉出起动机磁轭总成，如图 11-24 所示。

3. 拆卸起动机电枢总成

从起动机磁轭总成上拆下起动机电枢总成，如图 11-25 所示。

4. 拆卸起动机电枢板

从起动机驱动端壳总成或起动机磁轭总成上拆下电枢板。

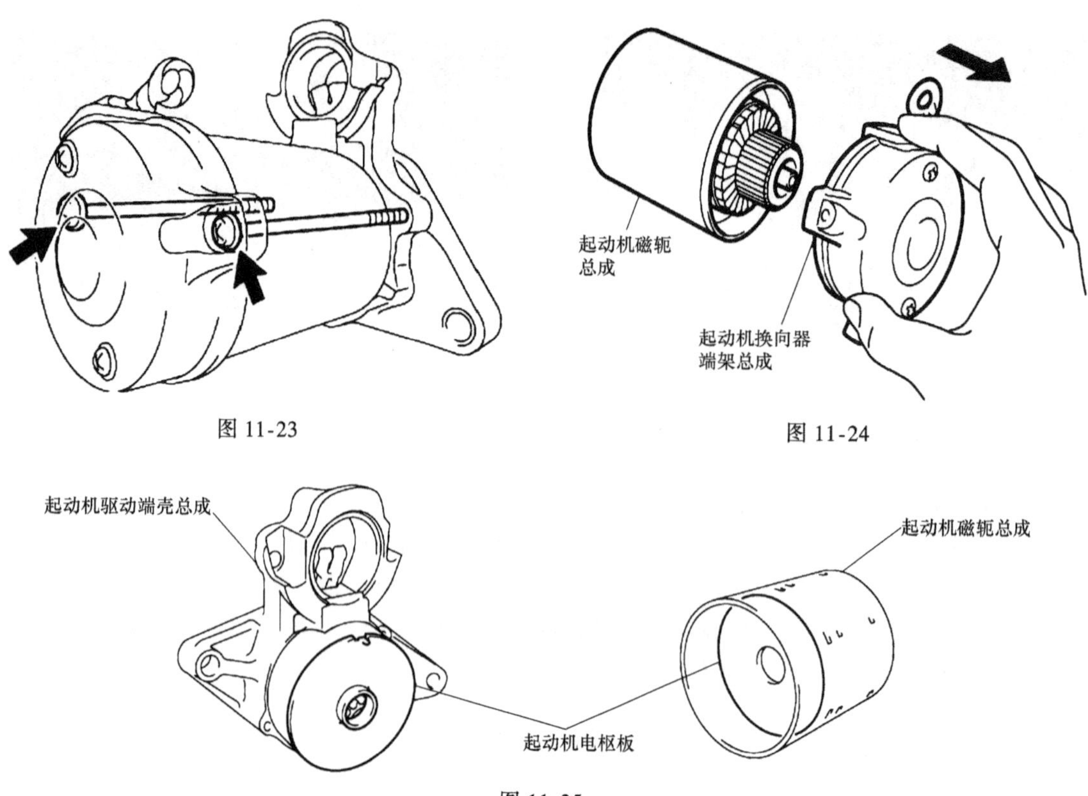

图 11-23

图 11-24

图 11-25

5. 拆卸起动机电刷架总成

1）从起动机换向端架总成上拆下 2 个螺钉，如图 11-26 所示。

2）拆下卡夹卡爪，然后从起动机换向器端架总成上拆下电刷架总成，如图 11-27 所示。

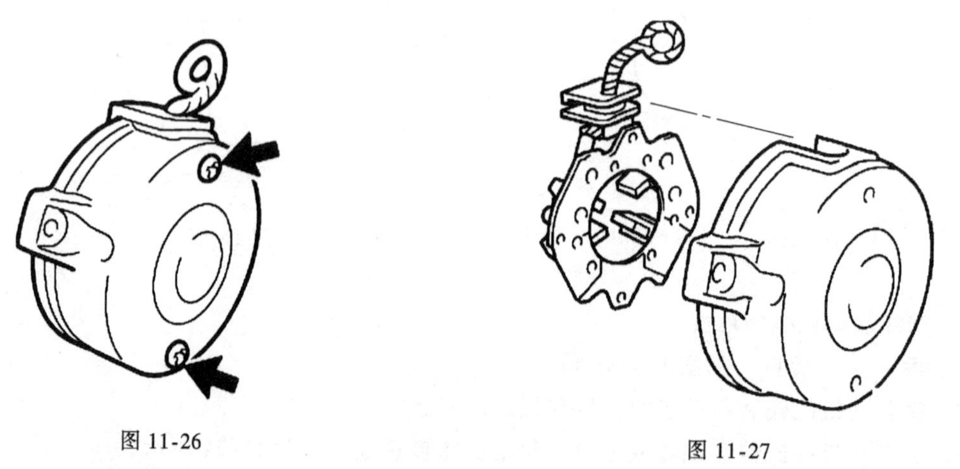

图 11-26

图 11-27

6. 拆卸行星齿轮

从起动机中间轴承离合器分总成上拆下 3 个行星齿轮，如图 11-28 所示。

7. 拆卸起动机中间轴承离合器分总成

1）从起动机驱动端壳总成上，拆下带起动机小齿轮驱动杆的起动机中间轴承离合器分

总成，如图 11-29 所示。

2）拆下起动机中间轴承离合器分总成、橡胶密封件和起动机小齿轮驱动杆。

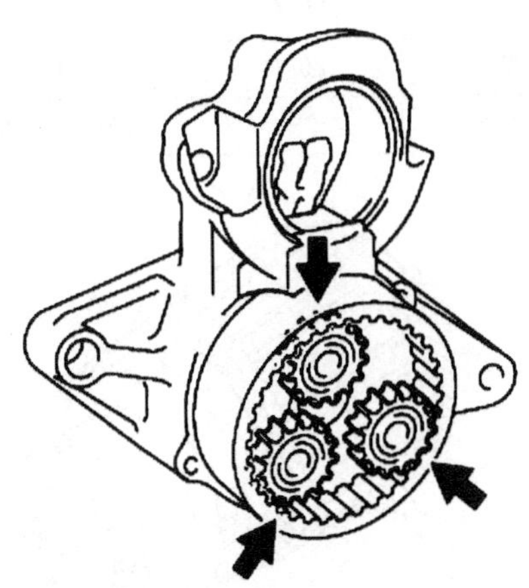

图 11-28

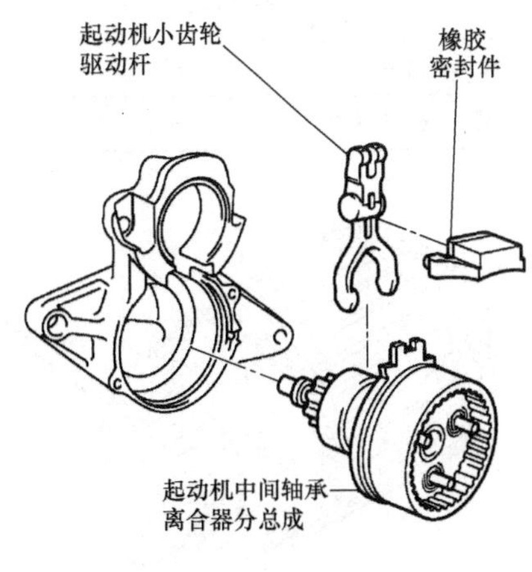

图 11-29

8. 检查起动机电磁开关

1）检查铁心。推入铁心，检查并确认其是否能够迅速回位到初始位置。如有必要，更换电磁开关总成，如图 11-30 所示。

2）检测吸引线圈是否断路。用数字万用表电阻档检测端子 50 和端子 C 之间的电阻，正常情况下应该小于 1Ω，如图 11-31 所示。

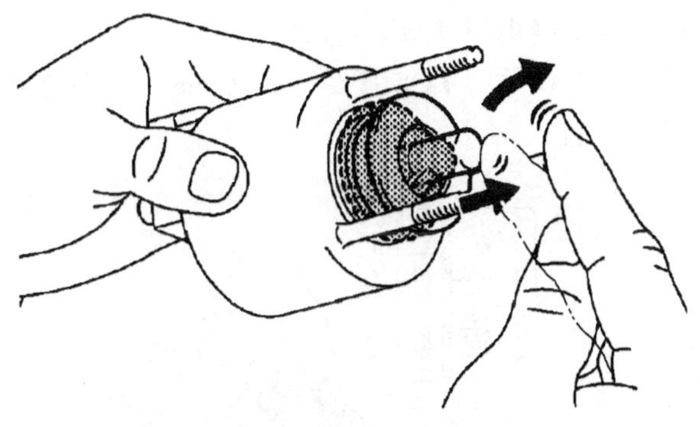

图 11-30

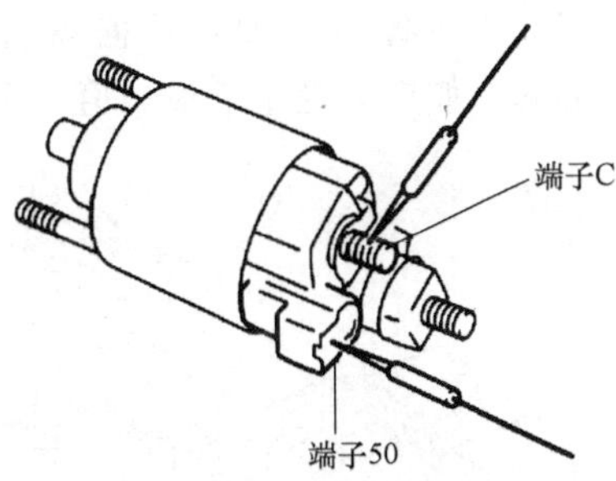

图 11-31

3）检测保持线圈是否断路。用数字万用表电阻档检测端子 50 与电磁开关壳体之间的电阻，正常情况下应该小于 2Ω，如图 11-32 所示。

4）如果检测到的阻值不符合标准，则需要更换起动机电磁开关总成。

9. 检查起动机电枢总成

1）检查换向器是否断路。使用欧姆表根据表 11-1 中条件，测量换向器片间的电阻；如果不符合标准，检修或更换起动机电枢总成，如图 11-33 所示。

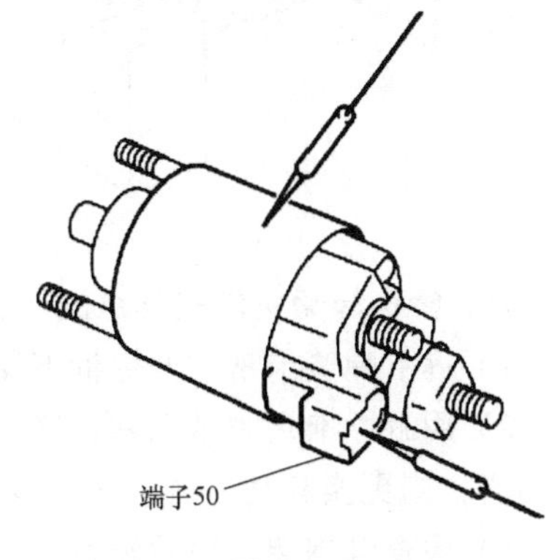

图 11-32

2）检查换向器是否搭铁短路。使用欧姆表根据表 11-2 中条件测量换向器和电枢线圈间的电阻；如果不符合标准，检修或更换起动机电枢总成，如图 11-34 所示。

表 11-1

检测仪连接	条件	规定状态
换向器片-换向器片	—	<1Ω

表 11-2

检测仪连接	条件	规定状态
换向器-电枢	—	10kΩ 或更大

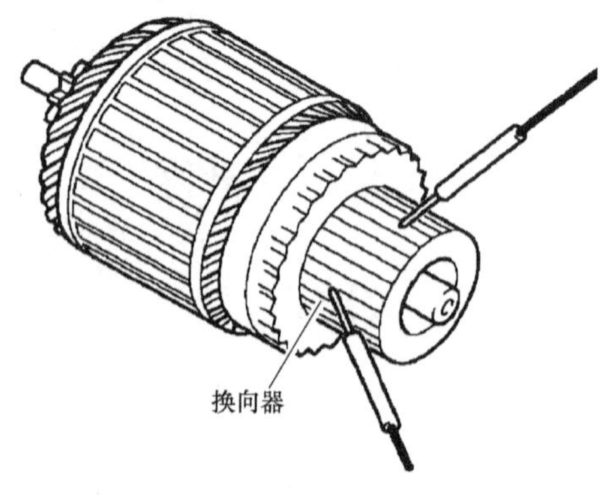

图 11-33

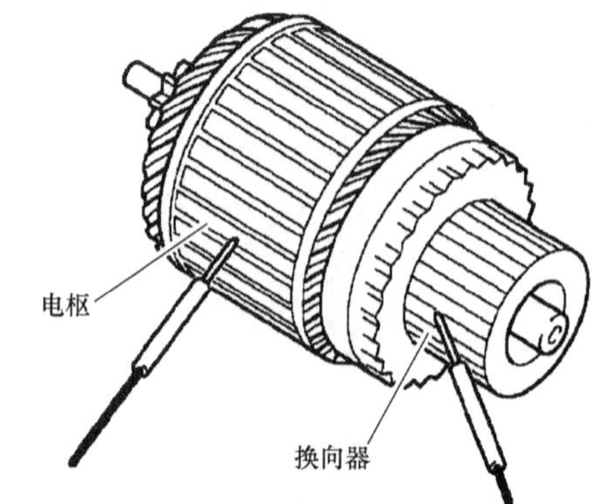

图 11-34

3）检查外观。如果表面脏污或烧坏，用砂纸（400 号）或在车床上修复表面。

4）检查换向器是否有径向圆跳动误差。将换向器放在 V 形架上，用百分表测量径向圆跳动误差，如图 11-35 所示。标准径向圆跳动公差：0.02mm；最大径向跳动公差：0.05mm；如果径向圆跳动误差大于此最大值，则更换电枢总成。

5）用游标卡尺测量换向器直径，如图 11-36 所示。标准直径：29.0mm；最小直径：28.0mm；如果直径小于最小值，则更换电枢总成。

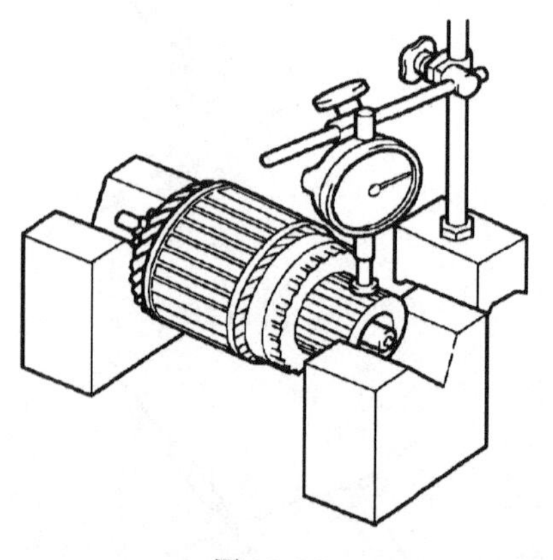

图 11-35

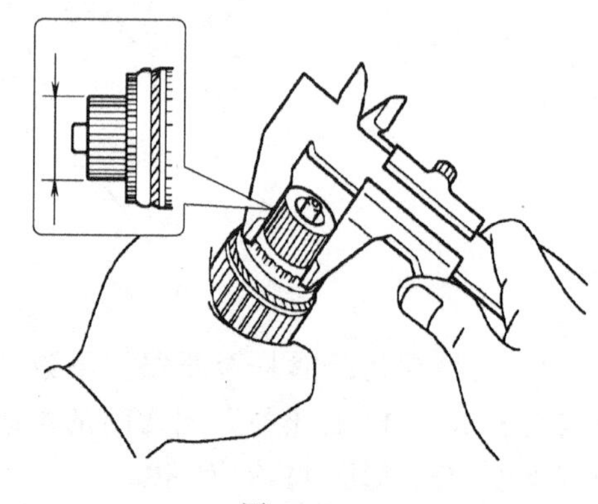

图 11-36

10. 检查起动机电刷架总成

1）拆下弹簧卡爪，然后拆下 4 个电刷，如图 11-37 所示。

2）用游标卡尺测量电刷长度。标准长度：14.4mm；最小长度：9.0mm；如果长度小于最小值，则更换起动机电刷架总成。

3）检查电刷架。用欧姆表根据表 11-3 中条件测量电刷架的电阻，如果不符合标准，则

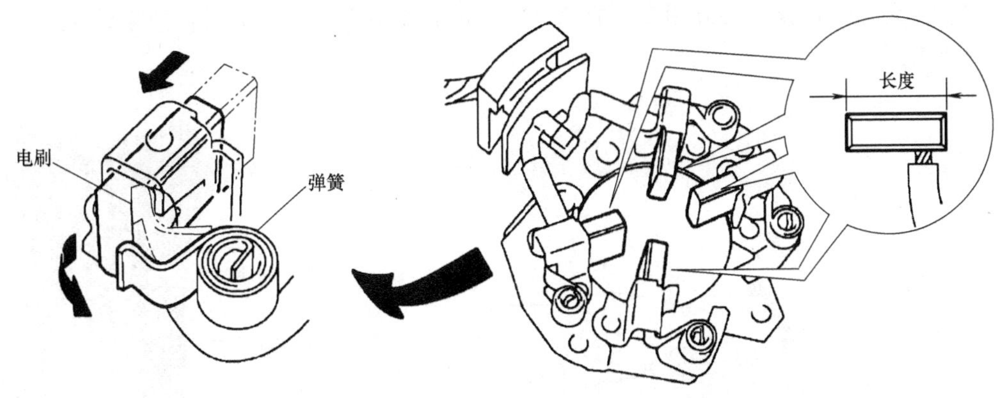

图 11-37

更换起动机电刷架总成。

表 11-3

检测仪连接	条件	规定状态
A-B	—	10kΩ 或更大
A-C	—	10kΩ 或更大
A-D	—	小于 1Ω
B-C	—	小于 1Ω
B-D	—	10kΩ 或更大
C-D	—	10kΩ 或更大

11. 检查起动机单向离合器

1）检查行星齿轮的轮齿、内齿轮和起动机离合器是否磨损并损坏。如果损坏，则更换齿轮或离合器总成。

2）检查起动机离合器。顺时针转动离合器小齿轮，检查并确认其自由转动。尝试逆时针转动离合器小齿轮，检查并确认其锁止，如图 11-38 所示；如有必要，则更换起动机中间轴承离合器分总成。

3）一切检查就绪后，按照拆卸相反顺序装配离合器总成，并安装起动机总成。

第三步　检查起动继电器及线路

将起动继电器上的“电池”和“点火”两接线柱短接，如图 11-39 所示。

若起动机正常工作，则故障在继电器或继电器到起动机的线路上。若起动机不工作，则故障在点火开关或点火开关到起动继电器的线路上。

1. 点火开关及线路检测

(1) 点火开关到继电器的线路检测　轻轻地上下或者左右摆动电气配线，检查导线是否从端子中脱开，如果异常，需要进行紧固或者更换新的配线。

断开插接器，查看线头是否被腐蚀，如果有，则需要更换新的配线。

（2）点火开关检查　用万用表根据表 11-4 条件测量该开关的电阻；如果结果不符合规定，则更换开关总成。

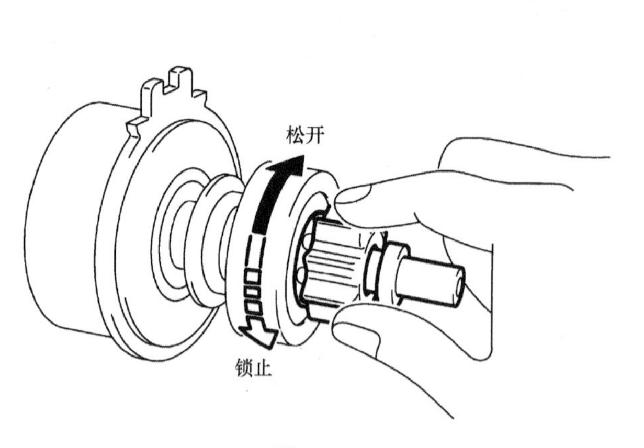

图 11-38

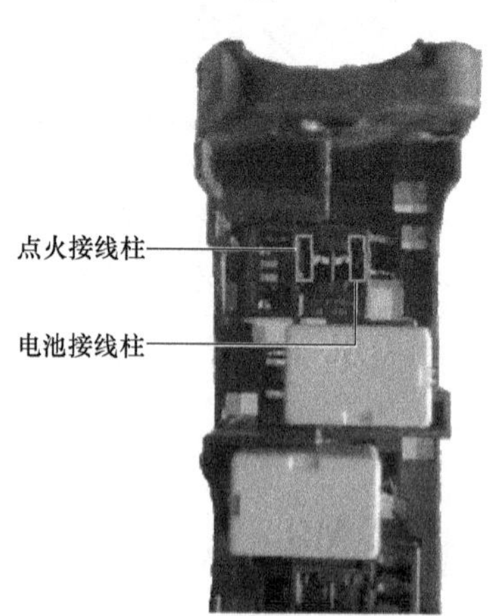

图 11-39

表 11-4

检测仪连接	开关状态	规定状态
所有端子之间	LOCK	10 kΩ 或更大
AM1(E4-2)-ACC(E4-3)	ACC	小于 1Ω
AM1(E4-2)-ACC(E4-3) AM1(E4-2)-IG1(E4-4) IG2(E4-6)-AM2(E4-7)	ON	小于 1Ω
ST1(E4-1)-AM1(E4-2) ST1(E4-1)-IG1(E4-4) IG2(E4-6)-AM2(E4-7) IG2(E4-6)-ST2(E4-8)	START	小于 1Ω

2. 继电器及线路检测

（1）继电器到起动机的线路检测　轻轻地上下或者左右摆动电气配线，检查导线是否从端子中脱开，如果异常，则需要进行紧固或者更换新的配线。

断开插接器，查看线头是否被锈蚀或腐蚀，如果有，则需要更换新的配线。

（2）继电器检测　根据表 11-5 的值，用欧姆表测量电阻；如果电阻不符合规定，说明继电器损坏，需要更换起动继电器。

表 11-5

检测仪连接	条件	规定状态
3-5	在端子 1 和 2 之间不施加蓄电池电压	10kΩ 或更大
3-5	在端子 1 和 2 之间施加蓄电池电压	小于 1Ω

参考文献

[1] 吴文琳. 汽车电路识读与故障检修 [M]. 北京: 化学工业出版社, 2011.
[2] 周泳敏, 朱洪波. 汽车电路图识读指南 [M]. 北京: 机械工业出版社, 2004.
[3] 谭本忠. 汽车电路图识读入门 [M]. 北京: 化学工业出版社, 2011.
[4] 张大鹏, 张宪. 汽车电器元器件的检测与维修 [M]. 北京: 化学工业出版社, 2012.